(Marco Mezzadri Paolo E. Balboni)

nuovo rete!

B1

Corso multimediale di **italiano** per stranieri

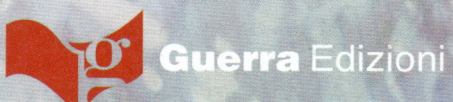
Guerra Edizioni

Autori
Marco Mezzadri e *Paolo E. Balboni*

Ha curato la sezione di Fonologia *Marco Cassandro.*
Nella prima versione di *Rete!* la sezione di valutazione e autovalutazione era a cura di *Mario Cardona*
e quella di Civiltà a cura di *Giovanna Pelizza*. In *Nuovo*Rete! queste sezioni sono state aggiornate
da *Marco Mezzadri* e *Paolo E. Balboni.*

Progetto grafico
Keen s.r.l. - *Letizia Pignani*

Impaginazione
Keen s.r.l.

Disegni
Moreno Chiacchiera

Fotografie
Massimo Marini

In collaborazione con *Èulogos*

ISBN 978-88-557-0357-4

I edizione
© Copyright 2010 Guerra Edizioni - Perugia

www.guerraedizioni.com/nuovorete

Proprietà letteraria riservata.
I diritti di traduzione, di memorizzazione elettronica, di riproduzione e di adattamento totale
o parziale, con qualsiasi mezzo (compresi microfilm e le copie fotostatiche), sono riservati
per tutti i paesi.

Gli autori e l'editore sono a disposizione degli aventi diritto con i quali non è stato possibile
comunicare nonché per involontarie omissioni o inesattezze nella citazione delle fonti dei brani
o immagini riprodotte nel presente volume.

Nomi, immagini e marchi di prodotti sono riportati senza modifiche o ritocchi perché così,
didatticamente più efficaci.
Non esiste alcun rapporto con i relativi produttori. Gli autori e l'editore non intendono
cioè fare paragoni o indirettamente opera di promozione.

La realizzazione di un libro comporta un attento lavoro di revisione e controllo sulle informazioni
contenute nel testo, sull'iconografia e sul rapporto che intercorre tra testo ed immagine.
Nonostante il costante controllo, è quasi impossibile pubblicare un libro del tutto privo di errori o refusi.
Per questa ragione ringraziamo fin da ora i lettori che li vorranno segnalare al seguente indirizzo:

Guerra Edizioni
via Aldo Manna, 25 - 06132 Perugia (Italia) / tel. +39 075 5270257-8 / fax +39 075 5288244
e-mail: info@guerraedizioni.com / www.guerraedizioni.com

Corso multimediale di italiano per stranieri

Perché una nuova versione di *Rete!*

Sono passati ormai parecchi anni dal lancio del manuale: era il lontano 2000. Gli anni trascorsi sono stati ricchi di ricerche ed esperienze che hanno portato a sentire la necessità di modificare profondamente il testo. In particolare la struttura del *NuovoRete!* è cambiata, frutto delle riflessioni degli autori e del contributo di centinaia e centinaia di insegnanti e studenti, coordinatori di corsi e direttori didattici che hanno voluto contribuire all'aggiornamento e al miglioramento del manuale.

Il *Nuovo*Rete! si presenta così:

- è suddiviso in 5 volumi unici secondo i livelli del *Quadro comune europeo*: A1, A2, B1, B2, C1;
- ogni volume dispone di
    una guida per l'insegnante,
    cd audio,
    materiali sul sito web;
- ogni volume contiene 8 Unità didattiche composte da 3 Unità di apprendimento chiamate "Lezioni", una sezione di civiltà, un test di autovalutazione e una sezione di revisione e ampliamento (che sostituisce il vecchio *Libro di casa*);
- ogni volume contiene inoltre in appendice
    una sintesi grammaticale,
    una sezione di fonologia,
    il glossario dei termini usati;

- il sito web di ogni volume offre:
    la traduzione in circa 20 lingue dei glossari;
    la traduzione in circa 20 lingue dell'appendice grammaticale;
    la traduzione in circa 20 lingue delle consegne delle attività (solo per il livello A1);
    la traduzione in circa 20 lingue dei sommari delle funzioni comunicative sviluppate in ogni unità;
    gli audio in formato MP3 scaricabili;
    attività e progetti da svolgere in rete;
    attività grammaticali supplementari;
    informazioni e collegamenti per l'apprendimento e l'insegnamento dell'italiano.

È poi disponibile il *Videocorso* di *Rete!* che accompagna la classe fino al livello B2.

La metodologia

La nuova versione di *Rete!* propone una metodologia che riprende i presupposti della vecchia, come nel caso della gradualità dei sillabi sviluppati, o che presenta modifiche sostanziali, ad esempio per quanto riguarda la struttura delle unità e un maggior controllo del lessico e delle strutture proposte.

Unità didattiche (UD) e unità di apprendimento (UA)

Unità didattiche (UD) e unità di apprendimento (UA) si fondono in un unico percorso.
Alla base di entrambe sta il ciclo virtuoso motivazione-globalità-analisi-sintesi-valutazione-revisione/ampliamento che permette in ogni contatto del docente con gli studenti (di circa un'ora e mezza di lezione) di attivare in modo corretto i processi di apprendimento.
In ogni UA si trovano le fasi della motivazione, globalità, analisi, sintesi.
Tre UA, con tematiche affini, compongono un'UD che conclude il percorso e chiude il cerchio, proponendo una sezione di civiltà, che rinforza la sintesi, un test di autovalutazione e una sezione di revisione e ampliamento.
Il risultato finale sul piano operativo è quello di una maggior facilità ed efficacia di utilizzo sia per il docente che per lo studente. Il percorso di apprendimento è strutturalmente più lineare con più punti di riferimento rispetto alla vecchia edizione, pur mantenendo i numerosi presupposti metodologici fondanti tra i quali ricordiamo:

Impianto multisillabico

Come nella versione precedente, il percorso di apprendimento/insegnamento è basato sullo sviluppo di molteplici competenze linguistico-comunicative e di saperi generali (cfr. il paragrafo Il *Nuovo*Rete! e il *Quadro comune europeo*) che si realizzano nei sillabi del lessico, della morfo-sintassi, della fonologia, delle nozioni e delle funzioni comunicative, delle situazioni, delle quattro macroabilità, della cultura/civiltà, delle abilità di studio e delle strategie di apprendimento. Tutti i sillabi si sviluppano gradualmente, in modo integrato, dal livello A1 al livello C1.

Approccio induttivo

L'unità di apprendimento consente di sfruttare al meglio l'approccio induttivo, applicato sia alla grammatica, che viene scoperta dallo studente sotto la guida dell'insegnante, sia ad altri ambiti quali il lessico, la cultura, ecc.
Fondamentale risulta un approccio che porta all'attivazione costante delle pre-conoscenze dello studente, come strumento per coinvolgerlo sia sul piano psico-affettivo sia su quello cognitivo. Ciò permette di creare le condizioni affinché l'apprendimento avvenga in maniera attiva e motivante: ad esempio, lo studente è chiamato costantemente a formulare ipotesi per immaginare i contenuti dei testi presentati prima della lettura o dell'ascolto. In questo modo il fondamentale processo di comprensione avviene avendo predisposto lo studente a questo compito in maniera adeguata.

Il *Nuovo*Rete! e il *Quadro comune europeo*

Il *Quadro comune europeo di riferimento per le lingue* elaborato dal Consiglio d'Europa propone tre capisaldi:
a. che sapere una lingua significa soprattutto "saper fare" in quella lingua: quindi un approccio molto funzionale, pragmatico, utilitaristico;
b. che "saper fare" con una lingua significa lavorare su un sillabo complesso, in cui tutte le componenti (e non solo le funzioni e la morfosintassi) sono integrate in un "multisillabo";
c. che questa competenza va graduata in una serie di livelli successivi, individuati sulla base del "saper fare".

Il *Nuovo*Rete! è organizzato secondo questi principi, ma li integra secondo le necessità specifiche dell'italiano e in base ad un approccio anche culturale, non solo utilitaristico alla lingua:
- ogni unità didattica include una serie di "saper fare", che vengono elencati nei sommari multilingui nel sito web sotto forma di "In questa unità hai imparato a...";
- ogni unità didattica e ogni unità di apprendimento recuperano una parte del multisillabo: basta vedere l'indice iniziale per cogliere la complessità e la progressione dell'operazione; per quanto riguarda il sillabo fonetico e

fonologico, oltre alla sezione apposita in appendice, c'è un'enorme quantità di materiale audio registrato anche nelle diverse varietà regionali italiane (non nei dialetti, naturalmente);
- i vari contenuti vengono presentati a spirale, tornandoci sopra più volte, in modo che ad ogni nuovo livello di competenza quanto si è fatto in precedenza venga ripreso e non perduto.

A queste indicazioni prese dal *Quadro*, il *Nuovo*Rete! associa una forte dimensione culturale, sia nella direzione della cultura quotidiana (che viene presentata sia nel volume che attraverso appositi collegamenti, unità per unità, grazie al sito web creato per il testo www.guerraedizioni.com/nuovorete), sia alla cultura in senso alto: dalle canzoni d'autore a pagine letterarie, partendo dal presente e poi con un recupero anche di testi classici, usati non per fare storia italiana ma per dare la dimensione completa della nostra lingua.

Chi lancia la rete

Questo manuale, che si è evoluto negli anni e continuerà a evolversi in una costellazione di materiali didattici tra cui l'insegnante può scegliere, è originale per un ultimo motivo: esso è nato da un gruppo che negli anni si è evoluto e modificato. Marco Mezzadri (Università di Parma) e Paolo E. Balboni (Università Ca' Foscari di Venezia) hanno curato la nuova versione di *Rete!* impostando in tandem l'impianto metodologico.
Il primo ha, inoltre, curato la realizzazione delle sezioni di globalità, analisi e sintesi delle unità di apprendimento e della sezione di revisione e ampliamento delle unità didattiche, il secondo si è occupato delle sezioni di civiltà e dei test. La base è, tuttavia, rimasta quella cui avevano contribuito a dar vita per la sezione di fonologia Marco Cassandro (Università per Stranieri di Siena), per le sezioni di autovalutazione Mario Cardona (Università di Bari) e per la sezione di civiltà Giovanna Pelizza.
A questo nucleo di autori si aggiungono le decine di collaboratori che a vario titolo hanno lavorato al testo: autori delle versioni nelle diverse lingue, redattori, grafici, informatici, tecnici audio e video, attori, ecc., i quali, ognuno per la propria parte, hanno permesso di far nascere questa nuova scommessa.
A tutti va il nostro grazie più sincero, ma un ringraziamento speciale va indirizzato alle centinaia di insegnanti, studenti, operatori del settore dell'insegnamento dell'italiano in Italia e all'estero che con i loro commenti hanno consentito di migliorare la vecchia versione di *Rete!*.

Marco Mezzadri e *Paolo E. Balboni*

tavola sinottica

Unità 1: Cercando lavoro

- **Funzioni:** Fare una richiesta in modo gentile. Accogliere la richiesta. Chiedere l'opinione di un'altra persona. Chiedere informazioni su qualcosa. Prendere tempo. Esprimere incertezza. Chiedere e dire il nome. Chiedere di ripetere. Chiedere e dire come si scrive un nome. Chiedere la provenienza. Dire la provenienza e la nazionalità. Chiedere e dire la data di nascita. Chiedere e dire se una persona è sposata. Chiedere e dire se una persona ha dei figli. Chiedere e parlare delle qualifiche scolastiche. Chiedere e dire quale lavoro fa una persona. Chiedere e dire l'indirizzo. Chiedere e dire il numero di telefono. Chiedere e parlare delle lingue conosciute e di altre abilità.

- **Grammatica:** Ripasso dei tempi verbali e altri punti grammaticali + funzioni del primo livello: passato prossimo presente e futuro; pronomi personali e possessivi. *Le dispiace se* (chiedere il permesso). *Sapere* e *conoscere*. Formazione degli avverbi. Futuro per ipotesi: futuro con *stare* + gerundio. Periodo ipotetico della realtà.

- **Abilità:** Inserzioni. Domanda di lavoro. Scrivere un curriculum vitae. Rispondere a un annuncio.

- **Lessico:** Ripasso e ampliamento: mestieri, domande personali, i paesi, le nazionalità. *I miei*.

- **Civiltà:** L'Italia in un quiz. Ripasso di alcuni elementi generali di geografia fisica e amministrativa.

- **Fonologia:** Negazione: elementi per sottolineare il contrasto (1). Suoni brevi vs suoni intensi. **(*In appendice*)**

Unità 2: Stili di vita, gli italiani visti da fuori

- **Funzioni:** Chiedere la causa, esprimendo sorpresa. Chiedere un favore. Interrompere bruscamente. Esprimere sorpresa. Indicare cose o persone. Esprimere disorientamento. Altre valenze di *mamma mia!*

- **Grammatica:** Ripasso e ampliamento dei tempi verbali e altri punti grammaticali + funzioni del primo livello: i sostantivi irregolari, i nomi/agg. in *-co*, *-go* completi. Possessivi: *un mio amico/mamma mia/casa mia*. *Buono*, ripasso *bello*. Preposizioni e espressioni di luogo. *Come mai?*

- **Abilità:** Anticipare e predire (usare le foto e l'impaginazione). Usare il dizionario bilingue.

- **Lessico:** Ripasso e ampliamento: la routine, la casa, la famiglia, gli elettrodomestici, i lavori domestici (uomini e donne), le abilità.

- **Civiltà:** Mammone e me ne vanto. I giovani italiani e la "famiglia lunga".

- **Fonologia:** Un'esclamazione dai molti valori: *mamma mia!* /t/ vs /tt/ /d/ vs /dd/. **(*In appendice*)**

Unità 3: Amore

- **Funzioni:** Esprimere stati d'animo ed emozioni. Iniziare una conversazione telefonica. Chiedere come sta una persona. Dire come sta una persona. Esprimere opinione. Esprimere un'opinione positiva. Esprimere un'opinione negativa. Scusarsi. Esprimere rassegnazione.

- **Grammatica:** Ripasso dei tempi verbali e altri punti grammaticali + funzioni del primo livello. *Ne* e *ci*. *Ogni*, e *tutti i …* Ripasso e ampliamento del passato prossimo, con accordi. *Già, appena, non ancora, mai, ormai.*

- **Abilità:** Leggere e scrivere versi d'amore (canzoni e poesie). Inferire. Usare il dizionario monolingue.

- **Lessico:** Ripasso e ampliamento del lessico, situazioni e funzioni in hotel; storie d'amore.

- **Civiltà:** Amore, amore, amore. L'amore in una canzone. Il gioco delle coppie.

- **Fonologia:** Intonazioni per esprimere stati d'animo. Raddoppiamento sintattico (1). (*In appendice*)

Unità 4: Lavoro a colori, in ufficio, al telefono

- **Funzioni:** Attivare una conversazione telefonica. Offrire di prendere un messaggio. Chiedere di aspettare in linea. Offrire aiuto o disponibilità. Offrire di fare qualcosa. Dimostrare dispiacere. Chiedere di parlare con qualcuno. Dire che una persona è assente. Indicare la causa di qualcosa. Richiedere attenzione particolare.

- **Grammatica:** Pronomi combinati. Alcuni indefiniti: *qualche, alcuni, niente/nulla, nessuno, ognuno, poco, qualcuno, qualcosa*. *Essere capace, essere in grado*. Ripasso dell'imperfetto.

- **Abilità:** Leggere e scrivere un fax/lettera formale. Telefono per l'ufficio. Identificare i temi e le parole chiave. Prendere appunti. Sintetizzare informazioni eliminando quelle superflue. Rielaborare appunti.

- **Lessico:** Ripasso e ampliamento: localizzazione, la casa e l'arredamento. I verbi della casa e del lavoro in ufficio. Intercalari. Strumenti per l'ufficio. Telematica.

- **Civiltà:** Lavoro e immigrazione.

- **Fonologia:** Come rispondere al telefono. /r/ vs /rr/. /l/ vs /ll/. (*In appendice*)

tavola sinottica

Unità 5: Importante è la salute

- **Funzioni:** Esprimere un consiglio. Esprimere un'opinione personale. Esprimere un dubbio. Dire quali problemi fisici uno ha. Chiedere quali problemi fisici uno ha. Chiedere quali problemi in generale uno ha. Chiedere cosa è successo. Dire cosa è successo. Riportare una notizia non confermata.

- **Grammatica:** Condizionale semplice. Ripasso e ampliamento posizione dei pronomi con *dovere/potere/sapere/volere*. Plurale delle parti del corpo. *Qualsiasi/qualunque*.

- **Abilità:** Testo da rivista sulla salute/forma. Prendere appunti eliminando il superfluo, predisporre una scaletta, riscrivere il testo come riassunto.

- **Lessico:** Dal medico. Il corpo umano, le malattie.

- **Civiltà:** Il linguaggio del corpo. I gesti degli italiani.

- **Fonologia:** Negazione: elementi per sottolineare il contrasto (2). Cambio della vocale tematica nel condizionale semplice dei verbi in *-are*. /m/ vs /mm/. /n/ vs /nn/. (*In appendice*)

Unità 6: Sì, viaggiare

- **Funzioni:** Chiedere e dire quale mezzo di trasporto si utilizza. Chiedere e dire la distanza tra due luoghi. Chiedere e dire quanto tempo si impiega a fare qualcosa. Chiedere e dire quanto si spende a fare qualcosa. Sollecitare, stimolare un'azione. Dichiarare incapacità a fare qualcosa. Introdurre una causa in modo più enfatico, trarre conclusioni. Esprimere un'azione che comincerà tra poco tempo.

- **Grammatica:** Ripasso delle forme impersonali *si/tu + uno/loro*. *Si* con i verbi al plurale. *Ci vuole/occorre metterci/essere necessario/bisogna*. *Farcela/riuscire*. *Tanto non piove*. *Stare per*. Gerundio: *passo il tempo leggendo*. Preposizioni e espressioni di luogo.

- **Abilità:** Leggere e scrivere un diario (agenda ecc.), testo letterario di viaggio. Riconoscere i personaggi, il narratore, l'intenzione dell'autore per scopi linguistici.

- **Lessico:** Ripasso e ampliamento del lessico del tempo. Trasporti, verbi di movimento, luoghi per trasporto.

- **Civiltà:** Italiani con valigia. Aspetti degli italiani in viaggio.

- **Fonologia:** *Dai!* un'esclamazione per incoraggiare. /f/ vs /ff/. (*In appendice*)

Unità 7: Descrizioni

- **Funzioni:** Chiedere e dire com'è una persona fisicamente. Chiedere e dire com'è una persona di carattere. Utilizzare un aggettivo in modo enfatizzato. Esprimere sorpresa e incredulità. Congratularsi.

- **Grammatica:** Pronomi relativi. Superlativo per *buonissimo = molto buono*. Alterazione dell'aggettivo.

- **Abilità:** Indovinare parole difficili.

- **Lessico:** Ripasso e ampliamento: aggettivi per descrizioni fisiche e del carattere. Descrizioni di luoghi.

- **Civiltà:** Piccoli, grassi e scuri. L'aspetto degli italiani nell'immaginario e nella realtà.

- **Fonologia:** *Che* esclamativo. /p/ vs /pp/. /b/ vs /bb/. (*In appendice*)

Unità 8: Città o campagna

- **Funzioni:** Rispondere a un ringraziamento. Fare un brindisi. Ribadire a uno starnuto. Entrare in casa di altri. Esprimere un obbligo. Esprimere un divieto. Esprimere un'opinione. Condividere un'opinione. Esprimere un'opinione contrastante. Esprimere sollievo. Esprimere impazienza. Rimarcare e spiegare un concetto appena espresso.

- **Grammatica:** Comparativi e superlativi. *Mi sembra/no*. Ripasso: *mi piace/mi piacciono, anzi, altrimenti, invece, se no*.

- **Abilità:** Leggere e scrivere regole. Prendere appunti in maniera guidata ascoltando.

- **Lessico:** Lessico dell'ambiente urbano e extraurbano (flora e fauna).

- **Grammatica:** Viaggio nell'Italia verde: i parchi nazionali, il delta del Po.

- **Fonologia:** *Beh!* Dittonghi/trittonghi. (*In appendice*)

www.guerraedizioni.com/nuovorete

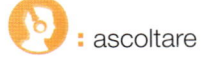 : ascoltare  : parlare  : leggere  : scrivere

Unità 1: Cercando lavoro

Lezione 1

Globalità

1_ Ascolta il dialogo. Le affermazioni sono vere o false?

1 Cristina sta cercando lavoro. V F
2 Cristina ha letto un annuncio per baby-sitter. V F
3 Cristina vuole tornare a casa. V F

2_ Leggi l'annuncio e il curriculum di Cristina. Secondo te, Cristina è la persona giusta per questo lavoro?

*Ditta distributrice di prodotti in pelle, per la sua sede di Arezzo, cerca una **segretaria** da inserire a tempo determinato nel settore commerciale.*
Si richiede: diploma di scuola superiore o laurea in area economica; ottima conoscenza dell'inglese e dello spagnolo e/o francese; conoscenza del computer e dei principali strumenti telematici; bella presenza. Precedenti esperienze nel settore saranno titolo di preferenza.
Si offre: stipendio adeguato alle capacità; contratto part-time per un anno, rinnovabile; possibilità di crescita professionale.
Per un eventuale colloquio inviare curriculum manoscritto con foto allegata a CP 2312 - 52100 Arezzo, Italia.

CURRICULUM VITAE

DATI PERSONALI
NOME: Cristina
COGNOME: Serra
DATA DI NASCITA: 20/12/91
LUOGO DI NASCITA: Porto Alegre (Argentina)
STATO CIVILE: nubile
NAZIONALITÀ: brasiliana

RESIDENZA: Via Bontempi 21, 06100 Perugia.
TELEFONO: 075/5239450.

PERCORSO FORMATIVO
1998-2005: (Primeiro Grau) Escola Estadual Presidente Roosevelt - Porto Alegre- R. S
2006-2008: (Segundo Grau) Escola Estadual Infante Dom Henrique - Porto Alegre- R. S
2009-...: Iscritta al corso a distanza di Bacharelado em Administração dell'Universidade Federal di Porto Alegre.

ALTRI TITOLI
2009 Conseguito il First Certificate (Cambridge University) per la conoscenza della lingua inglese.
2010 Corso di italiano presso l'Università per Stranieri di Perugia. Conseguito il certificato CELI 4.

CARRIERA LAVORATIVA
2009 Ditta *Rocha* (Porto Alegre). Lavoro estivo come impiegata.

ALTRO
In possesso di patente internazionale per l'auto.

3_ Ora, a coppie motivate la vostra risposta all'esercizio 2.

4_ Ascolta la seconda parte del dialogo. Andrea ha la stessa tua opinione?

5_ Ascolta nuovamente l'intero dialogo e completalo.

> Conosci un sinonimo di **altrimenti**?
> Osserva l'esempio:
> - *Devi tornare a casa presto stasera, se no mi arrabbio!*

Andrea: Dimmi tutto: hai trovato qualcosa?
Cristina: Ti dispiace dare un'occhiata a questo annuncio?
Andrea: Che cos'è?
Cristina: **(1)** ......*Cercano*...... una segretaria part-time; sai che ho bisogno di lavorare, altrimenti **(2)** .... tornare a casa.
Andrea: Hmm, aspetta che leggo cosa dice…
Cristina: Secondo **(3)** ...., può andar bene per **(4)** ....?
Andrea: Forse sì, non so se… qui **(5)** .... varie cose…
Cristina: Vuoi vedere **(6)** .... curriculum, così poi **(7)** .... qualche consiglio.
Andrea: D'accordo.
Cristina: Come ti sembra? **(8)** .... degli errori?
Andrea: Errori? Ma va'! Sei bravissima! **(9)** .... l'italiano (perfettamente!)
Cristina: Smettila di farmi dei complimenti, **(10)** .... fai diventare rossa!
Andrea: Per me il curriculum va benissimo. Chiaro che sei molto giovane, che non ti **(11)** .... che non hai molta esperienza…
Cristina: Quindi… non **(12)** .... scrivo…
Andrea: Perché? Se **(13)** .... lavorano molto con i paesi in lingua portoghese… Poi sai lo spagnolo e anche l'inglese… Sei perfetta.
Cristina: Perfetta...?! Non dire stupidate!
Andrea: Ascolta Cristina, se non gli scriverai tu, lo **(14)** .... io per te!

6_ Osserva l'esempio e completa la tabella.

(ALLA **SCOPERTA** DELLA **LINGUA** !

L'avverbio

aggettivo maschile	femminile	avverbio
perfett**o**	*perfetta*	*perfettamente*
attento		
chiaro		
brev**e**	*breve*	*brevemente*
grande		
regola**re**		*regolarmente*
faci**le**		*facilmente*
particolare		
culturale		

Unità 1: Cercando lavoro

Lezione 1

Analisi

chi è chi?

 1_ Trova la parola giusta, **scegli** dal riquadro.

1 Una donna non sposata è ..... *nubile.* ....
2 Un uomo non sposato è ....
3 Un uomo che è stato sposato e ora non lo è più è ....
4 Una donna il cui marito è morto è ....
5 Un uomo la cui moglie è morta è ....
6 Un modo più formale per dire sposato è ....

| vedovo, | divorziato, | celibe, | coniugato, | nubile, | vedova |

 Si usa anche il termine inglese "single".

l'avverbio

Gli avverbi di modo: terminano di solito in *-mente*.

aggettivo	formazione dell'avverbio	avverbio
cald**o**	*(dal femminile)* cald**a**+**mente**	cald**amente**
felic**e**	felic**e**+**mente**	felic**emente**
diffici**le**	diffici**l**+**mente**	diffici**lmente**
particola**re**	particola**r**+**mente**	particola**rmente**

- Claude parla **perfettamente** italiano.
- Ho superato **facilmente** l'esame di francese.

Osserva la posizione dell'avverbio. Va solitamente dopo il verbo.

alcuni avverbi irregolari

aggettivo	avverbio
buono	**bene**
cattivo	**male**
leggero	legge**rm**ente
violento	violent**e**mente

- Come stai?
- Abbastanza **bene**, grazie.

gli avverbi di dubbio

forse, magari, probabilmente

- Cosa mangiamo stasera?
- Non lo so. **Forse** farò la pizza.

- Dove vai quest'estate?
- Non lo so ancora. **Magari** vado un po' in Irlanda a fare un corso di inglese.

gli avverbi di quantità

2_ Completa la tabella con gli avverbi di quantità in ordine.

+++	molto
++	
+	
−	
−−	niente

poco, abbastanza, un po', tanto

> Osserva che con *niente* il verbo è alla forma negativa.
> - Sono già le 10 e **non** ho ancora mangiato **niente**.

gli avverbi di frequenza

3_ Completa la tabella con gli avverbi di frequenza in ordine.

sempre
mai

solitamente, quasi mai, di solito, raramente, spesso, a volte, quasi sempre

> Osserva che con *mai* (e con *quasi mai*) il verbo è alla forma negativa.
> - **Non** ho quasi **mai** sonno di sera.

4_ Qualcosa di personale! Completa le frasi con l'avverbio più adatto per te.

1 Vado .... a letto tardi. *(spesso, sempre, solitamente, raramente)*
2 Quando sono con gli amici mangio e bevo .... *(abbastanza, molto, poco, un po')*
3 Ricordo .... le parole italiane nuove. *(facilmente, difficilmente, abbastanza bene, raramente)*
4 In estate vado .... in vacanza. *(quasi sempre, spesso, a volte, di solito)*
5 Quando vedo il mio insegnante di italiano lo saluto ....
   (affettuosamente, caldamente, freddamente, amichevolmente)
6 Conosco la grammatica italiana .... *(bene, male, approssimativamente, approfonditamente)*

Unità 1: Cercando lavoro

Lezione 1

5_ Forma l'avverbio.

1 difficile *difficilmente*
2 nobile ....
3 grande ....
4 leggero ....
5 buono ....
6 cattivo ....
7 nuovo ....
8 antico ....
9 attento ....
10 probabile ....

---

fare una richiesta, chiedere il permesso

| Ti |
| Le | **dispiace se** mi siedo qui? (= **Potrei** sedermi qui?)
| Vi |

- Nel primo caso la persona della prima parte (*ti dispiace* = tu) non è la stessa della frase con il **se** (*se prendo in prestito* = io). Nel secondo caso è la stessa e quindi si usa l'infinito.

Osserva gli esempi: qual è la differenza?
1) Ti dispiace se prendo in prestito questo libro?
2) Ti dispiace passarmi l'acqua?

6_ Forma delle domande.

1 Roberta/dispiacere/mangiare/panino/se/questo?
   Roberta, ti dispiace se mangio questo panino?

2 Ilaria/dispiacere/battere/lettera/computer/questa/a?
   ....

3 Sig. Paissan/dispiacere/rispondere/telefono/al?
   ....

4 Michele e Sandra/dispiacere/Rita e io/venire/se/a/vostra/stasera/casa?
   ....

5 Ragazzi/dispiacere/esercizi/pagina/gli/di/28/fare?
   ....

6 Sig.ra Forte/dispiacere/passarmi/penna/la?
   ....

Sintesi

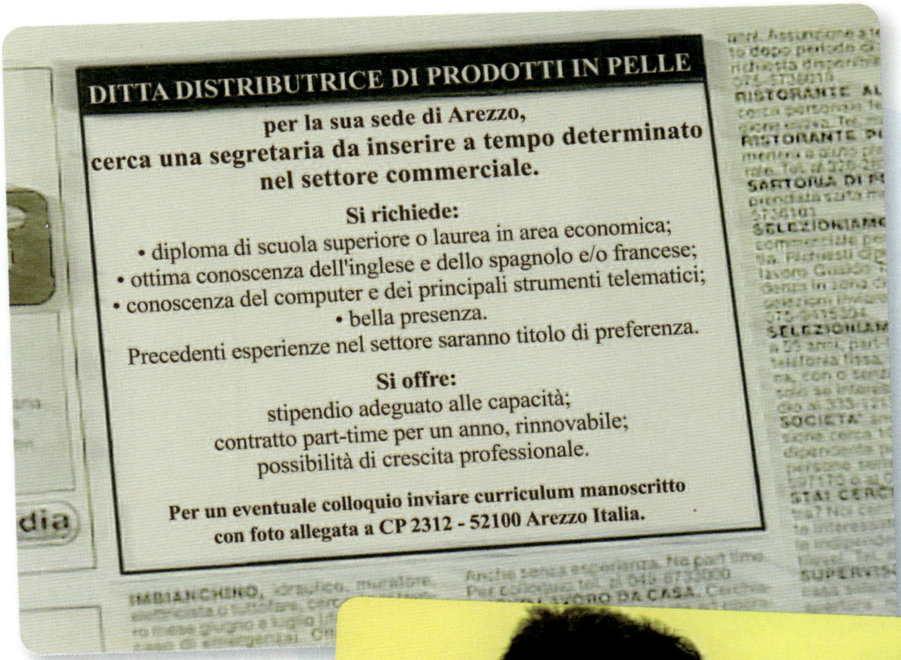

DITTA DISTRIBUTRICE DI PRODOTTI IN PELLE

per la sua sede di Arezzo,
cerca una segretaria da inserire a tempo determinato
nel settore commerciale.

Si richiede:
- diploma di scuola superiore o laurea in area economica;
- ottima conoscenza dell'inglese e dello spagnolo e/o francese;
- conoscenza del computer e dei principali strumenti telematici;
- bella presenza.

Precedenti esperienze nel settore saranno titolo di preferenza.

Si offre:
stipendio adeguato alle capacità;
contratto part-time per un anno, rinnovabile;
possibilità di crescita professionale.

Per un eventuale colloquio inviare curriculum manoscritto
con foto allegata a CP 2312 - 52100 Arezzo Italia.

1_ Ti piace il modo in cui Cristina ha scritto il suo curriculum vitae? Cosa potresti cambiare? Scrivi il tuo curriculum come vuoi.

2_ A coppie, spiegate se e perché avete modificato la struttura del curriculum di Cristina e poi parlate un po' di voi stessi, di quello che avete messo nel curriculum.

Unità 1: Cercando lavoro

Lezione 2

Globalità

1_ Cristina ha scritto alla ditta dell'annuncio. Secondo te, ha fatto bene? Perché? Parlane con un compagno.

2_ Ora, completa la sua lettera con le parti riportate sulla pagina.

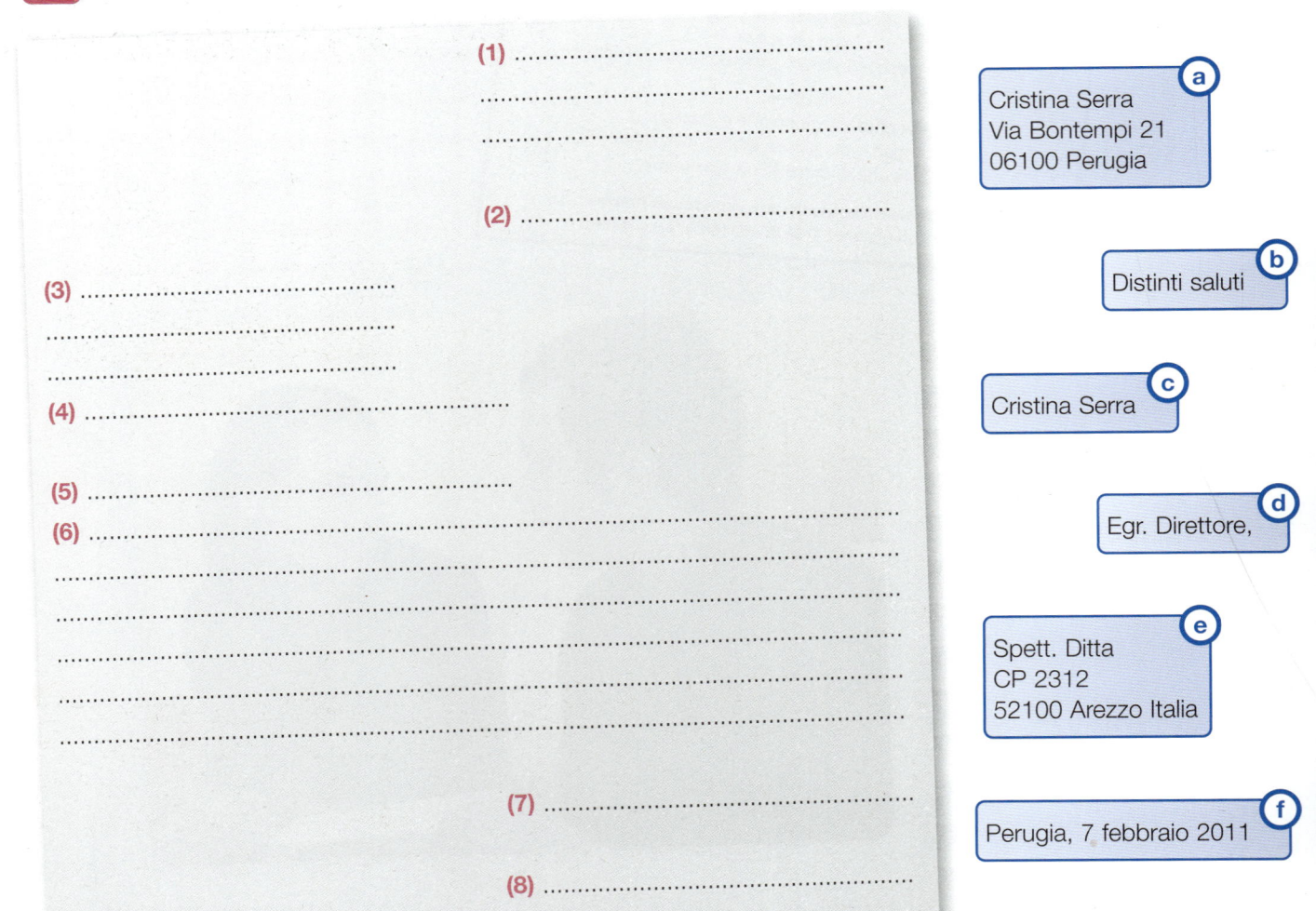

(1) ....
(2) ....
(3) ....
(4) ....
(5) ....
(6) ....
(7) ....
(8) ....

a Cristina Serra
Via Bontempi 21
06100 Perugia

b Distinti saluti

c Cristina Serra

d Egr. Direttore,

e Spett. Ditta
CP 2312
52100 Arezzo Italia

f Perugia, 7 febbraio 2011

g OGGETTO: risposta a annuncio

h Le scrivo in risposta all'annuncio che avete pubblicato sulla *Nazione* di ieri, martedì 6 febbraio.
Sono interessata al posto di lavoro che offrite e vorrei avere la possibilità di sostenere un colloquio presso la vostra ditta.
In allegato troverete una mia foto e il mio curriculum vitae.
In attesa di una vostra risposta porgo

TELEGRAMMA
La preghiamo di presentarsi il 20/2 alle ore 11 presso Ditta Fiorelli Via Trasimeno 11, Arezzo.

3_ Quali domande si fanno durante un colloquio di lavoro? **Lavora** con un compagno. Lo studente (A) è il responsabile della ditta che fa il colloquio, (B) sta cercando lavoro e risponde con i propri dati. Poi **scambiatevi** i ruoli.

4_ Ascolta il testo e parla con il direttore della ditta Fiorelli.

5_ Ti aspettavi le domande che ti ha fatto il direttore? Poteva farne altre? **Parlane** con un compagno.

Analisi

1_ Indovina la parola. **Scegli** dal riquadro.

1 Sinonimo di ditta. ......*società*......
2 Chi non lavora.
3 Cosa succede a 65 anni?
4 Se voglio far conoscere la mia attività, la devo…
5 Risponde al telefono.
6 Fa il pane.
7 Sinonimo di prodotti.
8 Tiene la contabilità, fa le fatture in una ditta.
9 Difende i lavoratori, tutela i loro diritti.
10 Quando un lavoratore non va bene, lo si può…
11 Consegna la posta.
12 Contrario di lavoro a tempo parziale.
13 Dove si producono oggetti.
14 Contrario di importazione.

> a tempo pieno, reclamizzare, contadino, professione, attività, consegnare, autista, centralinista, impiegato, cliente, spedire, commerciale, commesso, dipendente, disoccupato, esportazione, fornaio, licenziare, merce, muratore, postino, posto di lavoro, ragioniere, società, uomo d'affari, andare in pensione, casalinga, operaio, elettricista, pubblicità, ditta, sindacato, cameriera, fabbrica

Unità 1: Cercando lavoro

Lezione 2

2_ Guarda la cartina dell'Europa e **inserisci** le capitali.

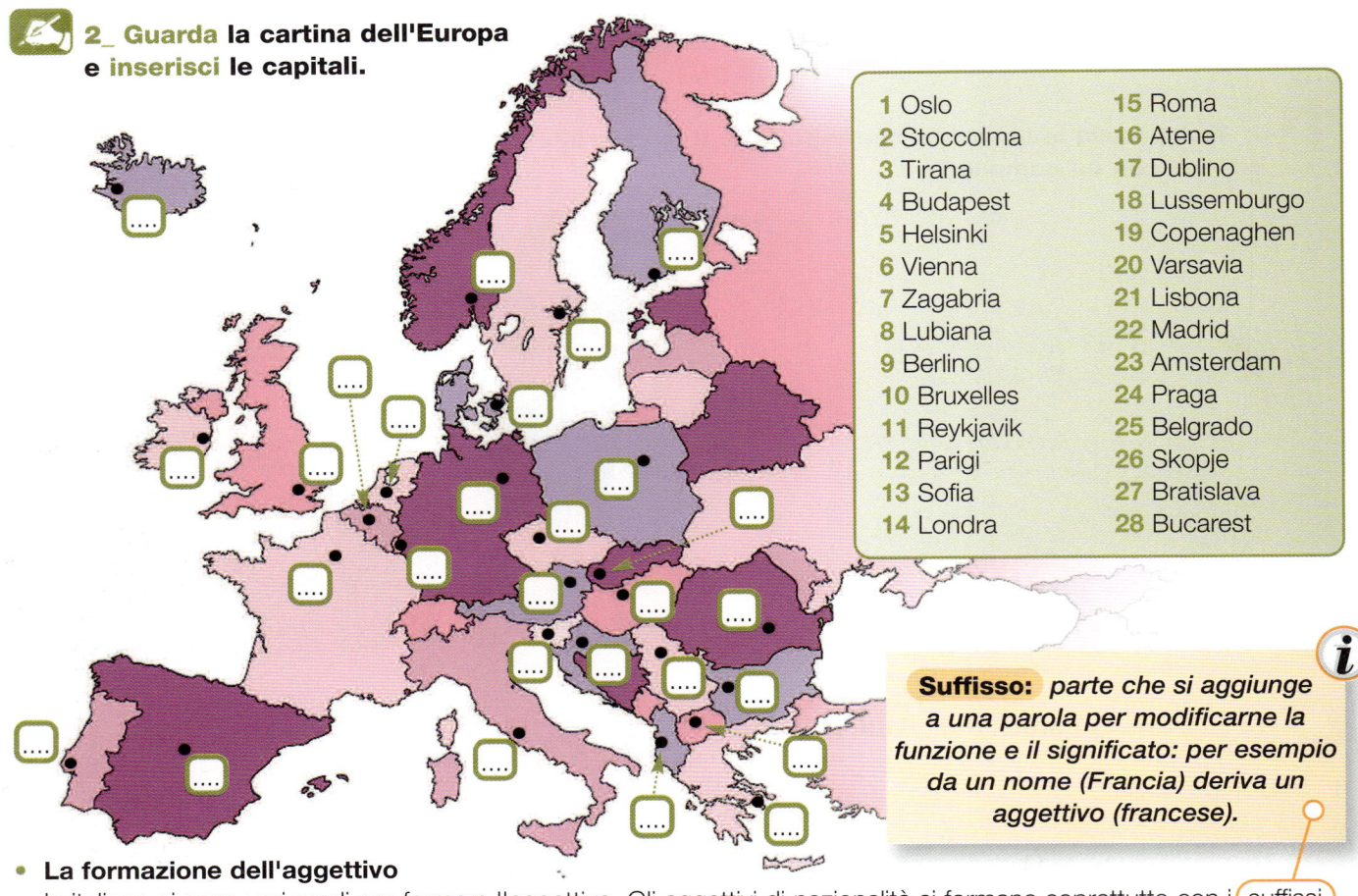

1 Oslo
2 Stoccolma
3 Tirana
4 Budapest
5 Helsinki
6 Vienna
7 Zagabria
8 Lubiana
9 Berlino
10 Bruxelles
11 Reykjavik
12 Parigi
13 Sofia
14 Londra
15 Roma
16 Atene
17 Dublino
18 Lussemburgo
19 Copenaghen
20 Varsavia
21 Lisbona
22 Madrid
23 Amsterdam
24 Praga
25 Belgrado
26 Skopje
27 Bratislava
28 Bucarest

Suffisso: parte che si aggiunge a una parola per modificarne la funzione e il significato: per esempio da un nome (Francia) deriva un aggettivo (francese).

- **La formazione dell'aggettivo**
  In italiano ci sono vari modi per formare l'aggettivo. Gli aggettivi di nazionalità si formano soprattutto con i suffissi **-ano**, **-ino**, **-ese**, anche se ce ne sono diversi altri.

3_ Completa la tabella seguendo gli schemi.

Francia	*francese*	Venezuela	*venezuelano*	Tunisia	*tunisino*
Inghilterra	....	America	....	Argentina	....
Portogallo	....	Australia	....	Marocco	....
Giappone	....	Italia	....	Algeria	....
Cina	....	Sudafrica	....	Filippine	....
Lussemburgo	....	India	....		
Norvegia	....	Messico	....		
Islanda	....			Ci**le**	*ci**le**no*
Finlandia	....	Uruguay	....		
Irlanda	....	Colombia	....		
Canada	....	Egitto	*egiz...*		
Olanda	....				
Ungheria	....	Brasi**le**	*brasiliano*		
Svezia	*sved...*	Israele	....		

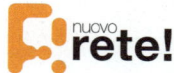

4_ Abbina i nomi dei paesi agli aggettivi di nazionalità.

Russia	tedesco
Germania	polacco
Spagna	croato
Danimarca	russo
Austria	greco
Polonia	belga
Slovenia	danese
Croazia	austriaco
Grecia	spagnolo
Belgio	sloveno

Sintesi

1_ Hai voglia di fare un'esperienza nuova per qualche mese. Quale dei due annunci ti attira di più? Scrivi una lettera per proporti per il lavoro che hai scelto.

http://www.lavoro.org

Lavoro.org – il lavoro che ti cerca

Home | Area Aziende | Area Candidati | Formazione

Ricerca offerte | Invia questa offerta ad un amico | Vedi tutte le offerte di quest'azienda | gratis pubblica offerte | gratis inserisci CV

Offerte in evidenza:

[1]
Cerchiamo un capo animazione con esperienza documentata. La partenza è immediata per il nostro VILLAGGIO CAMPING alle Maldive. Il team è di 9 animatori. Si richiede la conoscenza dell'inglese a livello avanzato.
Per candidarsi inviare curriculum con foto e contatto telefonico entro il 20/9.
Sede della ditta: Roma. Sede del colloquio: Roma.

Per conoscerci meglio: www.mondoanimazione.com
Per mandare la tua domanda: info@mondoanimazione.com
oppure Mondo Animazione Srl. Via Tuscolana 879, 00174 Roma

[2]
Cerchiamo un barista per la zona di Roma da inserire nella nostra organizzazione. Richiediamo: diploma di scuola superiore, serietà e motivazione, propensione al contatto con il pubblico, disponibilità a lavorare in maniera flessibile, senza limitazione di orario o di giorni, conoscenza della lingua inglese.
Offriamo un contratto a tempo determinato.

Codice dell'offerta di lavoro: RM023

Per conoscerci meglio: www.labor.com
Per mandare la tua domanda: info@labor.com
oppure Labor Snc. Via Passi 33 00163 Roma

Unità 1: Cercando lavoro

Lezione 3

Globalità

1_ Hai mai fatto un colloquio di lavoro? Scrivi alcuni suggerimenti su come bisogna essere e come ci si deve comportare durante un colloquio di lavoro.

2_ Leggi il testo seguente e **rispondi** alle domande.

> (ALLA **SCOPERTA** DELLA **LINGUA** !
>
> Quali tempi abbiamo nelle frasi con il *se*? Il presente o il futuro.
> I *se* evidenziati servono per introdurre una condizione:
> è il **periodo ipotetico della realtà**.

L'ESPERTO RISPONDE >> POCHE REGOLE PER IL CANDIDATO DI SUCCESSO

C'è chi pensa che non è possibile prepararsi per i colloqui di lavoro, che tutto dipende dal curriculum e c'è invece chi crede che i posti di lavoro in Italia si conquistano solo attraverso le raccomandazioni. Io non sono dello stesso parere. Mi è capitato tante volte di dare consigli a giovani in difficoltà prima e dopo un colloquio di lavoro, oggi provo a comunicarli a tutti voi, fedeli lettori. Prima di tutto il look, l'aspetto, così importante al giorno d'oggi. I vestiti? Eleganti, ma non troppo. Sicuramente non vi dovete mettere i jeans e la maglietta di tutti i giorni. E poi i capelli: possono essere lunghi, ma sempre ordinati e curati. Per le ragazze: un trucco curato e delicato, evitate di esagerare. Per i ragazzi: occhio alla barba, *se* è lunga, dovete sistemarla un po'. Prima del colloquio è importante informarsi sulla ditta, conoscere le cose che fa, sapere dove e come opera, sapere che tipo di requisiti sono richiesti al candidato. Vi faranno molte domande personali. Cercate di ricordare tutte le esperienze importanti che avete fatto: a scuola, all'università, nel mondo del lavoro. Vorranno conoscere i vostri interessi, gli hobby e anche il vostro carattere, quindi preparatevi a rispondere. Arrivate in anticipo *se* è possibile e quando entrate, mi raccomando niente gomma da masticare né sigarette o lattine di bibita! Parlate tranquillamente, rispondete alle domande senza fretta e dite solo le cose principali, andate subito al sodo, ma non rispondete solo sì o no.
Sicuramente sarete emozionati, ma non fate vedere che siete nervosi, tenete le mani sul tavolo e guardate il vostro interlocutore negli occhi. *Se* non capite una domanda lo potete, anzi lo dovete dire, non rispondete *se* non siete sicuri di aver capito la domanda.
E soprattutto non rispondete il falso! Fate anche voi domande: sul tipo di lavoro, sulle condizioni che vi offrono, su quando decideranno se vi danno il posto. Alla fine del colloquio pensate a come avete risposto e se ve la siete cavata. E naturalmente in bocca al lupo!

PS: Una buona dose di fortuna non guasta mai.

Sapere o conoscere?

Osserva le frasi, qual è la regola?
Sai nuotare?   sapere + ...
Sapete dove abita Michela?   sapere + ...
Conoscete l'indirizzo di Michela?   conoscere + ...

(ALLA **SCOPERTA** DELLA **LINGUA** !

Abbina le espressioni alle definizioni.

1 cavarsela   a Buona fortuna!
2 venire al sodo   b riuscire in una situazione difficile
3 In bocca al lupo! c trattare la parte essenziale di un argomento

---

1 Come deve essere vestito il candidato ideale?
....
....

2 Come deve essere l'aspetto?
....
....

3 Che domande gli faranno?
....
....

4 Che cosa potrà chiedere?
....
....

3_ Ascolta il colloquio di Cristina. Come se la cava?

Cristina dice:
- (La telematica) È molto utile per parlare con i **miei** in Argentina.
i miei = i miei genitori

4_ Ora, leggi il testo del colloquio e con un compagno **cerca** di completare le parti di Cristina.

Direttore: Buongiorno.
Cristina: **(1)** ....
Direttore: Prego, può sedersi. Che puntualità!
Cristina: Grazie. Sì, sono forse un po' in anticipo, **(2)** ....
Non conoscevo esattamente **(3)** ....
Direttore: Il portacenere è lì, per spegnere la sigaretta.
Cristina: Ah, sì, grazie.
Direttore: Dunque, come si chiama?
Cristina: **(4)** .... Cristina Serra.
Direttore: Piacere io sono Francesco Cirillo.
Cristina: **(5)** ....
Direttore: Mi scusi, come si pronuncia esattamente il suo cognome?
Cristina: Serra. Ma in brasiliano suona **(6)** ....
Direttore: Le dispiace se le faccio alcune domande?
Cristina: No, anzi, faccia pure.
Direttore: Mi dica, da dove viene?
Cristina: Sono **(7)** ....
Direttore: È in Italia da molto tempo?
Cristina: No, non moltissimo, un po' più di un **(8)** ....
Direttore: Lei parla molto bene l'italiano, dove l'ha imparato?

Unità 1: Cercando lavoro

Lezione 3

Cristina: L' **(9)** .... in Brasile e poi qui all'Università per Stranieri di Perugia.
Direttore: Che altri studi ha fatto?
Cristina: Ho finito la scuola superiore e sono iscritta **(10)** .... È un corso a **(11)** ....
Direttore: Conosce altre lingue straniere?
Cristina: Beh, oltre all'italiano che **(12)** .... è una lingua straniera, conosco l' **(13)** ....
Direttore: Ma, lo conosce bene…
Cristina: Sì, sì mi scusi, ho anche il certificato della Cambridge University, il First Certificate, che ho preso due **(14)** .... circa…
Direttore: D'accordo, continuiamo. Ha già lavorato?
Cristina: Sì, per alcuni **(15)** .... in una **(16)** .... di Porto Alegre. Facevo la **(17)** ....
Direttore: E sa usare il computer?
Cristina: Beh, dipende, cioè sì, so **(18)** .... un programma di scrittura e poi gli **(19)** .... più importanti per **(20)** .... messaggi o altro per via telematica, sa, fra l'altro **(21)** .... per poter **(22)** .... con i miei in Brasile senza spendere tanti **(23)** ....
Direttore: Ah, molto bene… Mi scusi, ha dei figli?
Cristina: No, non ho **(24)** .... e sono **(25)** ....
Direttore: Dove abita?
Cristina: Vivo a Perugia. Ma forse vengo a **(26)** ...., dipende se andrà bene…
Direttore: Ha la macchina?
Cristina: No, mi sposto solitamente con i **(27)** ...., però ho intenzione di comprarmi **(28)** ....
Direttore: Ah, bene… Ha qualche domanda da farmi sul tipo di lavoro o…?
Cristina: Sì, allora, per cominciare **(29)** .... nulla della vostra ditta, poi **(30)** .... si parla di un **(31)** .... part-time e a tempo **(32)** .... Quante ore di lavoro sono alla **(33)** .... e fino a quando è il **(34)** ....? E… lo **(35)** .... ovviamente…
Direttore: Si tratta di un contratto di un anno, quindi più o meno fino a marzo del prossimo anno e le ore sono 28 alla settimana, c'è un periodo di prova.

5_ Ascolta nuovamente il colloquio e **controlla** il testo.

6_ Lavora con due compagni. Cristina ha fatto un buon colloquio? Secondo voi la assumeranno?

Analisi

fare ipotesi: *stare* (al futuro) + gerundio

- Il futuro semplice e soprattutto la forma *stare* al futuro + gerundio si usano anche per fare delle ipotesi.

- Sono le 8, dove **sarà** Giovanni in questo momento? Cosa **starà facendo**?
- **Sarà** in ufficio. **Starà cominciando** a lavorare.

	starò	staremo	
Domani a quest'ora	starai	starete	mangiando un gelato.
	starà	staranno	

 1_ Osserva le figure e rispondi alle domande.

1)   2)   3)   4)

1 Cosa starà facendo Lara in questo momento?
Forse starà giocando a pallavolo.
....

2 Cosa starà facendo il figlio di Francesca in questo momento?
....

3 Cosa staranno facendo Silvio e Gianni in questo momento?
....

4 Cosa starete facendo stanotte alle tre?
....

conoscere e sapere

- **conoscere + nome**
- I tuoi conoscono Sandro?   - No, non lo conoscono.
- Conosci tutti i tuoi compagni di classe?   - Sì, li conosco.

- **sapere + verbo all'infinito**
- Sai cucinare?   - No, non so cucinare.
- Sapete usare il computer?   - Sì, lo sappiamo usare.
In questo caso **sapere** esprime abilità.

- **sapere + frase**
- Sai che numero di cellulare ha Franco?   - No, non **lo** so.
- Sapete come si chiama la ragazza di Giulio e dove abita?   - Sì, **lo** sappiamo: si chiama Anna e abita in via Roma.

> **Osserva:**
> con *sapere* + una frase, nelle risposte c'è solitamente **lo**.
> Ma non
> con *sapere* + solamente un verbo
> (*Sai cantare? No, non so cantare.*)

Unità 1: Cercando lavoro

Lezione 3

2_ Completa le domande con *sapere* o *conoscere* e **da'** le risposte.

1 - _Conosci_ .... l'ultimo film di Tornatore?
   - _No, non lo conosco_ ....
2 - Filippo, ... dove lavora Patrizia?
   - No, ...
3 - Bambini, ... la storia di Cappuccetto Rosso?
   - Sì, ...
4 - Giovanni, ... ballare il liscio?
   - No, ...; sono proprio negato!
5 - I tuoi studenti .... usare il congiuntivo?
   - Sì, ... Sono molto bravi.
6 - Ci avete invitati a cena, ma .... cucinare?
   - Sì, ...; .... molte ricette italiane.
7 - .... quella ragazza bionda così carina?
   - Sì, ... È nella nostra classe.
8 - .... guidare la moto?
   - Sì, ... Ho preso la patente due anni fa.

Sintesi

 1_ Scrivi le domande corrispondenti alle seguenti risposte.

Esempio: _Come si chiama?_ ....
            Sofia Panofsky.

1 Sofia Panofsky.
2 P-a-n-o-f-s-k-y.
3 Sono americana. Di Chicago.
4 Il 19 ottobre 1988.
5 Sì, da tre anni, mio marito è svedese.
6 Sì, un bimbo di dieci mesi.
7 Mi sono laureata in economia alla Northwestern University di Evanston.
8 Al momento sono disoccupata.
9 A Verona, in Via Catullo 8.
10 045 4532391.
11 Tre, compreso l'inglese.
12 L'inglese, l'italiano e lo svedese.
13 Sì, sia programmi di videoscrittura o di gestione dell'ufficio, che programmi di grafica.

Civiltà

L'ITALIA IN UN QUIZ

 1_ Quanto sai o quanto ricordi della geografia e della situazione italiana in generale? Scegli l'indicazione giusta tra quelle elencate.

1 L'Italia è
   - a) un'isola.
   - b) una penisola.
   - c) un arcipelago.

2 L'Italia ha la forma di
   - a) una scarpa.
   - b) un quadrato.
   - c) uno stivale.

3 Il territorio italiano è formato soprattutto da
   - a) colline.
   - b) montagne.
   - c) pianure.

4 Le montagne più alte che segnano il confine a nord dell'Italia sono
   - a) le Alpi.
   - b) le Prealpi.
   - c) gli Appennini.

5 Le montagne che attraversano l'Italia da nord a sud sono
   - a) le Alpi.
   - b) gli Appennini.
   - c) i Pirenei.

6 L'Italia confina a nord con
   - a) Francia, Germania, Svizzera, Slovenia.
   - b) Francia, Austria, Ungheria, Svizzera.
   - c) Francia, Austria, Svizzera, Slovenia.

7 L'Italia è divisa in
   - a) 30 regioni.
   - b) 15 regioni.
   - c) 20 regioni.

8 La città più importante di una regione è
   - a) la capitale.
   - b) il comune.
   - c) il capoluogo.

9 La popolazione italiana è di circa
   - a) 60.000.000 di abitanti.
   - b) 42.000.000 di abitanti.
   - c) 96.000.000 di abitanti.

10 L'Italia è
   - a) una repubblica.
   - b) una monarchia.
   - c) una confederazione di stati.

11 L'economia italiana si basa principalmente
   - a) sull'industria e sull'agricoltura.
   - b) sui servizi e sull'industria.
   - c) sui servizi e sull'agricoltura.

12 L'Italia
   - a) non fa parte dell'Unione Europea.
   - b) fa parte della Comunità Economica Europea (ora Unione Europea) dalla sua fondazione.
   - c) è entrata nell'Unione Europea nel 1995.

Unità 1: Cercando lavoro

Test

1 **Guarda** le risposte e **scrivi** le domande che il direttore di un'azienda fa a una futura impiegata.

...... / 10

1 ....?
Francese, ma mia madre è nata in Algeria.

2 ....?
Sì, abbastanza bene. So usare alcuni programmi di scrittura e Internet.

3 ....?
Anche da subito se per lei va bene.

4 ....?
Oltre all'italiano, il francese e lo spagnolo.

5 ....?
Da più di un anno. Sono arrivata per studiare italiano, ma poi ho conosciuto mio marito.

6 ....?
Ho letto l'annuncio sul giornale.

7 ....?
Abbastanza, ma con la metropolitana posso arrivare in venti minuti.

8 ....?
No, non ancora. Siamo sposati solo da un anno e i bambini sono un grande problema.
E poi sono ancora abbastanza giovane.

9 ....?
No, ho fatto solo qualche piccolo lavoretto come segretaria.

10 ....?
Preferirei part-time così potrei continuare a studiare.

2 **In base alle descrizioni completa il cruciverba.**

...... / 10

1 Lavora in un ufficio.

2 Porta nelle case lettere, piccoli pacchi ecc.

3 Coltiva la terra.

4 Vende sigarette e francobolli.

5 Non riesce a trovare un lavoro.

6 Vende prosciutto, mortadella ecc.

7 Ormai non lavora più.

8 Taglia e pettina i capelli.

9 Lavora in cucina.

10 Lavora in fabbrica.

3 Due tuoi amici si devono presentare per un colloquio di lavoro. Osserva le loro foto e scrivi due e-mail con qualche consiglio per il loro look. .... / 10

Caro Michele,
....
....
....
....
....
....
....

Cara Lisa,
....
....
....
....
....
....
....

4 Completa le risposte creando delle ipotesi.   .... / 3

1 - Non capisco. Franco non è ancora tornato.
- Non ti preoccupare, ... (lavorare)

2 - Hai telefonato a Paola?
- Sì, ma non risponde nessuno. Forse .... (ascoltare) la radio.

3 - Hai visto il gatto?
- No, forse .... (dormire)

5 Completa le domande con *sapere* o *conoscere*.   .... / 4

1 .... giocare a tennis?
2 .... che ore sono?
3 .... dove posso trovare una banca?
4 .... un buon ristorante a Venezia?

6 Elimina la parola che non c'entra.   .... / 3

1 raramente - mai - felice - bene
2 forse - tanto - poco - abbastanza
3 più - giù - su - suo

Totale: .... / 40

Unità 1: Cercando lavoro

Revisione e ampliamento

Lettura

 1_ Leggi velocemente gli annunci di lavoro. Quale lavoro ti piacerebbe di più fare?

---

1 Laureati per corso di Formazione "Creazione di impresa nel Turismo"
Settore: Servizi turistici
Luogo di lavoro: Campobasso
Descrizione: Impara lavorando! Ti proponiamo un corso di formazione finalizzato alla creazione di impresa nel settore turistico. Età max 27 anni, diploma di laurea, disoccupati.
Contratto: 1 euro/h x 900h durante la formazione; retribuzione successiva non specificata.
Azienda: EnAP, Formazione, Roma (RM), Italia
Profilo aziendale: Ente nazionale di Formazione Professionale.
Per rispondere: **webmaster@uditemi.it**

---

3 Diventa anche tu Croupier!!
Settore: Servizi turistici
Luogo di lavoro: Italia
Descrizione: Scuola Italiana Croupiers - Firenze
Cerchiamo persone che, dopo una formazione a prezzi extra concorrenziali, saranno in grado di tenere serate d'intrattenimento con il gioco (NON d'azzardo).
Contratto: Collaborazione continuativa; retribuzione non specificata.
Azienda: Scuola Italiana Croupiers, Locali pubblici e Discoteche, Firenze (FI), Italia
Profilo aziendale: scuola di formazione professionale per Croupiers. Selezione di ambosessi per lavoro occasionale in serate di gioco (NON d'azzardo).
Per rispondere: **pippog@iname.com**

---

5 Accompagnatore turistico
Settore: Servizi turistici
Luogo di lavoro: Santo Domingo
Descrizione: Cercasi giovani multilingui 22-27 anni parlanti perlomeno due delle seguenti lingue: tedesco, francese, inglese per accompagnare escursioni via mare e via terra. Buon trattamento fine mese, vitto + alloggio compresi. Minimo un anno. Invia oggi stesso il tuo curriculum.
Contratto: turismo; retribuzione non specificata.
Azienda: Club Dominicus Beach, turismo, Higuey (XX), Repubblica Dominicana
Profilo aziendale: famoso villaggio turistico in Repubblica Dominicana di fronte all'isola Saona nota tra i fotografi di tutto il mondo per le sue spiagge bianchissime (quella del villaggio è una delle dieci migliori spiagge del mondo).
Per rispondere: **mauro@vivaresorts.com**

---

2 Cuoco/pizzaiolo
Settore: Servizi turistici
Luogo di lavoro: Pontedilegno (BS)
Descrizione: Cuoco/Pizzaiolo
Contratto: sindacale; retribuzione da concordare.
Azienda: La Briciola S.r.l., Ristorazione, Pontedilegno (BS), Italia
Profilo aziendale: ristorante pizzeria di nuova apertura, situato in luogo di transito in rinomata stazione turistica montana.
Per rispondere: **bellavista@bellavistahotel.com**

---

4 Chef di Cucina
Settore: Servizi turistici
Luogo di lavoro: Selva di Val Gardena (BZ)
Descrizione: Hotel a 3 stelle con ristorante, trattamento di pensione completa. Cucina locale, nazionale ed internazionale cerca con urgenza per questa stagione estiva e per la prossima invernale Chef di Cucina.
Contratto: stagionale o annuale; retribuzione non specificata.
Azienda: Sporthotel Maciaconi, settore turistico/alberghiero, 39048 Selva di Val Gardena (BZ), Italia
Profilo aziendale: hotel a 3 stelle.
Per rispondere: **sporthotel@maciaconi.com**

---

6 Hostess modelle per pubblicità
Settore: Servizi turistici
Luogo di lavoro: Romagna
Descrizione: Azienda di pubblicità cerca modelle per svolgere campagne pubblicitarie.
Contratto: Turismo; retribuzione 180/220 euro.
Azienda: Studio Concorde, Pubblicità, Figline Valdarno (FI), Italia
Profilo aziendale: azienda operante da 5 anni in campo nazionale nelle pubblicità.
Per rispondere: **info@studioconcorde.com**

---

7 Istruttori sportivi (vela, windsurf, aerobica)
Settore: Servizi turistici
Luogo di lavoro: Al mare
Descrizione: La villaggi & villaggi ricerca personale per inserimento diretto nelle strutture gestite per l'estate 2011.
Contratto: collaborazione; retribuzione non specificata.
Azienda: VILLAGGI & VILLAGGI coop., Servizi turistici, Roma (RM), Italia
Profilo aziendale: la cooperativa è nata per fare da contatto per migliaia di giovani che cercano una prima esperienza lavorativa.
Per rispondere: **villaggituristici@usa.net**

2_ Leggi nuovamente gli annunci e rispondi alle domande.

1 Quale annuncio offre un posto di lavoro al mare? .... *5 e 7* ....
2 Quale annuncio è pubblicato da una cooperativa? ....
3 Quale annuncio offre posti di lavoro solo per ragazze? ....
4 Quale annuncio offre posti di lavoro per persone sportive? ....
5 Quale annuncio offre corsi di formazione? ....
6 Quale annuncio offre posti di lavoro in cucina? ....
7 Quale annuncio specifica la retribuzione? ....
8 Quale annuncio specifica la durata del lavoro? ....

Grammatica

3_ Completa le frasi con un avverbio dal riquadro.

1 Adoro la musica lirica. Mi piace .... *molto* ....
2 Non mi piace ballare. Non vado .... in discoteca.
3 Ho già molta fame. Oggi a pranzo ho mangiato ....
4 Scusa puoi ripetere? Non ho capito ....
5 Vado .... al cinema, almeno una volta al mese.
6 Non sono ricco, però guadagno .... per vivere tranquillamente.
7 L'esame è .... difficile. .... non lo passerò.
8 Se parli ...., non capisco ....

> troppo, mai, molto, abbastanza, molto, bene, velocemente, poco, niente, spesso, probabilmente

4_ Rispondi facendo un'ipotesi con il futuro.

1 - Guarda come cammina quell'uomo!   - *Sarà ubriaco.*
2 - Sara non risponde al telefono!   - ....
3 - Non trovo le mie chiavi!   - ....
4 - A casa dei Riello c'è già la luce spenta.   - ....
5 - Tuo papà non è ancora tornato dall'ufficio.   - ....
6 - Senti quel bambino come urla!   - ....

5_ Fa' le domande.

1 - *Conosci quel ragazzo* ....?
   - Sì, si chiama Filippo.
2 - ....? (Simona)
   - Sì, in Piazza della Pace 3.
3 - ....? (Zoran)
   - Sì, è serbo.

Unità 1: Cercando lavoro

Revisione e ampliamento

4 - ....? (Michele)
- Sì, me lo ha presentato Claudia la settimana scorsa.

5 - ....?
- Sì, ma solo pochi piatti e molto semplici.

6 - ....? (*Il nome della rosa*)
- No, non l'ho mai letto.

6_ Crea degli avverbi partendo dagli aggettivi.

1 facile ....
2 pesante ....
3 leggero ....
4 ricco ....
5 povero ....
6 lento ....
7 veloce ....
8 nazionale ....
9 particolare ....
10 freddo ....

7_ Metti gli aggettivi di nazionalità nei sacchi giusti, sulla base del suffisso usato per formarli.

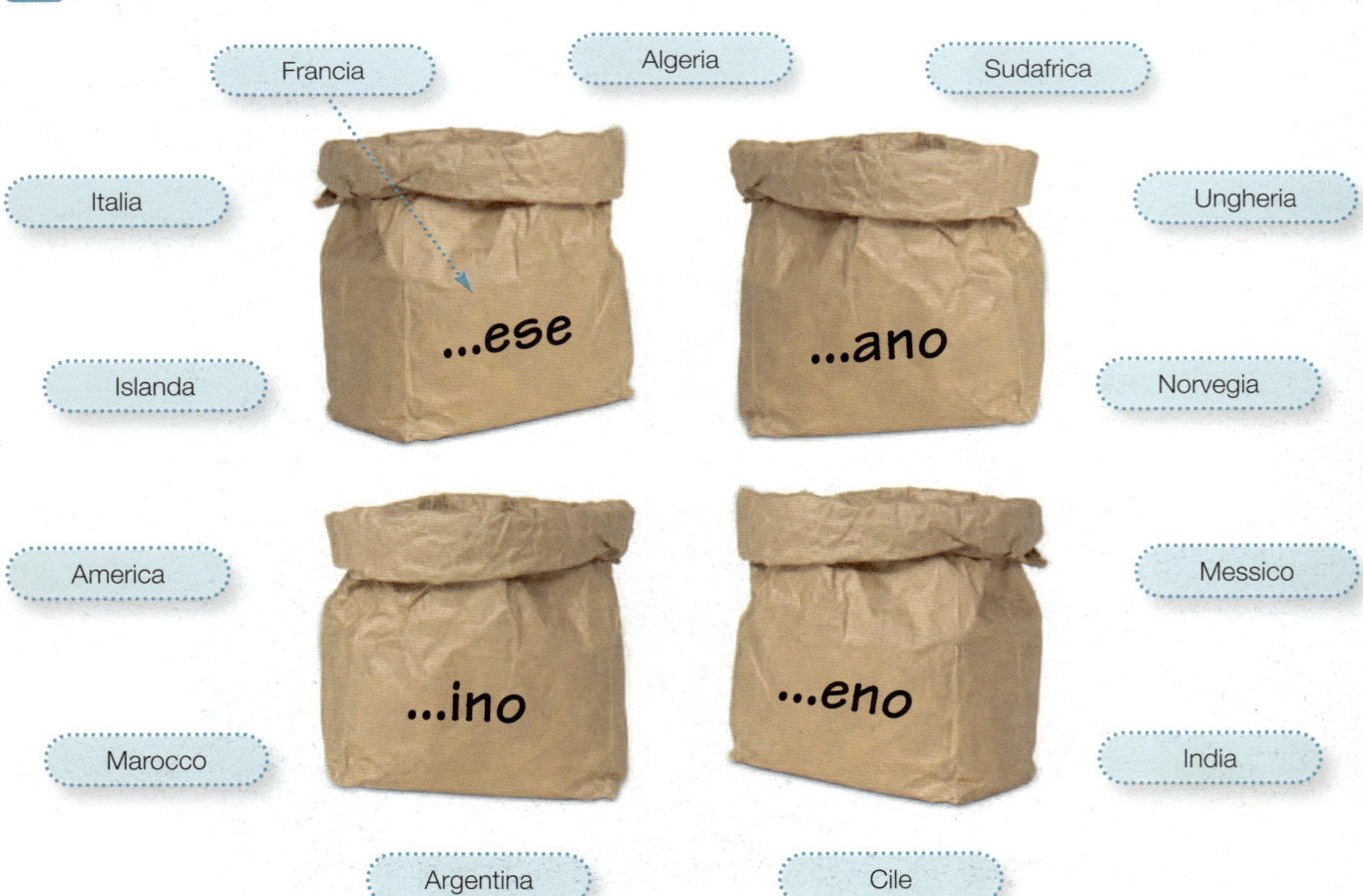

Civiltà

8_ Collega con una linea i nomi geografici all'area corretta di questa carta d'Italia.

- Mare Adriatico
- Mar Tirreno
- Mar Ionio
- Alpi
- Appennini
- Sardegna
- Sicilia
- Roma
- Fiume Po
- Laguna di Venezia

Unità 2:
Stili di vita, gli italiani visti da fuori

Lezione 1

Globalità

1_ L'italiano è una lingua che utilizza molte parole straniere.
Hai un minuto di tempo. **Prendi** un pezzo di carta e **scrivi** il maggior numero di parole straniere che si usano in italiano.

2_ Lavora con due compagni. Chi ne ha scritte di più? Si usano tutte in italiano?

> **Software** = (sòftûëë) s. ingl., in it. s. m.
> In informatica, l'insieme delle procedure e delle istruzioni in un sistema di elaborazione dati; si identifica con un insieme di programmi (in contrapposizione a hardware) [...]

> I sostantivi stranieri non cambiano al plurale:
> **il film > i film**

> **Stereotipo** = è un'opinione precostituita e rigida che riguarda persone, gruppi di persone, società, paesi, ecc. Caratteristica importante dello stereotipo è la generalizzazione.

3_ Quali parole italiane usi nella tua lingua?

4_ Che idea si ha nel tuo paese dell'Italia e degli italiani? Quali stereotipi associ alle parole italiane usate nella tua lingua? **Parlane** con due compagni.

5_ Leggi il messaggio e-mail che una studentessa svedese scrive a un'amica tedesca. Entrambe studiano in Italia. **Sottolinea** le parti che ti sembrano più importanti e preparati a parlarne con le compagne, i compagni e l'insegnante.

Nuovo messaggio

A: Liv@supermail.com   Da: ingrid@supermail.com
Oggetto: CIAO!

Ciao Liv,
come va la vita lì ad Ancona? Qui a Modena io vedo ancora gli stessi amici, continuo a studiare e vado sempre al corso di italiano che frequentavamo insieme. Sei ancora arrabbiata per i commenti un po' pesanti nei tuoi confronti dei maschi locali? Devi sapere che proprio in questi giorni stiamo parlando a lezione del *gallismo* degli uomini italiani e ho pensato a quello che mi hai scritto qualche giorno fa. La nostra insegnante ci ha fatto leggere un piccolo saggio, scritto da una donna, proprio su questo argomento. Eccoti l'inizio:
"Si dice *gallismo* un tipo di comportamento sociale in cui un individuo di sesso maschile è convinto di poter abbordare o rimorchiare un individuo di sesso femminile senza preoccuparsi della reazione di accettazione o di rifiuto del secondo individuo."*
È un po' difficile, ma se ci provi con un dizionario secondo me riesci a capire, e poi con la tua esperienza, carina come sei! Come puoi immaginare la discussione è stata molto interessante, le ragazze brasiliane e spagnole non erano molto stupite da questa descrizione, anche loro, come le donne italiane sono abituate a questo tipo di comportamento. Dicono che gli uomini del sud sono tutti così, si credono dei grandi latin lover (assolutamente irresistibili!), per loro è naturale guardare con insistenza le ragazze che passano per la strada e fare commenti ad alta voce sul loro aspetto fisico. Mentre nei paesi del nord, come noi sappiamo, queste cose non succedono. Pensa che la nostra insegnante, (Giovanna, ti ricordi di lei, vero?) ci ha raccontato, ridendo, che la prima volta che è andata in Inghilterra per un corso di inglese è rimasta molto stupita dall'atteggiamento dei maschi nordici. Una sera, lei e una ragazza greca hanno scoperto che tutte e due si sentivano improvvisamente diventate brutte perché in quel paese nessun uomo sembrava particolarmente interessato a loro. Sai perché? Nessuno le guardava in modo insistente quando camminavano per la strada come invece succedeva regolarmente nei loro paesi! Improvvisamente si sono rese conto che l'atteggiamento *gallista* degli uomini era un modo per sentirsi apprezzate, almeno sul piano fisico!!! Che ne dici? Fammi sapere la tua opinione. Adesso torno a studiare.
A presto, Ingrid

*[Adattato dalla voce "Gallismo" di Tilde Giani Gallino in "L'identità degli italiani" a cura di Giorgio Calcagno, Milano, Laterza (1993) 1998, pag. 87]

Cosa pensate di questo aspetto del maschio italiano?
È ancora vero o si tratta solo di uno stereotipo del passato?
Com'è il comportamento maschile nei vostri paesi?
Discutetene con i compagni.

> Verbi tipici del gallismo all'italiana.
> **Abbordare**: avvicinare una donna sconosciuta, di solito per strada o in locali pubblici, per parlare e cercare di conoscerla.
> **Rimorchiare**: di significato simile ad abbordare ma decisamente meno educato.

Analisi

In quest'unità ti aiutiamo a ripassare diversi elementi di base della grammatica italiana che hai già imparato a conoscere. Ma attenzione! Ti presentiamo anche alcuni aspetti che non conosci. Abbiamo bisogno della tua collaborazione per completare varie tabelle. Se non sei sicuro, troverai le soluzioni in appendice.

gli articoli

Prova a completare la tabella dell'articolo determinativo. Poi **controlla** a pag. 182.

articolo determinativo		
maschile	**singolare**	**plurale**
davanti a consonante	.... telefono	.... telefoni
davanti a S + consonante, Z, PS, GN, X	.... studente	.... studenti
davanti a vocale	.... ufficio	.... uffici
femminile	**singolare**	**plurale**
davanti a consonante	.... casa	.... case
davanti a vocale	.... amica	.... amiche

Unità 2: Stili di vita, gli italiani visti da fuori

Lezione 1

L'articolo determinativo va sempre *prima* del nome. L'articolo determinativo si usa
- quando il nome è determinato, ad esempio si conosce già: - Mi passi **il** dizionario di Sara, per favore?
- con nomi astratti o che indicano una categoria:
    - **La** lettura è un'attività importante per tutti.
    - **Il** cinema è una mia passione.
- con i nomi geografici, ma normalmente non con quelli che indicano le città:
    - **Il** Po è il fiume più lungo d'Italia.
    - Napoli è a sud di Roma.

Prova a completare la tabella dell'articolo indeterminativo. Poi **controllala** a pag. 182.

articolo indeterminativo		
maschile	**singolare**	**plurale**
davanti a consonante	.... **telefono**	.... **telefoni**
davanti a S + consonante, Z, PS, GN, X	.... **studente**	.... **studenti**
davanti a vocale	.... **ufficio**	.... **uffici**
femminile	**singolare**	**plurale**
davanti a consonante	.... **casa**	.... **case**
davanti a vocale	.... **amica**	.... **amiche**

L'articolo indeterminativo si usa quando il nome non è definito, non è precisato.
L'articolo indeterminativo va sempre *prima* del nome.

1_ Completa con l'articolo determinativo dove necessario.

1 ....*La*........ Francia è un paese europeo.
2 .... Maria viene da .... Rio de Janeiro.
3 .... amore è una cosa meravigliosa.
4 Ho perso .... chiavi, come faccio a entrare in casa?
5 Dove hai messo .... libro che ti ho prestato?
6 .... Signor Ruffolo non è in ufficio in questo momento.
7 .... Africa è più grande dell'Europa.
8 .... Nilo è il fiume più lungo del mondo.

2_ Articolo determinativo, indeterminativo o niente?

1 C'è ....*la*........ fermata dell'autobus qui vicino?
2 Mio padre lavora in .... banca in .... centro.
3 Camilla frequenta .... scuola di danza.
4 Mi scusi, dov'è .... chiesa di San Rocco?
5 Quello è .... marito di Patrizia?
6 .... Napoli non è .... città molto tranquilla.

gli aggettivi *bello* e *buono*

Se gli aggettivi **bello** e **buono** sono prima del nome seguono la regola rispettivamente dell'*articolo determinativo* e dell'*articolo indeterminativo*. Il plurale di *buono* e *buona* è *buoni* per il maschile e *buone* per il femminile.
Se **bello** e **buono** sono *dopo* il nome seguono la regola dei normali aggettivi in **-a** e **-o**.

Prova a completare la tabella. Poi **controllala** a pag. 185.

	singolare	plurale
maschile	il be..... bambino	i be..... bambini
	il be..... stadio	i be..... stadi
	il be..... albero	i be..... alberi
femminile	la be..... ragazza	le be..... ragazze
	la be..... idea	le be..... idee

	singolare
maschile	un buo..... bambino
	un buo..... studente
	un buo..... artista
femminile	una buo..... ragazza
	una buo..... amica

3_ Completa usando le diverse forme di *buono* e *bello*.

1 Paolo è molto ....
2 orizz.: Paolo è un .... ragazzo
2 vert.: Paolo è un .... papà
3 Paolo è molto .... con suo figlio

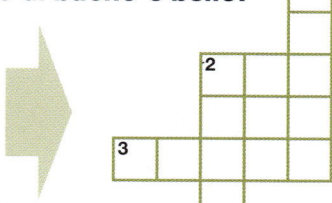

Sintesi

1_ Sei d'accordo con queste affermazioni? Leggile e poi **parlane** con un compagno.

Prima di leggere un testo è molto importante cercare di usare le proprie conoscenze per prepararsi alla lettura, in modo da poter aiutare la comprensione di parole che possono essere difficili.
Così è possibile usare le foto, il titolo, oppure leggere velocemente il testo e poi cercare di pensare a quanto si è capito: molto, in generale, ecc. Una lettura più attenta può aver bisogno del dizionario...

2_ Tu per che cosa usi il dizionario? Pensa alla tua esperienza nell'utilizzare il dizionario bilingue e **metti in ordine** di importanza ciò che si può fare con un dizionario bilingue.

(.....) trovare la pronuncia corretta di una parola
(.....) scoprire che cos'è la parola che si cerca da un punto di vista grammaticale
(.....) scoprire il significato di una parola
(.....) cercare la traduzione corretta di una parola

(.....) vedere come si usa una parola nella frase
(.....) trovare esempi di come è usata una parola
(.....) vedere come si scrive una parola
(.....) altro

**3_ Spesso le parole possono avere varie traduzioni possibili in un'altra lingua. Dipende dal contesto.
Rileggi** attentamente il testo dell'e-mail di Ingrid e **cerca** sul dizionario alcune parole che non conosci.
Se ci sono più traduzioni possibili, **leggi** nuovamente la frase del testo e **cerca di scegliere** secondo il senso. **Utilizza** anche gli esempi d'uso che ti dà il dizionario! **Pensa** a quanto è importante un corretto uso del dizionario bilingue quando traduci dalla tua lingua all'italiano e viceversa!

A Kabul un giornalista Rai insiste presso la guida locale. "I want to go coast to coast!".
Il poveretto risponde che l'Afganistan non ha sbocchi sul mare ed è perciò difficile andare da costa a costa. Alla fine si scopre che il visitatore intendeva dire: "Voglio andare a tutti i costi" in inglese, "at all costs".

[Tratto da B. Severgnini, "Italiani con valigia", Milano, Rizzoli, (1993) 1998, pag. 80-81.]

Unità 2: Stili di vita, gli italiani visti da fuori

Lezione 2

Globalità

1_ Guarda l'immagine. Ti piace? Sei d'accordo? Parlane con un compagno.

2_ Ascolta l'intervista e segna i lavori di casa che senti.

Lavare i piatti

3_ Ascolta nuovamente l'intervista e indica se le affermazioni sono vere o false.

1. L'intervistato si chiama Rudolf. **V** F
2. Ha 24 anni. **V** F
3. Prima di sposarsi viveva già solo. **V** F
4. Ha sempre fatto il letto ogni giorno. **V** F
5. A sua moglie piace fare la spesa. **V** F
6. Lui sa cucinare. **V** F
7. Sheila, sua moglie, sa cucire. **V** F

4_ Osserva le statistiche. In quale paese ti piacerebbe vivere? Perché?

In Italia è meglio?

Quanti uomini fanno cosa?	Francia	Germania	Gran Bretagna	Italia	Spagna
- Stirare	14%	14%	32%	4%	10%
- Lavare i piatti	58%	41%	81%	26%	31%
- Fare la spesa	65%	44%	51%	45%	48%
- Cucinare	43%	28%	52%	27%	18%
- Pulire la casa	53%	44%	77%	39%	38%

5_ Forma delle frasi.

Ho
- stirato
- lavato
- pulito
- cucinato
- cucito
- fatto
- fatto

→

- i piatti a mano
- le camicie di mio nonno
- le calze di Carlo
- la casa di Mauro
- i letti
- una specialità emiliana
- il bucato per Paul

perché →

- non ha ancora comprato una lavatrice nuova.
- stasera ho due amici a cena.
- mio marito non aveva tempo.
- la lavastoviglie è rotta.
- non sa farlo.
- il suo ferro è rotto.
- mi ha chiesto di aiutarlo.

Analisi

il genere dei nomi

In italiano abbiamo due generi: il maschile e il femminile.
Non è sempre facile sapere quali nomi sono maschili e quali femminili.
Ti presentiamo una serie di regole che possono aiutarti, a completamento di quello che già sai.

- I nomi in **-o** sono normalmente *maschili*: **il** bambin**o**
- I nomi in **-a** sono normalmente *femminili*: **la** bambin**a**
- I nomi in **-e** possono essere *maschili* o *femminili*: *maschili*: **il** professor**e**, **il** padr**e**;
  femminili: **la** chiav**e**, **la** madr**e**

- Però alcuni nomi in **-a** sono *maschili*:
  alcuni terminano in **-ma**: **il** proble**ma**, **il** te**ma**, **il** cine**ma**
  altri terminano in **-ista**: **il** dent**ista**, **il** giornal**ista**
  altri nomi di persona maschili in **-a**: **il** poet**a**, **il** pilot**a**

- Sono normalmente *maschili* i nomi in:
  - **-ore**   **il** fi**ore**
  - **-one**   **il** sap**one**
  - **-ale**   **il** giorn**ale**
  - **-ile**   **il** fuc**ile**

- Alcuni nomi in **-o** sono *femminili*.
  Sono spesso parole tagliate: **la** radi**o**, **la** fot**o**, **la** mot**o**, **l**'aut**o**, **la** man**o**
  l'aut**o** = l'automobile

- I nomi in **-tà** e in **-tù** sono *femminili*: **la** liber**tà**, **la** gioven**tù**
- I nomi in **-i** sono normalmente *femminili*: **la** cris**i**, **l**'anali**si**, **la** sinte**si**

- Sono normalmente *femminili* i nomi in:
  - **-ione**   **la** lez**ione**
  - **-ie**   **la** ser**ie**
  - **-ice**   **la** lavatr**ice**

il plurale dei nomi

E adesso i plurali! Anche loro a volte sono un po' difficili da ricordare. **Completa** la tabella.

	singolare		plurale	
maschile	- o	il telefon**o**	- i	i telefon.....
	- e	il can**e**	- i	i can.....
	- a	il sistem**a**	- i	i sistem.....
femminile	- a	la scuol**a**	- e	le scuol.....
	- e	la chiav**e**	- i	le chiav.....
	- tà	la cit**tà**	- tà	le cit.....
	- tù	la vir**tù**	- tù	le vir.....
	- i	la cris**i**	- i	le cris.....
	- o	la man**o**	- i	le man.....

Unità 2: Stili di vita, gli italiani visti da fuori

Lezione 2

- Non cambiano al plurale:

	singolare	plurale
i nomi che terminano per consonante e stranieri in genere	**il** film	**i** film
i monosillabi	**il** re	**i** re
i nomi che sono abbreviazioni	**la** foto (la fotografia)	**le** foto

- I nomi che terminano in consonante sono normalmente *maschili*.
  Sono soprattutto parole di origine straniera: **il** ba**r**, **lo** spor**t**, **il** fil**m**.

1_ Trasforma le frasi al plurale.

1 Quella è la macchina di Luigi.
   Quelle sono le macchine di Luigi e Pasquale.

2 Michele è un bel bambino ed è anche molto buono.
   Michele e Fiorenza ....

3 Quell'attore ha fatto un bello spettacolo.
   ....

4 Di recente ho visto un film interessante.
   ....

5 Giordano ha risolto il problema.
   Giordano e Marco ....

6 Il sistema scolastico italiano deve essere riformato.
   .... italiano e greco ....

7 Quello è lo psicologo tedesco di cui ti ho parlato.
   ....

8 Cristina arriva subito. Deve finire di stirare una camicia.
   Cristina e Andrea ....

9 La farmacia del centro è chiusa.
   ....

10 Romolo è stato il primo re di Roma.
    Romolo e Numa Pompilio ....

Sintesi

1_ Ripasso e ampliamento delle espressioni di luogo. Metti l'espressione di luogo sotto la figura giusta.

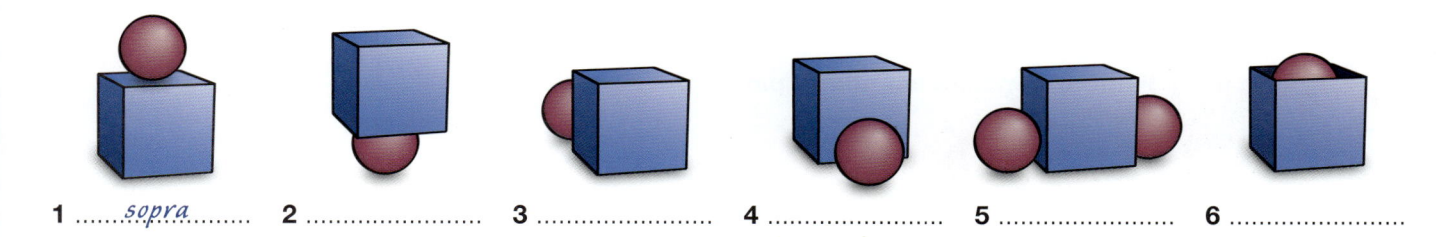

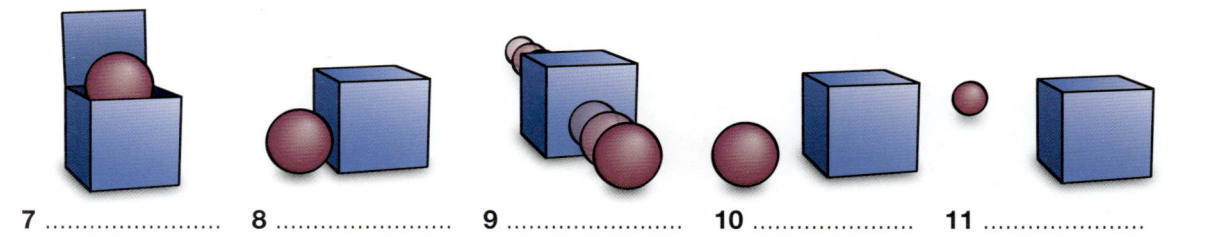

1 ...sopra... 2 .... 3 .... 4 .... 5 .... 6 ....

7 .... 8 .... 9 .... 10 .... 11 ....

davanti a, dentro a, di fianco a, dietro, fra/tra, fuori di, lontano da, attraverso, sotto, su/sopra, vicino a

Nota le preposizioni che alcune di queste espressioni richiedono.

2_ Lavora con un compagno. **Guardate** la figura, poi lo studente (A) **va** a pagina 176 e **abbina** le figure alle parole del riquadro. (B) **va** a pagina 179 e **fa** la stessa cosa.
Fatevi delle domande per scoprire come si chiamano gli oggetti che vi mancano.

Esempio: Come si chiama l'oggetto che è di fianco al coltello?

Unità 2: Stili di vita, gli italiani visti da fuori

Lezione 3

Globalità

1_ Completa l'albero genealogico con le parole del riquadro.

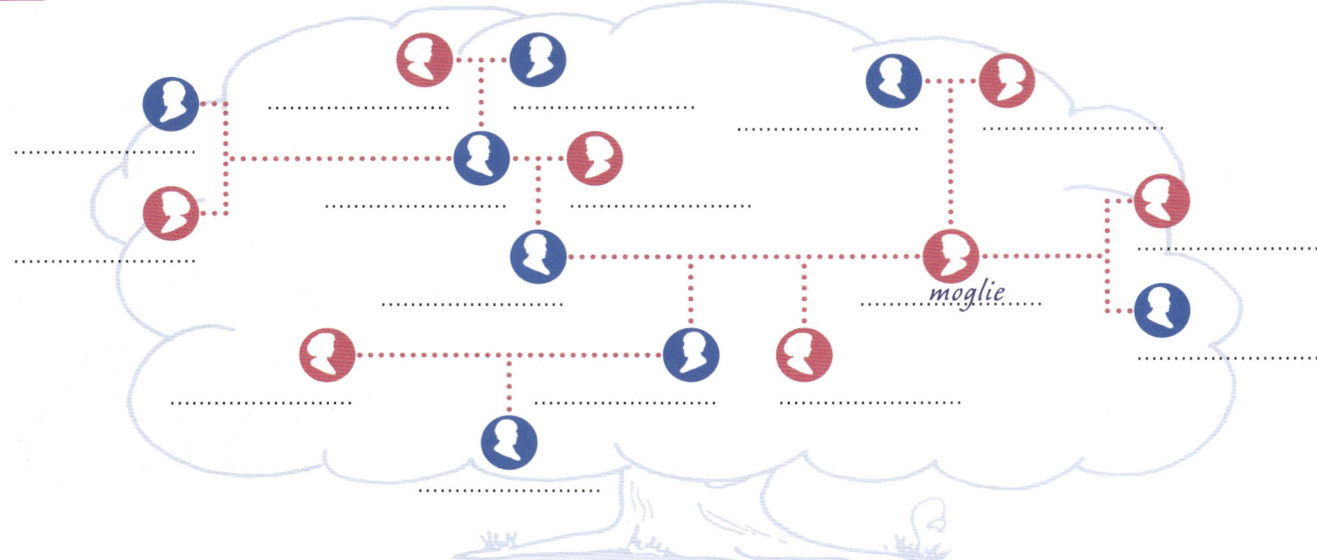

moglie

> figlio, figlia, nonna, padre, sorella, madre, nonno, fratello, genitori, moglie, marito, cognata, cognato, suocera, suocero, nipote, nuora, genero, cugino, cugina, zio, zia

2_ Ascolta la conversazione e **rispondi** alle domande.

1. Cosa stanno facendo Andrea e Cristina?
2. Qual è il problema all'inizio?
3. Come esprime la sua sorpresa Cristina?

3_ Leggi il testo della conversazione e **cerchia** la parola giusta.

- **Cristina:** Andrea, sai usare **il videoregistratore**/la videocamera?
- **Andrea:** Sì, come mai me lo chiedi?
- **Cristina:** Così…
- **Andrea:** Mi fai un favore? Puoi spegnere/accendere la luce? C'è troppo scuro/chiaro.
- **Cristina:** Sì, ma sei pronto?
- **Andrea:** Certo, basta girare/premere questo bottone e…
- **Cristina:** No, fermo! Così registri/parte!
- **Andrea:** Ah giusto… Stavo scherzando!
- **Cristina:** Ti accendo/spengo la luce. Ma è sul canale giusto?/È a fuoco?
- **Andrea:** Dai, non continuare!
- **Cristina:** Mamma mia! Ma quanta gente c'è nella tua famiglia?
- **Andrea:** Siamo molti, vero? Ah! Questa al centro la conosci, è la sorella di mia madre e quello è un suo cugino, cioè un mio zio.
- **Cristina:** Tuo zio/cugino?

Mamma mia! È un'espressione molto usata in italiano. A seconda dell'intonazione può esprimere vari stati d'animo e emozioni.

- Andrea: Beh, sì o forse è un mio cugino/zio. Non sono molto bravo con le parentele. Questa è la suocera di mia zia Franca con i suoi nipoti, figli del cognato di mia zia.
- Cristina: Che caos/che casino! E quelli a destra?
- Andrea: La ragazza è mia cugina Sandra con il suo/suo marito e i loro/loro due figli.
- Cristina: Che cosa sta facendo tuo nipote? Aiuto, che buffo!!
- Andrea: Non so che cosa sta facendo…
- Cristina: Che bella famiglia che hai. Ma lì dove/quanti siete?
- Andrea: Al matrimonio della figlia della sorella di…
- Cristina: Basta! Basta! Basta!

L'espressione **Che casino!** significa *Che confusione*! e si usa moltissimo nell'italiano moderno, ma solo nel parlato. Per alcune persone suona un po' volgare. Sicuramente lo è se usata nella lingua scritta.

4_ Ascolta nuovamente la conversazione e **controlla** le tue risposte.

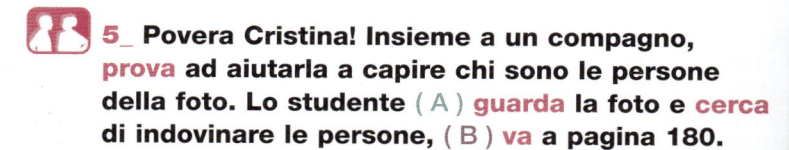

5_ Povera Cristina! Insieme a un compagno, **prova** ad aiutarla a capire chi sono le persone della foto. Lo studente (A) **guarda** la foto e **cerca** di indovinare le persone, (B) **va** a pagina 180.

6_ Completa la tabella.

	accendere	spegnere	alzare	abbassare	premere	girare
radio	sì	sì	sì	sì	no	no
televisione						
videocamera						
bottone						
interruttore						
luce						
manopola						

Analisi

aggettivi e nomi in -co, -go, -ca, -ga

	singolare		plurale	
femminile	- ca - ga	la ban**ca** tedes**ca** la tar**ga** tur**ca**	- che - ghe	le ban**che** tedes**che** le tar**ghe** tur**che**
maschile	- co - go (accento sulla penultima sillaba)	il cuo**co** l'alber**go**	- chi - ghi (accento sulla penultima sillaba)	i cuo**chi** gli alber**ghi**
	- co - go (accento sulla terzultima sillaba)	il medi**co** lo psicolo**go**	- ci - gi (accento sulla terzultima sillaba)	i medi**ci** gli psicolo**gi**

Ma ci sono molte eccezioni: am**i**co am**i**ci   gr**e**co gr**e**ci

Unità 2: Stili di vita, gli italiani visti da fuori

Lezione 3

aggettivi e nomi in -cia e -gia

Osserva gli esempi: qual è la regola del plurale?
1 la farmacia   le farmacie
2 la ciliegia   le ciliegie
3 la spiaggia   le spiagge

- La **-i** c'è anche al plurale quando
  1 la **-i** ha l'accento, come in farmac**i**a, il plurale è farmac**ie**;
  2 prima della parte finale **-cia** e **-gia** c'è una vocale (cili**e**gia).

- La **-i** non c'è al plurale quando
  3 prima della parte finale **-cia** e **-gia** c'è una consonante (spia**g**gia).

i possessivi

Gli aggettivi e i pronomi possessivi sono uguali.

maschile		femminile	
singolare	plurale	singolare	plurale
mio	miei	mia	mie
tuo	tuoi	tua	tue
suo	suoi	sua	sue
nostro	nostri	nostra	nostre
vostro	vostri	vostra	vostre
loro	loro	loro	loro

I possessivi seguono il nome cui si riferiscono.
Ad esempio: se il nome è maschile
e singolare (appartament**o**), il possessivo è **il** m**io**.
Loro è invariabile:
- Ecco **la loro** amic**a**.

- Che differenza c'è tra un aggettivo e un pronome possessivo?
  - La **mia** ragazza si chiama Maria.
  L'aggettivo è prima del nome.

  - La mia ragazza si chiama Maria, e la **tua**?
  - Silvia.
  Il pronome possessivo sostituisce il nome (*ragazza*).

- Di solito prima dell'aggettivo possessivo e del pronome
  possessivo c'è l'*articolo determinativo*.
  Però l'articolo determinativo normalmente *non* si usa
  con i nomi di famiglia (padre, madre, sorella, ecc.), al *singolare*:
  - **Mia** madre si chiama Paola.
  Ma al *plurale*:
  - **I miei** nonni sono molto vecchi.

- Con **loro** si usa l'articolo anche al singolare:
  - **La loro** sorella fa la parrucchiera.

> A volte l'aggettivo possessivo
> è dopo il nome. Ad esempio:
> - Stasera vengo a cena a casa **tua**.
> - Mamma mia!

> - Ieri sera ho visto **un mio** amico
> che non incontravo da anni.
> Anche nella tua lingua si usa l'articolo
> indeterminativo (**un**) seguito dal
> possessivo (**mio**)?

1_ Completa con i pronomi personali e i possessivi.

1 Carla, ...*io*...... devo andare, ma .... puoi restare qui se vuoi.
2 .... è Fiona, ma .... chi è, suo marito?
3 Ho parlato con i Marino; secondo .... non è stato Pertusi a rubare la macchina di Tino.
4 Grazia è arrivata per prima, quindi ora tocca a ....
5 Devo parlare con mio fratello, ma non so se .... troverò a casa o al lavoro.
6 Se vedi Mario e Catia, ... puoi dire di telefonarmi?
7 Hai guardato il film che .... ho prestato?
8 .... sbagliate. Questo cappello non è ....; è ....,
  .... abbiamo comprato a Stoccolma.
9 Guarda Maurizia, come .... piace la Nutella! È la prima volta che .... mangia?
10 Ho visto Giorgia e Mattia e .... ho detto di venire alla .... festa di compleanno.
   .... dispiace?

2_ Completa le frasi con i nomi del riquadro. Ricordati di concordare gli aggettivi e di mettere gli articoli, dove necessario. Attenzione: i nomi del riquadro sono al singolare.

1 Ieri sera mi...*a*... ...*nonna*...... è stata male e i mi...... ....*hanno*...... dovuto chiamare ....
2 Secondo molta .... gli .... sono indispensabili nella società d'oggi.
3 .... scolastic...... italiano sta subendo grandi trasformazioni.
4 La settimana scorsa in tv è iniziata un...... nuov...... .... di .... poliziesc...... .
5 Non mi piacciono ...... nuov...... .... italian...... .
6 Adoro .... della Sardegna.

| spiaggia, | zio, | gente, | sistema, | film, | targa, | serie, | nonna, | medico, | psicologo |

esercizio di ripasso: i tempi del verbo

3_ Metti i verbi al tempo giusto.

1 Se ......*fa/farà*...... (fare) bello, domani ......*vado/andrò*...... (andare) in piscina.
2 Ieri sera .... (vedere) mia cugina. .... (andare) a mangiare una pizza.
3 Mamma, mi .... (comprare) un gelato?
4 Non è possibile, anche oggi .... (piovere).
5 Lunedì scorso il Presidente del Consiglio .... (ricevere) la visita del Presidente francese.
6 Quest'estate Sonia e Patricia forse .... (tornare) in Inghilterra.
7 L'anno scorso .... (fare) un incidente in moto e mi .... (rompere) un braccio.
8 Cristina non .... (alzarsi) mai tardi, ma questa mattina .... (alzarsi) alle 11.

Unità 2: Stili di vita, gli italiani visti da fuori

Lezione 3

Sintesi

1_ Guarda il disegno e **immagina** con un compagno quale può essere l'argomento dell'articolo che segue. Poi **provate a scrivere** un titolo per l'articolo, senza leggerlo.

2_ Leggi rapidamente l'articolo. Il vostro titolo può andare bene? Se non va bene, perché non funziona?

3_ Leggi l'articolo su Christine e **metti** le parole che mancano. Le trovi nel riquadro.

Christine è una ragazza di Londra, è piuttosto alta e carina. È finita sui maggiori giornali per un fatto molto particolare. Nella sua cantina ha scoperto un piccolo tesoro... Nel suo appartamento, dove mi riceve, ci sono oggetti in vario stile. Più li osservo e più mi accorgo che non c'è niente che possa farmi pensare a un solo paese. Si respira un'aria strana, tutto vagamente etnico. La cosa mi incuriosisce e chiedo a Christine *come mai* ha scelto di arredare la sua casa in questo modo. "Vivo in Italia da alcuni anni. All'inizio ho riempito la casa di oggetti tipicamente inglesi. In questo modo mi sono sentita più vicina alle mie origini, alla mia cultura. Poi poco alla volta ho capito che stavo cambiando: il cibo, il modo di vivere e poi la casa... Sono diventata "italianissima": ho imparato a usare la (1).................., a riempirla di bottiglie di vino (imbottigliate da me) e di salumi. Sono fortunata perché abito in un (2).................. vecchio e le cantine sono fresche e non tanto umide. Purtroppo non ho il (3).................., ma va bene lo stesso. Poi ho traslocato dal primo all'ultimo piano. Vede quella scala? Porta in (4).................. e nella (5).................. tutto attorno ho messo moltissimi fiori e piante e poi vedo tutti i (6).................. del centro storico. È bellissimo. Un'altra cosa da italiana: ho eliminato tutta la (7).................. che avevo messo appena arrivata, alla fine mi faceva schifo! Ho imparato *ad* apprezzare i (8).................. di legno in (9).................. e le mattonelle in (10).................. e (11)..................

L'unico (12).................. che ho è questo, è peruviano, ricordo di un mio viaggio. Tutti questi oggetti vengono dai miei viaggi. Adoro viaggiare per conoscere paesi nuovi, nuove culture". A questo punto mi è venuta spontanea una domanda: "Come mai non sei tornata a vivere in Inghilterra?".

"Sono sociologa", mi ha risposto "e qui ho un buon lavoro, molto interessante: in questo momento sto facendo una ricerca sulla famiglia italiana... che è così cambiata nel corso degli anni...". All'improvviso mi sono ricordata la ragione della mia visita e finalmente ho visto il piccolo baule!

---

moquette, bagno, terrazza, cucina, palazzo, tetti, camera, mansarda, cantina, tappeto, garage, pavimenti

---

Come mai
significa *perché*.
Si usa nelle frasi interrogative.
Spesso esprime sorpresa e/o curiosità.

Osserva gli esempi:
- *Suonano alla porta. Vado io ad aprire.*
  È tua madre ed è con una sua amica.
Riesci a capire la regola? Quando la parola che segue **a** oppure **e** inizia rispettivamente con la lettera **a** ed **e** solitamente la preposizione **a** diventa **ad** e la congiunzione **e** diventa **ed**.

(ALLA **SCOPERTA** DELLA **LINGUA**)

Civiltà

MAMMONE E ME NE VANTO

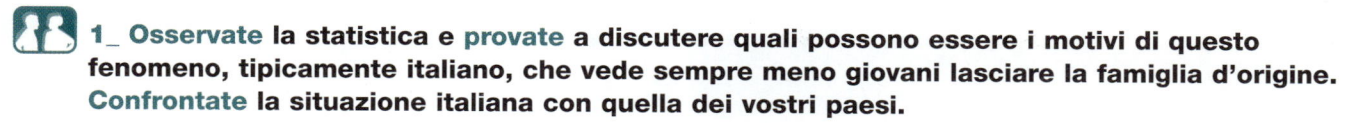

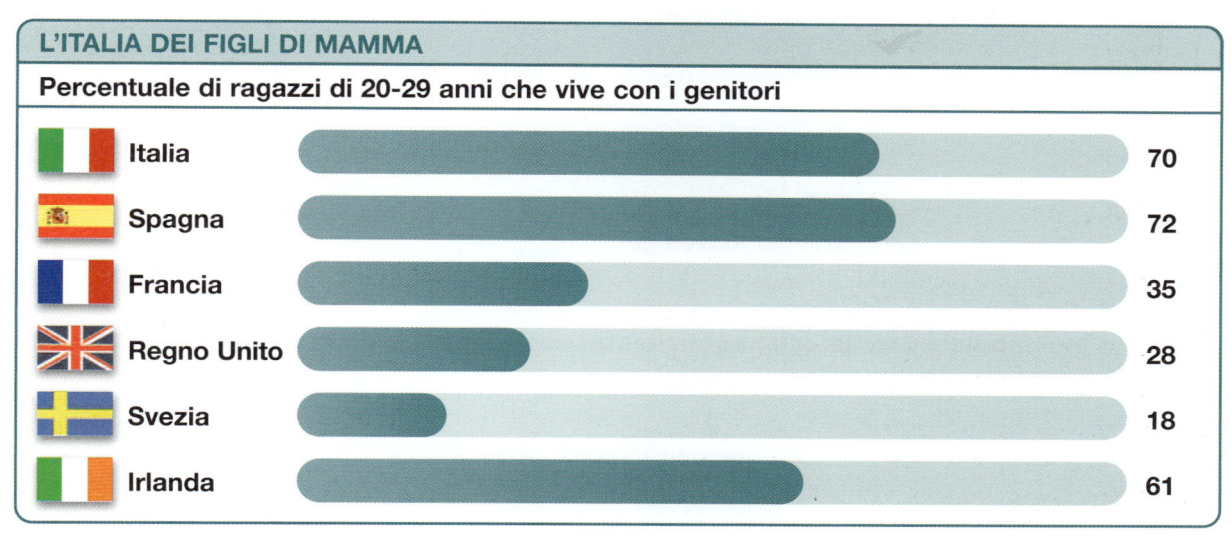

1_ Osservate la statistica e **provate** a discutere quali possono essere i motivi di questo fenomeno, tipicamente italiano, che vede sempre meno giovani lasciare la famiglia d'origine. **Confrontate** la situazione italiana con quella dei vostri paesi.

L'ITALIA DEI FIGLI DI MAMMA	
Percentuale di ragazzi di 20-29 anni che vive con i genitori	
Italia	70
Spagna	72
Francia	35
Regno Unito	28
Svezia	18
Irlanda	61

[da www.repubblica.it, 18 gennaio 2010]

2_ Adesso, ascoltate le interviste ad alcune persone italiane che spiegano i motivi per i quali hanno deciso di continuare a vivere con i genitori. **Prendete** qualche appunto sulle loro ragioni nella colonna a sinistra nella tabella.

Ragioni per cui restano a casa	Ragioni per cui devono uscire di casa

3_ A coppie, **scegliete** uno dei tre personaggi e create una discussione: uno di voi è il personaggio che resta a casa, l'altro deve convincerlo ad andarsene ad ogni costo.

4_ Ripetete l'attività 3, invertendo i ruoli tra voi e scegliendo un altro personaggio.

Unità 2: Stili di vita, gli italiani visti da fuori

Test

1 **Completa** le frasi seguenti con *bello*, *bene*, *buono* secondo il senso.   ...... / 7

1 Prendere troppo sole non fa molto ......*bene*...... alla pelle.
2 Elena e Andrea hanno scoperto un nuovo ristorante dove si mangia .... e si spende poco.
3 In quel negozio vendono elettrodomestici di .... qualità.
4 Con quel vestito Marta sta molto ....
5 Franco è proprio un .... amico. Se ho un problema mi dà sempre .... consigli.
6 Se farà .... il fine settimana andremo in barca a vela.
7 Alla Mostra del Cinema di Venezia si vedono sempre dei .... film.

2 **Accoppia** le espressioni della colonna a sinistra con le azioni comunicative della colonna a destra.   ...... / 10

1 Mamma mia!
2 No, fermo!
3 Questa al centro la conosci, è la sorella di mia madre e quello è un suo cugino.
4 Sì, come mai me lo chiedi?
5 Mi fai un favore?
6 Che casino!

a chiedere la causa, esprimendo sorpresa
b chiedere un favore
c interrompere bruscamente
d esprimere sorpresa
e indicare cose o persone
f esprimere disorientamento

3 Le segreterie telefoniche non funzionano molto bene. **Completa** i messaggi.   ...... / 17

- Ciao Anna, sono tornato dalla Cina. Ti ho porta*to*... un sacco di regali. Delle cami....... di seta per te e dei gio....... cinesi per i bambini. Chiama....... quando torni. Ciao.

- Ciao Mary. Volev....... informarti che per cambiare i soldi in Italia, il sabato le ban....... sono chius......., ma gli uffi....... di cambio sono sempre aperti. Ti aspetto, ciao.

- Ciao Francesca, sono Marta. Senti, ti ringraz....... per la cami....... che mi hai regalato, ma purtroppo per me è un po' troppo lar....... e ha le maniche troppo lun....... Potrei cambiar....... con una di taglia più piccola? Sappimi dire. Ti abbraccio, a presto.

- Ciao Francesca, sono io, Mario. Allora senti, per arrivare a casa mia, dev....... prendere da Piazza Dante, guardando la chiesa, la strada a destra. Devi passare de....... alberg....... e due farma....... Quando arrivi all'uffi....... postale giri a sinistra e trovi subito casa mia. Ti aspetto alle otto, ciao.

4 Metti al plurale le parole in corsivo. ..... / 5

1 Maria ha invitato a cena *un suo vecchio amico* di scuola. ....
2 Dalla mia finestra vedo *un albero molto bello*. ....
3 *Lo zio* di Paola è *medico*. ....
4 Luisa mi ha mostrato *una sua foto* da piccola. ....
5 A Parigi c'è *un bel parco* per passeggiare. ....

5 Correggi le frasi dove necessario. ..... / 7

1 Queste sono le loro amiche. *giusto*
2 Gianni è mio compagno di banco. ....
3 Questa è la mia casa e questa è quella di Filippo. ....
4 Domani vengo a pranzo a casa vostra. ....
5 Il mio padre si chiama Gabriele. ....
6 Dove vivono tuoi zii? ....
7 Ho telefonato a un mio vecchio professore per fargli gli auguri di buon anno. ....
8 Mia madre ha sessant'anni, mia nonna ottantaquattro. ....

6 Cruciparenti! ..... / 14

VERTICALI
1 Il fratello di mio marito.
2 Il fratello di mia madre.
4 Anche lei è figlia dei miei genitori.
6 Io sono il … di mio padre e di mia madre.
7 Sono la madre di una bella … .
8 Mio padre è il … di mia madre.
9 È la moglie di mio figlio.

ORIZZONTALI
2 La sorella di mia madre.
3 Il figlio di mio zio.
5 La sorella di mio marito.
6 L'altro figlio dei miei genitori.
7 Mia sorella e io siamo … dei miei genitori.
8 L'ho sposata: è mia … .
10 La figlia di mia zia.

Totale: ..... / 60

Unità 2: Stili di vita, gli italiani visti da fuori

Revisione e ampliamento

Lessico e scrittura

1_ Ogni parola è spesso associata con delle azioni e dei concetti. **Collega** i nomi di parentela con le frasi.

- Cura il giardino
- Apparecchia
- Lavora in banca
- Pulisce in casa
- Fa dei regali a tutti
- Lava i piatti
- È molto generoso
- Ha 25 anni
- Cucina
- Stira
- È insegnante
- È in pensione
- Cuce
- Fa il bucato
- Ci vede poco

nonna	
padre	
madre	
figlio	
figlia	

- Lavora in una ditta di trasporti
- Non fa niente in casa
- Vive con i genitori
- È ancora molto in gamba
- Pulisce e riordina la casa
- Va a far la spesa
- Ha finito l'università e vive con degli amici

2_ Chi fa cosa nella tua famiglia?
Scrivi alcune frasi che descrivono la tua famiglia e come vi dividete i lavori di casa.

....
....
....
....
....
....

Grammatica

3_ Completa la tabella sui generi delle parole.

I nomi che finiscono in:	sono di solito di genere:	da solo o in coppia, trova almeno 3 esempi
- a		.... / .... / ....
- o		.... / .... / ....
- ore		.... / .... / ....
- ale		.... / .... / ....
- ice		.... / .... / ....
- ione		.... / .... / ....
- one		.... / .... / ....
- ista		.... / .... / ....
- à		.... / .... / ....
- ù		.... / .... / ....

4_ Fa' il plurale di queste parole

telefono ....   foto ....   larga ....   computer ....
registratore ....   difficoltà ....   attività ....   radio ....
attrice ....   albergo ....   gioco ....   giovane ....
medico ....   auto ....   film ....   bella ....
menù ....   sociologo ....   sport ....   amica ....

5_ Completa con le forme corrette di *bello*.

1 Che .... bambino: come si chiama?
2 Questo bambino è davvero molto ....
3 Che .... questi due cani! Di che razza sono?
4 Che .... gatti! Sembrano anche molto buoni.
5 Hai dei .... studenti nella tua classe!
6 Quello è un gran .... armadio. Deve essere antico, no?
7 È una .... idea, avrei dovuto pensarci io.
8 Che .... macchina che hai, è nuova?

6_ Completa con le forme corrette di *buono*.

1 Questa è l'occasione .... per prendere un bel voto.
2 Questo bambino è davvero molto ....
3 Che .... questi due cani! Di che razza sono?
4 Che .... bambino: come si chiama?
5 Hai una .... idea? Non so da che parte cominciare.
6 Quello è davvero un .... studente.
7 .... giorno, come stai?
8 Secondo te, è un .... musicista?

Con la grammatica si può anche ridere!

È mio!
Sì, è tuo!
No, non è tuo, è mio!
Certo, è tuo...
No, è mio, mio, non tuo, mio!

Unità 3: Amore

Lezione 1

Globalità

1_ Sei una persona che si emoziona facilmente? **Leggi** gli aggettivi del riquadro e poi **fa'** le attività 2, 3, 4.

> brutto, allegro, arrabbiato, depresso, eccitante, felice, impressionante, infelice, orribile, bello, preoccupato, triste, terribile, deprimente, interessante, noioso, annoiato, spaventato, magnifico, indifferente, agitato, calmo, sorpreso, deluso

2_ Quali aggettivi associ a questi quadri?

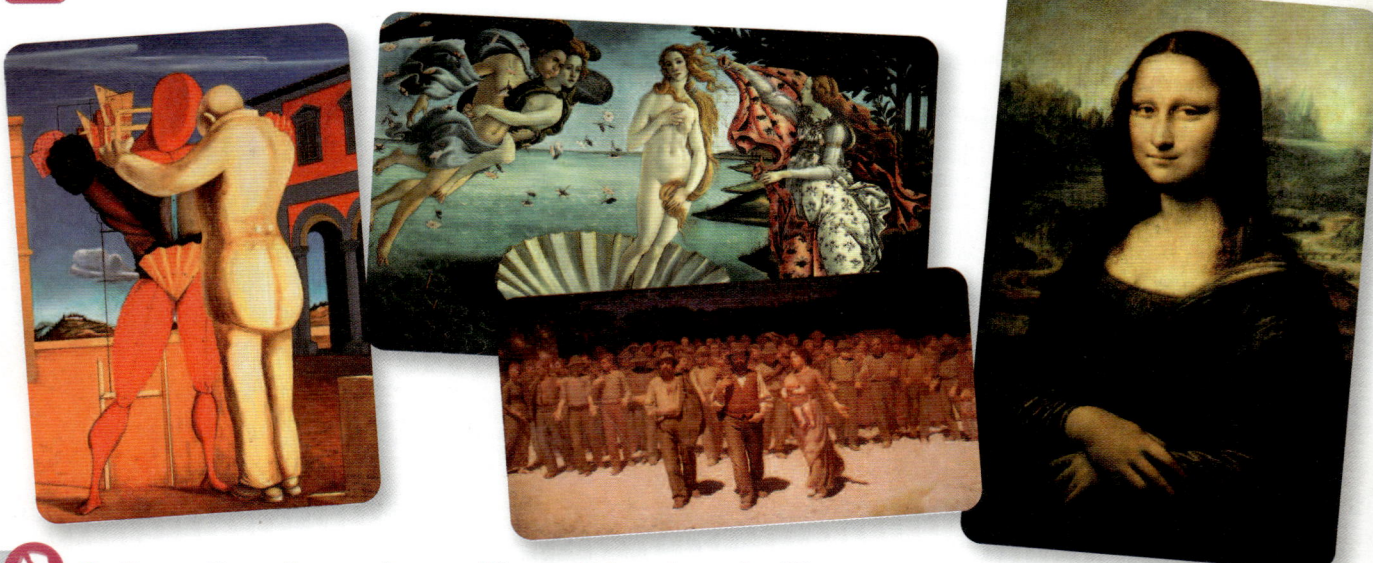

3_ Come ti senti quando ascolti questi brani musicali?

4_ Come ti senti quando fa caldo e c'è il sole? O quando... Insieme a un compagno **usate** questi aggettivi, parlando dei vostri stati d'animo.

Esempio: Quando ho fame sono/mi sento depresso.

> Con i seguenti aggettivi si può dire sia *mi sento*..., che *sono*...
>
> arrabbiato, depresso, felice, triste, infelice, preoccupato, allegro, annoiato, spaventato, indifferente

5_ Ascolta il dialogo. Come ti sembrano le persone?

Andrea	Cristina
....	....
....	....
....	....
....	....
....	....

6_ Ora, ascolta e leggi il dialogo.

- **Andrea:** Pronto?
- **Cristina:** Ciao, Andrea. Sono Cristina. Come va?
- **Andrea:** Ciao Cristina, bene e tu?
- **Cristina:** Sto bene, grazie. Oggi è San Valentino!
- **Andrea:** Ah, già, e chi se lo ricordava?... In Italia non è una festa così importante, è un modo per far spendere soldi alla gente e basta.
- **Cristina:** Allora non sei stato tu...
- **Andrea:** Io? A fare?
- **Cristina:** Mi è arrivato uno splendido mazzo di rose... credevo che... ma no scusa.
- **Andrea:** Dai te l'ho già detto: in Italia San Valentino... in realtà non me ne ricordo mai...
- **Cristina:** Allora, vai a Venezia o no?
- **Andrea:** Penso di sì; ci vado domenica... ma non cambiare discorso...
- **Cristina:** C'è anche una cartolina. Ne hai spedita una simile a tua cugina quando eravamo a Firenze...
- **Andrea:** Scusami di nuovo, non ne so nulla!
- **Cristina:** Va bene, se non ne sai nulla, non te ne parlo.
- **Andrea:** Ogni volta mi metto nei guai con te! Non sono un vero italiano!! Forse ne hai appena incontrato uno che ha tutte le carte in regola... con tutti i fiori e le belle parole che sa scrivere!
- **Cristina:** Le hai anche tu e non dire stupidate sugli uomini italiani, non sono così ingenua...

- José è messicano?
Penso di sì / Penso di no.
Credo di sì / Credo di no.

Avere le carte in regola: essere adatto, andare bene.

7_ Nel dialogo Andrea e Cristina usano spesso le parole *ne* e *ci*. Prova a completare le frasi. Nella sezione di Analisi delle Lezioni 2 e 3, ti spieghiamo meglio la regola.

- Hai parlato a qualcuno del tuo nuovo lavoro?
- No, non .... ho ancora parlato con nessuno.

- Mi hanno detto che John è tornato in America, ma io non ..... sapevo niente.

- Quando vai a Parigi, ... vengo anch'io.

- Quanti libri hai letto questo mese?
- ...... ho letti 3.

Unità 3: Amore

Lezione 1

8_ Secondo te, quale biglietto ha trovato Cristina nelle rose?

Ti auguro un buon San Valentino

Il profumo di queste rose non è niente in confronto al ricordo dei tuoi occhi! Spero di rivederti presto.
Un tuo ammiratore

Con tanto affetto

Analisi

1_ Forma delle coppie di contrari con gli aggettivi del riquadro.

bello ➤ *brutto* .... ➤ ....
.... ➤ .... ➤ ....
.... ➤ .... ➤ ....
.... ➤ .... ➤ ....

> brutto, allegro, arrabbiato, depresso, eccitante, felice, impressionante, infelice, orribile, bello, preoccupato, triste, terribile, deprimente, interessante, noioso, annoiato, spaventato, magnifico, indifferente, sorpreso, deluso

2_ Formare delle coppie, in questo caso di contrari, è spesso un buon modo per ricordare parole nuove. Purtroppo non sempre è facile trovare i contrari. **Prova** adesso a completare questo schema, inserendo gli aggettivi con cui non sei riuscito a formare coppie di contrari.

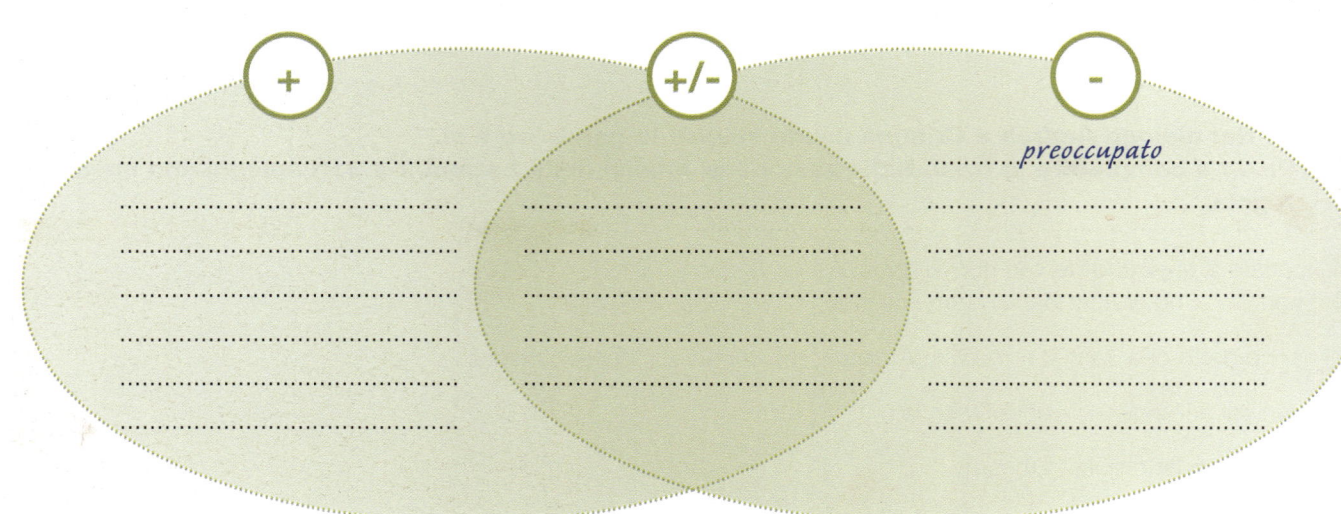

+   **+/−**   **−**

.... *preoccupato*

tutto

Si usa come aggettivo e come pronome.

tutto (pronome)

- Ho capito **tutto**: tu non mi ami più.
- **Tutti** ti vogliono bene, ma tu non ci credi.

tutto (aggettivo)

Quando è aggettivo è seguito dall'articolo determinativo.

- Vado al supermercato **tutti *i* giorni**.
- Ho lavorato **tutta *la* sera** e ora sono stanco.

Quando **tutto** è seguito da un numero, tra **tutto** e il numero c'è una **e**.

- **Tutte e 3 le sorelle** di Fabio vivono a Bologna.

> Il passato prossimo si usa spesso con parole come:
> già, appena, ancora, non ancora, ormai.

3_ Trasforma le frasi come nell'esempio.

1 Oggi non (ho ancora preso) nessuna medicina.
   Oggi (ho già preso) tutte le medicine.

2 Non ho ancora visto nessun film con Tom Cruise.
   ....

3 Per (Pasqua) non ho visto nessuno dei miei tre fratelli.
   ....

4 Nessuno parla volentieri del proprio passato.
   ....

5 Ormai non mi ricordo più niente di quello che ho studiato a scuola.
   ....
   ....

6 Non conosco ancora nessuno dei tuoi amici.
   ....
   ....

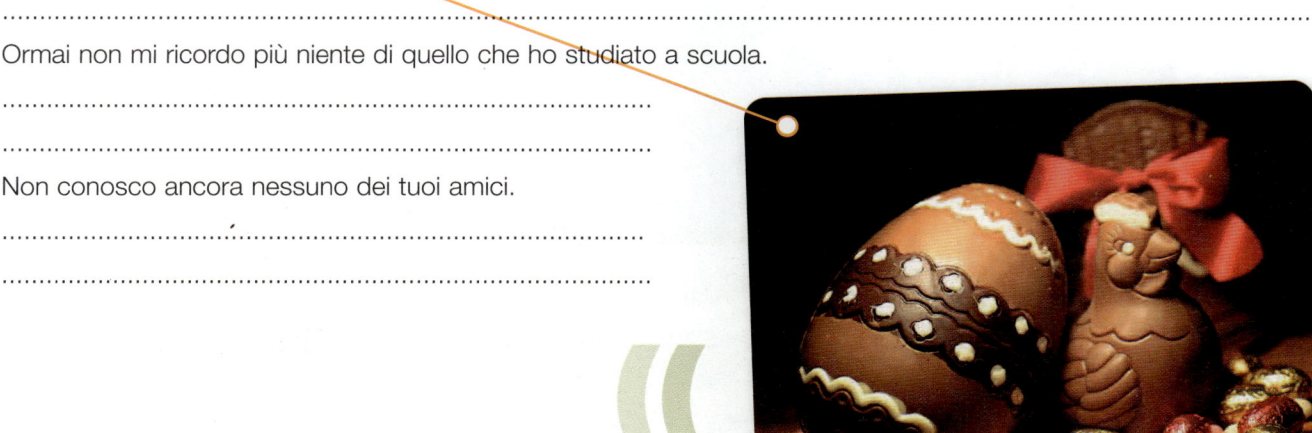

Unità 3: Amore

Lezione 1

ogni

Significa "tutto" ma non cambia mai ed è seguito da un nome sempre al singolare.

- **Ogni** volta (*tutte le volte*) che vado a Venezia, mangio in un ristorante vicino a Piazza San Marco.

4_ Trasforma le frasi usando *ogni*.

1 Faccio mezz'ora di passeggiata tutti i giorni.
   Faccio mezz'ora di passeggiata ogni giorno.

2 Tutte le sere mangio almeno 100 grammi di pasta.
   ....

3 Tutte le volte che vedo tua nonna, mi ricordo del regalo che mi ha fatto.
   ....

4 È vero che tutti gli italiani conoscono qualcosa del calcio?
   ....

5 Domani tutti gli studenti devono arrivare a scuola prima delle 9 per fare il test d'ingresso.
   ....

6 Tutti gli italiani di età superiore ai 18 anni possono votare.
   ....

Sintesi

1_ Hai appena conosciuto una delle persone nelle foto e te ne sei innamorato/a. Ma questa persona non ne sa nulla! **Scrivile** un biglietto d'amore.

2_ Chi ha scritto il biglietto più bello? **Ascoltate** i biglietti letti dai vostri compagni e **scegliete** il più bello.

Unità 3: Amore

Lezione 2

Globalità

1_ Sei una persona romantica o un tipo pratico? Oppure preferisci le cose tragiche? Osserva le foto e **scrivi** una storia usando tutte o alcune delle seguenti parole.

- ristorante
- chiave
- colazione
- ragazza
- cena
- reception
- hotel
- telefono
- notte
- passaporto
- stanza
- valigia
- uomo

CD 1 traccia 15

2_ Ora, **ascolta** il dialogo. Quali differenze ci sono tra la tua storia e la conversazione?

3_ Insieme a un compagno, **parlate** delle differenze che avete trovato tra la vostra storia e il dialogo.

CD 1 traccia 16

4_ Ascolta nuovamente il dialogo. Di quali servizi si parla?

ristorante		

Analisi

ci e ne

- **Ci** si usa per sostituire una determinazione di luogo e significa *qui, lì*.

  - Sei mai stato a Parigi?
  - Sì, **ci** sono andato quattro mesi fa.

- **Ci** si usa anche con verbi seguiti dalle preposizioni **a** (pensare a, credere a), **su** (contare su), **con** (parlare con, giocare con) e in questo caso significa *a/su/con questo, a/su/con lui/lei/loro*.

  - Hai pensato **a** dove andare in vacanza quest'estate?
  - Sì, **ci** ho pensato, ma non ho trovato niente che vorrei veramente fare.

  - Giochi spesso **a** tennis con Paolo?
  - No, non **ci** gioco quasi mai.

> Conosci già altri usi di **ci**:
> - **Ci** dai un bicchiere d'acqua per favore? = **a noi**.
> - **Ci** siamo alzati presto stamattina. = **noi (riflessivo)**;
> - Oggi in classe non **ci** sono molti studenti. = **c'è / ci sono**.

con avere:

Nella lingua parlata, **ci** si usa anche in altre espressioni.

- Dov'è la mia camicia a righe?
- Io non **ce l'**ho.

con farcela = riuscire

- Sei pronto per l'esame di spagnolo?
- No, penso che non **ce la farò** a darlo.

con volerci

- Quanto tempo **ci** vuole per arrivare a Napoli?
- **Ci** vogliono più o meno 3 ore.

- **Ne** si usa per sostituire un complemento o un'intera frase introdotta da **di** e significa *di questo, di lui/lei/loro, da questo luogo*.

  - Sai che Luigi si sposa?
  - Sì, me **ne** ha parlato Simona.

  ⟶ *ne = di questa cosa*

  - Hai sentito che è scoppiata la guerra?
  - No, non **ne** so niente.

  ⟶ *ne = di questa cosa*

1_ Rispondi alle domande con *ne* o *ci*.

1. È lontana Milano? Quanto ci vuole per arrivarci? — *Ci vogliono circa due ore.*
2. Sai qualcosa di Maria? — *No,*
3. Hai pensato a cosa fare stasera? — *Sì,*
4. Hai parlato con Abel ieri sera? — *Sì,*
5. Credi in Dio? — *Sì,*
6. Posso contare sul tuo aiuto per il trasloco? — *Sì,*
7. In classe avete parlato della gita a Verona? — *No,*
8. Sei sicuro di voler comprare una macchina nuova? — *No,*
9. Hai bisogno di un aiuto per pitturare la tua stanza? — *Sì,*
10. Sei mai stato in Spagna? — *No,*

Unità 3: Amore
Lezione 2

Sintesi

1_ Guarda le due foto. Quale sistemazione preferisci per le tue vacanze? Con un compagno **parlate** della vostra scelta, motivandola.

2_ Quali servizi vorresti trovare in un hotel di lusso?

Servizi in camera
- televisore a colori
- colazione in camera
- telefono
- asciugacapelli
- cassetta di sicurezza
- frigobar
- aria condizionata
- ferro da stiro
- giornali

Servizi all'interno dell'hotel
- ristorante
- piscina
- sauna, bagno turco e massaggi
- servizio lavanderia
- bar
- piano bar e cabaret
- negozi
- parcheggio
- portiere di notte

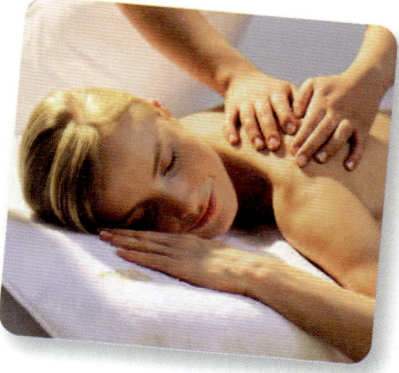

3_ Secondo te, quali altri servizi deve avere un hotel di lusso? **Scrivine** almeno 3.

4_ Leggi l'opuscolo sull'hotel che ha ricevuto Cristina, poi **decidi** se le affermazioni sono vere o false e **correggi** le false.

Telefono
Se volete chiamare un numero telefonico esterno, formate lo 0 seguito, dopo alcuni secondi, dal numero della persona cui desiderate telefonare. Attenzione! Consultate l'opuscolo sui costi delle telefonate dall'albergo che trovate sotto al telefono. Per chiamare un ospite in un'altra stanza, componete direttamente il numero della stanza.

Ristorante
Non andate via senza provare il nostro ristorante. Non ci dimenticherete facilmente!

Colazione: dalle 7 alle 10.
Pranzo: dalle 12 alle 15.
Cena: dalle 19 alle 23.

Servizi in camera

• **Pulizie:**
il nostro personale pulisce e riordina la vostra camera ogni giorno.
Per ragioni di protezione dell'ambiente (risparmio dell'energia e minore inquinamento da detersivi) gli asciugamani non sono cambiati ogni giorno.
Vi preghiamo di appoggiarli sul lavandino del bagno quando volete che siano sostituiti.

• **Servizio ristorante:**
formate il 12 se desiderate ordinare qualcosa da mangiare o da bere durante il giorno, o per fissare l'orario della colazione in camera.

• **Giornali:**
potete chiedere i giornali che desiderate alla reception e il giorno successivo li porteranno in camera all'ora desiderata.

• **Servizio lavanderia:**
utilizzate i sacchetti che trovate nell'armadio per il nostro servizio lavanderia. È possibile far lavare e stirare i vestiti, la consegna avviene entro 24 ore. Attenzione! È necessario compilare la scheda che trovate di fianco ai sacchetti, dove sono anche indicate le tariffe.

Partenza
Il giorno della partenza vi preghiamo di liberare la stanza entro le ore 12. In caso contrario dovrete pagare un giorno in più di soggiorno.

Servizi vari
Per rendere più piacevole il soggiorno dei nostri ospiti abbiamo a disposizione gratuitamente il servizio di sauna, bagno turco e idromassaggio. Visitateci.

Alla reception potete richiedere le chiavi per la cassetta di sicurezza posta all'interno del vostro armadio.
Anche questo servizio è gratuito.

L'hotel rimane aperto 24 ore su 24.

Per qualsiasi altra necessità (sveglia, servizio fax e e-mail o altro), rivolgetevi alla reception.

HB Hotel Bellavista ★★★★

Benvenuti all'Hotel Bellavista

*Il nostro personale vi augura un piacevole soggiorno e vi ricorda che è sempre a vostra disposizione per ogni necessità.
Basta chiamare la reception dal telefono della vostra stanza: #9.*

---

1 Per chiamare la reception bisogna formare il numero 9.
   Vero.

2 Le tariffe per chi chiama dall'hotel sono uguali a quelle dei telefoni pubblici.
   ....

3 In hotel è possibile far colazione, pranzare, ma non cenare.
   ....

4 Alla reception si trovano tutti i giornali.
   ....

5 Ogni giorno il personale addetto pulisce la stanza e cambia gli asciugamani.
   ....

6 Il giorno della partenza bisogna lasciare la stanza entro le 12, altrimenti si paga il 10% in più.
   ....

7 Ci sono altri servizi a disposizione, ma tutti a pagamento.
   ....

Unità 3: Amore

Lezione 3

Globalità

1_ E voi cosa ne pensate?
In gruppi di tre, **commentate** queste frasi.

- L'italiano è un amante perfetto e un marito insopportabile.
- È mammone.
- L'uomo italiano è un eterno bambino.
- È tenero e affettuoso.
- È romantico.
- Non ti aiuta nemmeno se lo paghi!

2_ Leggi il testo e **fa'** l'attività 3.

IL PRINCIPE AZZURRO

Come deve essere il principe azzurro del nuovo millennio?
Le donne di tutte le nazionalità stanno diventando sempre più esigenti in fatto di uomini.
Si è parlato, e si parla ancora, di crisi del modello di uomo maschio e virile. Le donne sembrano preferire un uomo più dolce e più attento alla vita della famiglia e ai figli e più pronto ad aiutare in casa. Crisi del maschio latino, macho e un po' rude, che torna a casa stanco dal lavoro e vuole trovare tutto pronto?
Di certo l'uomo italiano non è il massimo come uomo di casa! Se, da una parte, ha ancora la fama di amante passionale, dall'altra, come marito, presenta alcuni difetti: aiuta poco nei lavori di casa, è disordinato e soprattutto non è fedele. Una donna di 35 anni, divorziata da poco tempo, confessa: "Dopo la mia esperienza matrimoniale credo che se penserò a risposarmi, sceglierò un uomo più affidabile e meno maschilista e comunque non sposerò mai più un italiano. Il mio ideale è l'uomo inglese, forse un po' freddo all'apparenza, ma che nella vita di tutti i giorni sa essere più presente e che soprattutto se si innamora di un'altra ti lascia subito senza ingannarti per anni…".
Della stessa idea pare essere Giulia, 20 anni, studentessa universitaria: "Dopo la mia esperienza di studio all'estero ho capito che non sposerei mai un uomo italiano. Sono mammoni, poco autosufficienti nelle cose di tutti i giorni, vogliono sempre comandare e per di più appena si presenta l'occasione ti tradiscono".
Non sappiamo fino a che punto queste affermazioni corrispondano alla verità, ma è certo che nel nostro paese i maschi nordici in generale ci appaiono più affidabili dei nostri *latin lover*.

LE QUALITÀ PIÙ IMPORTANTI *

FEDELTÀ	34,0%	CAPACITÀ DI PARLARE	11,0%	GENEROSITÀ	16,2%
VALORI MORALI	25,1%	BELLEZZA	5,4%	CAPACITÀ DI ASCOLTARE	11,4%
SIMPATIA	18,4%	INTELLIGENZA	27,3%	CAPACITÀ AMATORIA	5,8%
PULIZIA E IGIENE	13,1%	AFFIDABILITÀ	23,4%	VALORI POLITICI	0,4%

*ogni donna intervistata poteva dire più di una qualità

3_ Indica quali affermazioni corrispondono al contenuto dell'articolo dell'esercizio 2.

1. Le donne non pretendono sempre di più dagli uomini. ○
2. La figura dell'uomo forte e macho è sempre meno amata dalle donne. ○
3. Il maschio italiano difficilmente aiuta in casa. ○
4. Il maschio italiano difficilmente tradisce la propria compagna. ○
5. Secondo le donne italiane gli uomini dei paesi nordici sono come gli italiani. ○
6. Tutte le donne intervistate affermano che l'uomo italiano è corretto. ○

4_ Ascolta le interviste e **rispondi** alle domande.

	Donna	Uomo
L'uomo italiano è un eterno bambino?		
L'italiano è un amante perfetto e un marito insopportabile?		
È romantico?		
È tenero e affettuoso?		
È mammone?		
Non ti aiuta nemmeno se lo paghi?		

Analisi

il *ne* partitivo

- Osserva l'esempio:

> - Quanti viaggi farai quest'anno?
> - **Ne** farò due, forse tre.

Ne sostituisce la parola *viaggi*, è un pronome ed è obbligatorio usarlo.

- Osserva adesso il prossimo esempio. Quando si usa *ne*?

> - Fammi vedere il pacchetto! Quante sigarette hai fumato oggi?
> - È vuoto! **Le** ho fumate tutte. Ah, no, ecco l'ultima. **Ne** ho fumate 19.

Unità 3: Amore

Lezione 3

Ne indica una parte del tutto e quindi non si usa quando c'è la parola **tutto**.
In questo caso si usa **lo/la/l'/li/le**.

> - C'è ancora della torta?
> - Penso di sì, io non **ne** ho mangiata. Ah, no, guarda!
>   È finita. **L**'ha mangiata **tutta** Matteo.

Quando la quantità è *zero*, cioè niente o nessuno, si usa **ne**.

- Nei tempi composti (passato prossimo) il participio si accorda con il nome sostituito da **ne**. Anche se c'è *avere* come verbo ausiliare.

> - Quanti film di Kusturica hai visto?
> - **Ne** ho visti tre.

- Quando la quantità è zero (nessuno, niente), il participio è sempre al singolare, ma si accorda con il nome per il genere (maschile o femminile).

> - Quali canzoni di Ramazzotti preferisci?
> - Non lo so, non **ne** ho sentita nessuna.

> Il **ne** si usa anche in espressioni fisse o a volte quando non è necessario.
> - Non **ne** posso più, ho voglia di cambiare mestiere.
> - Non voglio più stare in casa, me **ne** vado a fare un giro. (andarsene)
>
> E in questo uso tipico della lingua parlata:
> - **Di** studenti bravi, **ne** ho visti molti, ma come lui...

1_ Rispondi alle domande.

1 Quante sigarette fumi al giorno? .... *Ne fumo dieci.*
2 Quante persone conosci in Italia? .... *molte.*
3 Quante riviste compri ogni settimana? .... *nessuna.*
4 Quanti libri leggi mediamente ogni anno? .... *sei.*
5 Guardi molti programmi sportivi in televisione? *Sì,* .... *alcuni.*
6 Spendi molti soldi ogni mese? *Sì,* .... *tutti.*
7 Hai molti amici stranieri? *No,* .... *nessuno.*
8 Quali città della Toscana conosci? .... *tutte.*

2_ Metti le frasi dell'esercizio 1 al passato prossimo.

1 Quante sigarette ....*hai fumato*................ ieri?
Ne ho fumate dieci.
2 Quante persone .... in Italia?
....*molte.*
3 Quante riviste .... la settimana scorsa?
....*nessuna.*
4 Quanti libri .... già .... quest'anno?
....*sei.*
5 .... molti programmi sportivi in televisione la settimana scorsa?
Sì,..*alcuni.*
6 .... molti soldi il mese scorso?
Sì,..*tutti.*
7 .... molti amici stranieri?
No,...*nessuno.*
8 Quali città della Toscana .... (visitare)?
....*tutte.*

3_ Leggi la lettera che ha ricevuto Cristina e completala con i verbi del riquadro. Attento al tempo!

Cara Cristina,
non so perché, ma stamattina (1)........................... che ti dovevo scrivere una lettera. Non chiedermi perché (2)........................... il tuo indirizzo dal tuo passaporto. (3)........................... l'attrazione che provo per te.
Aiutami a capire che cosa mi (4)...........................! Non ho mai creduto nell'amore, ma ora ci (5)...........................!
Da quando (6)..........................., ho bisogno di te.
Ne (7)........................... ogni momento del giorno e della notte.
(8)........................... di ricordare com'eri vestita quando (9)........................... dall'albergo.
Ma non ne (10)............................
Mi ricordo solo i tuoi occhi tristi e stupendi. Non ne posso più di stare qui. (11)........................... via presto.
Forse andrò in Brasile perché voglio scoprire se là le donne sono come te. Non mi abituerò all'idea che non sei qui con me. Non mi ci (12)........................... mai!
Scrivimi se vuoi. Puoi contare su di me, se hai bisogno di aiuto. Ci potrai (13)........................... sempre.

Tuo per sempre
Salvatore

prendere, partire, succedere, essere sicuro, credere, contare, andarsene, avere bisogno, cercare, capire, abituarsi, uscire, essere

Unità 3: Amore

Lezione 3

Sintesi

- Come abbiamo visto nell'Unità 2, prima di leggere o ascoltare qualcosa è importante pensare al possibile contenuto del testo. È un modo per prepararsi alla lettura o all'ascolto e per renderli più facili. Dopo aver pensato a ciò che sappiamo o alla nostra esperienza su un argomento specifico, è spesso utile parlarne con i compagni per dare più concretezza e precisione alle nostre anticipazioni e per utilizzare le conoscenze degli altri.

1_ Leggi il titolo della canzone. Secondo te di cosa parlerà?

Il cielo in una stanza
COPYRIGHT © 1960 - BMG RICORDI

2_ Ora leggi il testo della canzone. Avevi indovinato?

Quando sei qui con me
questa stanza non ha più pareti
ma alberi, alberi infiniti
quando sei qui vicino a me
questo soffitto viola no, non esiste più
io vedo il cielo sopra noi
che restiamo qui
abbandonati

come se non ci fosse più
niente, più niente al mondo.
Suona un'armonica, mi sembra un organo
che vibra per te e per me
su nell'immensità del cielo.
Per te, per me
per te, per me
nel cielo.

Gino Paoli, l'autore

- Ti presentiamo alcune attività che possono essere utili per abituarti a usare il *dizionario monolingue*.

3_ Analizza come è fatto il dizionario, rispondendo alle domande. È un aiuto per imparare a usare un dizionario tutto italiano.

1 Il dizionario ha una lista delle abbreviazioni usate?
2 Dov'è questa lista? È in una posizione facile da trovare?
3 Usa anche dei simboli?
4 C'è una spiegazione dei simboli?
5 Dà informazioni sulla pronuncia?

4_ Rileggi la canzone, cerca sul dizionario le parole che non conosci e continua a rispondere alle domande.

6 Le spiegazioni sono chiare?
7 Sono chiare le differenze dei vari significati delle parole?
8 Ci sono molti esempi di uso delle parole?
9 Gli esempi aiutano la comprensione?
10 Ci sono informazioni che non sono indispensabili per capire il significato? Se sì, quali?

5_ A coppie cercate un'altra parola della canzone sul dizionario e cercate di interpretare i simboli e le abbreviazioni senza guardarne le liste.

6_ Scriviamo una "poesia" d'amore insieme! Ascolta la parola che dice l'insegnante e scrivi una frase. Poi nascondi la tua frase e passa il foglio a un tuo compagno. Riceverai un foglio da un altro compagno. Non leggere ciò che c'è scritto e scrivi una seconda frase.

Civiltà

INNAMORATI FAMOSI

1_ Il gioco delle coppie. Leggi i nomi nei cuori e prova a formare 5 coppie di innamorati famosi. Se hai qualche dubbio leggi le brevi storie di ogni coppia nell'esercizio che segue.

1 Francesca
3 Silvia
4 Dante
5 Leopardi
8 Renzo
2 Romeo
10 Lucia
6 Paolo
7 Beatrice
9 Giulietta

2_ Abbina a ogni coppia la propria storia.

1
.... e ....
Vivevano nel castello di Gradara vicino a Rimini e lui era il cognato di lei.
Passavano molto tempo insieme a leggere e si sono innamorati quasi senza volerlo. Il marito, quando ha scoperto che il fratello e la moglie erano amanti, li ha uccisi.
Sono i protagonisti di uno dei più bei canti dell'*Inferno* di Dante.

2
.... e ....
Lui è uno dei più grandi poeti italiani dell'800. Per lei ha scritto una delle sue poesie più belle: *A Silvia*. Non si hanno testimonianze dirette del loro amore, molto probabilmente è stato solo un amore platonico sognato dal poeta.

3
.... e ....
È una coppia della letteratura, sono gli eterni *Promessi sposi* del romanzo di Alessandro Manzoni, grande scrittore italiano del XIX secolo. Sono i protagonisti di un amore molto contrastato, per arrivare al tanto sognato matrimonio devono combattere contro ricchi proprietari terrieri, misteriosi signori, malattie e guerre.

4
.... e ....
Lui è il grande poeta italiano del '300 conosciuto in tutto il mondo ed era sposato, ma non con lei. Anche il loro è stato probabilmente un amore più letterario che reale. Lei lo accompagna nel viaggio in Paradiso che lui ha descritto nella *Divina Commedia*.

5
.... e ....
Vivevano a Verona e si amavano anche se le loro famiglie, i Montecchi e i Capuleti, erano nemici mortali. Dovevano sposarsi in segreto, ma qualcosa non ha funzionato e loro si sono dati la morte perché non potevano vivere l'uno senza l'altra. Sono i protagonisti di una famosa tragedia di William Shakespeare.

Unità 3: Amore

Test

1 **Abbina** le frasi o espressioni alle descrizioni indicate sotto. .... / 8

1 Mi sento depresso.
2 Pronto?
3 Come va?
4 Sto bene, grazie.
5 Secondo me...
6 Penso di sì.
7 Penso di no.
8 Scusami di nuovo, non ne so nulla!
9 Va bene, se non ne sai nulla, non te ne parlo.

In questa unità abbiamo imparato a:

- **3** **a** chiedere come sta una persona • *Come va?* ....
- ☐ **b** esprimere stati d'animo e emozioni • ....
- ☐ **c** esprimere un'opinione negativa • ....
- ☐ **d** esprimere un'opinione positiva • ....
- ☐ **e** iniziare una conversazione telefonica • ....
- ☐ **f** scusarsi • ....
- ☐ **g** esprimere un'opinione • ....
- ☐ **h** dire come sta una persona • ....
- ☐ **i** esprimere rassegnazione • ....

2 **Scegli** la risposta corretta. .... / 6

1 Franco, hai saputo della cena di domani?
No, non (a) me so (b) ne so (c) ci so } niente.

2 Marta, vai spesso in palestra?
Sì, (a) ci vado ogni (b) ci vado ognuno (c) ci vado molto } giorno.

3 Elena, hai già deciso quando parti?
Non ancora, forse (a) mi vado (b) ci vado (c) me ne vado } domani.

4 Ti piacciono i film di Fellini?
Certo, (a) li hi visto (b) li ho visti (c) ne ho visti } tutti.

5 Quanti dischi di Ligabue hai?
Ne ho (a) nessuno. (b) tutti. (c) cinque.

6 Marta, hai saputo che Anna si sposa?
Sì, io ancora (a) non la (b) non ci (c) non ne } credo.

66

3) Metti in ordine le frasi.   ...... / 4

1 a per Venezia ore Milano vogliono andare circa da tre ci
....
2 abita mai va di a cinema ci ma non fronte Paola un
....
3 prendo faccio sette se la treno delle ce il
....
4 non estero se ne me vado all' lavoro trovo
....

4) Completa il testo con *ci* o *ne*.   ...... / 7

Nel nostro paese .... sono sempre meno matrimoni. Una recente ricerca conferma la crisi della famiglia tradizionale. Un italiano su tre resterà scapolo o nubile. Risulta che il 4% dei matrimoni non ce la fa a superare il primo anniversario, mentre il 15% degli intervistati confessa che non .... può più del matrimonio già dopo i primi 4 anni. Diminuiscono i sostenitori del matrimonio; a causa di dubbi, diffidenze, timori sono ormai numerosi coloro che del matrimonio non .... vogliono proprio sapere, e molti giovani intervistati sul loro futuro hanno risposto che al matrimonio non .... pensano proprio.
In realtà quelli che non si sposano lo fanno perché di famiglia .... vogliono una sola: quella d'origine. Ragazzi e ragazze rimangono con i genitori; case non se .... trovano, si entra nel mercato del lavoro più tardi e i maschi, in particolare, sempre più mammoni, non se .... vanno mai di casa, restano con i genitori.

5) Un tuo amico vuole venire a trascorrere le vacanze in Italia. In base alle foto **scrivi** una breve lettera in cui descrivi l'albergo che gli hai prenotato.   ...... / 10

Totale: ...... / 35

Unità 3: Amore

Revisione e ampliamento

Funzioni

1_ Scrivi il dialogo tra il cliente e l'addetto dell'albergo, sviluppando lo schema.

RECEPTIONIST

CLIENTE

R Saluta e offre aiuto.

C Si presenta e chiede se c'è la prenotazione.

R Conferma che c'è una singola per due notti.

C Chiede se c'è il bagno in camera.

R Dice che la prenotazione è per una stanza con doccia.

C Chiede di avere una stanza con vasca.

R Da' le chiavi di una stanza al primo piano.

C Chiede di poterla vedere prima di accettare.

R Gli offre subito la migliore stanza dell'hotel.

C Chiede quali altri servizi sono disponibili nell'hotel.

R Descrive i servizi secondo la lettera dell'agenzia.

C Chiede se l'agenzia ha prenotato solo il pernottamento e la colazione.

R Dice che è stata prenotata la pensione completa.

C Chiede di poter avere solo la colazione.

R Accetta di cambiare la prenotazione e chiede i documenti.

C Chiede aiuto per trasportare i bagagli.

R Offre di chiamare un facchino e consegna le chiavi.

C Ringrazia e saluta.

Lettura

2_ Leggi la lettera dell'agenzia di viaggio e completa la tabella.

Vagabondo

Bari, 23 giugno 2010

Gent. Sig. Domenico Cerusico,

come da accordi telefonici le invio i dati e le condizioni della prenotazione alberghiera da lei richiesta.
Siamo riusciti a trovare una sistemazione presso l'Hotel Victor di cui troverà l'indirizzo e i numeri di telefono nel voucher allegato.
È un hotel a quattro stelle nella zona dell'università, quindi in una zona centrale di Bologna. Le abbiamo prenotato una camera doppia con bagno e aria condizionata per due notti (4 e 5 luglio) con servizio di pensione completa. Come da lei richiesto abbiamo chiesto conferma della presenza del telefono in tutte le camere e dei servizi necessari per gli uomini d'affari (servizio fax, e-mail, ecc.). L'hotel offre questi servizi e molti altri che siamo sicuri lei saprà apprezzare.
Per il pagamento la nostra amministrazione le invierà via posta la fattura alla fine del mese.
Augurandole buon viaggio, la ringraziamo per aver scelto la nostra agenzia ancora una volta.

Distinti saluti

Patrizia Soda

agenzia	Vagabondo
hotel	
data della prenotazione	
tipo di camera	
trattamento	
servizi offerti dall'hotel	
pagamento	

Unità 3: Amore

Revisione e ampliamento

Grammatica

3_ Rispondi alle domande.

1 Quanto tempo ci vuole per arrivare a casa?
.... (venti minuti).
2 Cosa stai mettendo nella borsa per il viaggio?
....(solo un paio di jeans e tre magliette).
3 Quando vai a Oslo?
.... (il mese prossimo).
4 Quando sei stato a Roma l'ultima volta.
.... (l'anno scorso).
5 Quanto ci vuole per andare da Milano a Torino?
.... (un paio d'ore, forse meno).
6 Pensi spesso alla tua ex-fidanzata?
Sì, ... (spesso).
7 Con chi gioca a carte tuo padre al bar ogni giorno?
.... (con alcuni vecchi amici).

4_ Rispondi con il verbo *avere*.

1 Hai l'accendino?
....
3 Mi scusi, lei ha un lavoro fisso?
Sì, ...

2 Chi ha le mie chiavi?
.... (io).
4 Sai dov'è la mia penna?
Sì, ... (Maurizio).

5_ Rispondi alle domande.

1 Quanti bicchieri di vino hai già bevuto?
.... (tre).
2 Quante settimane di ferie avete fatto quest'anno?
.... (cinque).
3 Quanti viaggi all'estero hai fatto nella tua vita?
.... (molti).
4 Quanti amici hai in Italia?
.... (parecchi).
5 Quanti cd vuoi prendere in prestito?
.... (pochi, solo questi quattro).

6 Quante bottiglie di olio devo comprare?
.... (una).

7 Quante persone conosci in Norvegia?
.... (nessuna).

8 Quanti parenti inviterai al tuo matrimonio?
.... (tutti).

9 Quanti libri di Alessandro Baricco hai letto?
.... (nessuno).

10 Quali canzoni di Andrea Bocelli ascolti di solito?
.... (tutte).

Lessico

6_ MINA.. E POI?

Il cielo in una stanza fu la prima canzone di grande successo della più grande cantante italiana, Mina, la colonna sonora dei 40 anni del Novecento. Come si chiama Mina, in realtà? Lo scoprirai completando lo schema: le parole da inserire sono quelle che mancano nel testo della canzone.

Quando sei ....*8*.... con me
questa ....*10*.... non ....*12*.... ....*2*.... pareti
ma alberi, ...*6*.... ....*14*....
quando sei qui vicino a me
questo soffitto ....*3*.... no, non esiste più
....*15*.... vedo il cielo sopra ....*13*....
che restiamo qui
abbandonati

come se non ci fosse più
....*4*...., più ....*5*.... al ....*11*.... .
Suona un'armonica, mi sembra un ....*1*....
che vibra per te e per me
su nell'immensità del cielo.
Per te, per me
Per te, per ....*7*....
....*9*.... cielo.

Unità 4:
Lavoro a colori,
in ufficio, al telefono

Lezione 1

Globalità

1)

2)

3)

4)

5)

1_ Osserva le foto. Secondo te, che mestiere fanno queste persone? **Fa'** alcune ipotesi.

2_ Pensi di aver avuto una buona idea? **Lavora** con due compagni. **Confrontate** le vostre idee e **scegliete** la più originale.

3_ Leggi velocemente il testo e **completa** le frasi che lo riassumono.

COLORI DEI MESTIERI: A OGNI ETNIA IL SUO LAVORO

Ci sono facce di tutti i colori, qui all' Alfa Acciai nel quartiere San Polo. Una lunga giornata di lavoro, per fare i tondini che servono per costruire i nuovi palazzi. Alla fine del turno ci sono soprattutto facce stanche e nessuno distingue più gli "stranieri" dagli altri. Qui e in altre grandi aziende come la Iveco, gli uomini arrivati da altre parti del mondo sono il 20% degli operai. Ma in altri casi, come nelle fonderie, sono la maggioranza. Alla Isoclima, ad esempio, su 150 operai cento sono stranieri. I primi ad arrivare a Brescia, città simbolo di un fenomeno globale di etnicizzazione dei mestieri, sono stati i pakistani, quando nel 1990 un tam tam internazionale ha fatto sapere che qui cercavano saldatori e fresatori. I pakistani erano uomini di mezz'età, specializzati e già abituati all'emigrazione. Sono stati accolti a braccia aperte. È cominciata così la città etnica, dove basta sapere da dove vieni per sapere che mestiere fai. Senegalese? Operaio. Pakistano? Commerciante. Facce di tutti i colori anche nei tanti cantieri che stanno cambiando la faccia della città. I numeri raccontano che un terzo di chi lavora nell'edilizia, dai manovali ai muratori, arrivano dalla Romania, dal Marocco, dalla Tunisia, dall' Albania. Il bresciano che va all' ospedale, e soprattutto nelle cliniche private, trova infermieri specializzati e generici che hanno imparato il mestiere soprattutto in Romania, in Albania, in Moldavia. "Nelle piccole cliniche - dice Beppe Gambaretti della Cgil - gli extracomunitari sono ormai il 100%".

A Brescia, su una popolazione di 190.124 abitanti ci sono 29.893 stranieri, 16.032 maschi e 13.861 femmine. I primi immigrati sono arrivati negli anni '70 ed erano cinesi. Gli ultimi stanno arrivando da tutti i paesi dell'Est. La città li ha accolti e messi a lavorare. Ora è normale comprare la verdura dal pakistano, il pigiama o la camicia dal cinese, la pizza dall'egiziano. Normale e conveniente organizzare il trasloco di casa con la ditta del Bangladesh o fare imbiancare i muri dalla piccola impresa ucraina. Brescia è solo un pezzo dell' Italia che verrà. In questa e in tante altre città, dietro i banconi dei bar e dei negozi, le sole facce che stanno scomparendo sono quelle degli italiani. "Il perché - dice Roberto Morgantini, ufficio stranieri della Cgil a Bologna - è presto spiegato: lavorare stanca e non sempre il reddito è assicurato. I pakistani, qui a Bologna, assieme agli immigrati del Bangladesh hanno in mano più del 50% dei negozi di frutta e verdura. Ma gli italiani si sono stancati di alzarsi alle 2 della notte per andare al mercato generale a comprare meloni e insalata, non ce la fanno più a stare nei negozi fino a sera, andare a letto presto e poi rimettere la sveglia all'una. Sono pakistani ed egiziani anche molti padroni di pizzerie e sono stranieri anche quasi tutti i ragazzi che in motorino ti portano le pizze a casa. Si vedevano solo loro, in giro per le strade, quando giocava l'Italia e i ragazzi italiani aspettavano pizze margherite e quattro stagioni davanti agli schermi al plasma".

Anche le mani che allungano il giornale free press ai semafori o davanti alla stazione arrivano da lontano. "I primi - dice Roberto Morgantini - sono già a lavoro alle 4 del mattino, stanno lì fino a mezzogiorno per 30 euro. Per tanti è il primo gradino nella scalata sociale. Ad alcuni va bene, ad altri no. Ma in generale gli stranieri hanno la stessa forza dei nostri bisnonni che attraversavano l'oceano per andare a cercare fortuna".

Le facce nuove cambiano le città. Se un bresciano torna in città dopo 10 anni, fa fatica a riconoscere San Faustino e il quartiere del Carmine. Sulla chiesa dei Santi Faustino e Giovita il parroco don Armando Nolli ha esposto un grande cartello con una citazione da Isaia 19, 23 - 25. "In quel giorno ci sarà una strada verso l'Egitto e ci sarà una strada verso l' Assiria. L' Assiro andrà in Egitto e l' Egiziano in Assiria". Forse il prete vuol ricordare che le migrazioni sono sempre esistite. Nel cortile dell' oratorio giocano a basket e a calcio bambini di tutti i colori.

[Testo adattato da un articolo di Jenner Meletti tratto da Repubblica — 01 luglio 2008 pagina 29 sezione: R2]

1 Il testo tratta ....
2 Oggi, in Italia ....
3 Questo fenomeno è iniziato ....
....
4 In città come Brescia e Bologna ....
....
5 Le ragioni di questo fenomeno ....
....

Unità 4: Lavoro a colori, in ufficio, al telefono

Lezione 1

4_ Leggi nuovamente con attenzione il testo e se necessario **correggi** le affermazioni.

1 In fabbrica gli stranieri non si distinguono dagli italiani.
....

2 Quando i primi pakistani sono arrivati a Brescia nel 1990, in altre città c'erano già molti lavoratori stranieri.
....

3 A Brescia sono soprattutto gli stranieri che costruiscono le case.
....

4 In questi ultimi anni, non stanno arrivando più stranieri.
....

5 Agli italiani non piace mangiare la pizza fatta dagli stranieri.
....

6 Nessun italiano vuole fare mestieri pesanti come lavorare in un negozio di frutta e verdura.
....

7 A Bologna durante le partite della nazionale italiana si vive una contraddizione: dei ragazzi stranieri portano la pizza a casa di ragazzi della stessa età italiani che stanno guardando la partita.
....
....

8 La storia degli stranieri in Italia oggi è la stessa degli emigrati italiani di un secolo fa.
....

5_ Cerca nel testo i nomi dei seguenti mestieri.

1 Qualcuno che lavora alla produzione in una fabbrica è un ....

2 Alcuni mestieri che troviamo in una fabbrica sono:

   il .... e il ....

3 Qualcuno che aiuta un muratore è un ....

4 L'... è qualcuno che è in grado di aiutare il medico in ospedale.

5 Il .... vende e compra qualcosa.

> **Essere in grado / essere capace =** potere / sapere
> - Non sono in grado di superare l'esame di italiano.
> - Non sono capace di nuotare.

Analisi

Ti presentiamo alcune parole che in parte già conosci. Si chiamano *indefiniti*.

qualche, alcuni e un po'

Sono sinonimi, indicano una quantità piuttosto piccola, inferiore a *molto/tanto*.
- **Osserva** come si usano:
  - Ho alcun**i** amic**i** = Ho un po' di amic**i** = Ho qualch**e** amic**o**.

- **Qualche** non cambia mai e si usa sempre con un nome al singolare. **Alcuni/e** cambia al maschile e al femminile, ma si usa sempre al plurale. Si può usare anche come pronome:
  - Ho molti amici stranieri, **alcuni** vivono in Italia.

poco

Indica una quantità superiore a 0 (zero), ma insufficiente.
Cambia al maschile e al femminile. Si usa come aggettivo (**1**) e come pronome (**2**).
  - **1** Ci sono **pochi** film interessanti oggi al cinema.
  - **2** Ho visto molte case belle a Roma, ma nella zona dove vivo ce ne sono **poche**.

nessuno, niente/nulla

Indicano una quantità 0 (zero). **Nessuno** si usa solo al singolare, cambia al maschile e al femminile.
- Se segue il verbo vuole la negazione **non**.
  - **Non** ho **nessun** amico cinese.

- Si può usare anche come pronome:
  - Sono andato a casa di Franco, ho suonato, ma non c'era **nessuno**.

- **Niente/nulla** sono sinonimi.
  Significano *nessuna cosa*. Non cambiano mai.

- Se seguono il verbo vogliono la negazione **non**.
  - C'è stato un incidente dove abito, ma **non** ho visto **niente**/**nulla**.

> Quando è aggettivo segue la regola dell'articolo indeterminativo *un/uno/una*:
> **nessun** amico, **nessun** libro, **nessun'**amica, **nessuna** ragazza.

ognuno

Significa *tutti*, è usato solo al singolare e cambia al maschile e al femminile.
- **Ognuno** deve (*tutti devono*) portare qualcosa da bere o da mangiare per la festa di Antonio.

qualcosa/qualcuno

Hanno un significato indeterminato. Sono invariabili e si usano sempre al singolare.
Significano *qualche cosa* e *qualche persona*.
- C'è **qualcosa** (*qualche cosa*) da mangiare in casa?
- C'è **qualcuno** (*qualche persona*) che mi sa spiegare l'imperfetto?

Unità 4: Lavoro a colori, in ufficio, al telefono

Lezione 1

1_ Completa le frasi con *niente/nulla* o *nessuno*.

1 ....*Nessuno*.................. studente ha superato l'esame, era troppo difficile?
2 .... amico è venuto a trovarmi all'ospedale.
3 Ieri sera ero molto stanco e non ho fatto ....
4 Non mi piace .... di quello che hai cucinato.
5 Sono andato a casa di Patrizia ma non c'era ....
6 Non mi ricordo .... di quello che ho letto sul Risorgimento italiano.

2_ Completa le frasi con *ogni, ognuno, qualcosa, qualcuno, qualche* o *alcuni*.

1 Mia madre mi ha detto che da piccolo ....*ogni*.......... giorno facevo .... di male.
2 .... di noi ha .... di interessante da raccontare.
3 .... volta mi sembra che in Italia vada tutto storto.
4 C'è .... in casa?
5 .... studenti non fanno mai i compiti.
6 Devo lavorare ancora .... anni prima di andare in pensione.

3_ Scegli la parola corretta.

1 Il mese scorso ho visto ....*alcuni*.................. programmi interessanti alla tv.
   (qualche, ognuno, alcuni, qualcosa)

2 Sta piovendo .... Penso che uscirò in bicicletta.
   (nessuno, poco, ogni, qualche)

3 .... mi ha detto che domani c'è il concerto di Ramazzotti a Bologna.
   (qualcosa, ognuno, un po', qualcuno)

4 Non sono andato a far la spesa e non c'è .... da mangiare in casa.
   (alcuni, qualcuno, nessuno, niente)

5 Perché non vieni alla mia festa di compleanno con .... amico?
   (qualche, un po', ognuno, alcuni)

6 Sono stato a Roma .... volte, mi piacerebbe tornarci.
   (nessuna, qualche, poche, nulla)

Sintesi

1_ Secondo te, quali sono i maggiori problemi di uno straniero che vuole vivere in Italia oggi? Parlane con un compagno.

2_ Ora, ascolta l'intervista a Ilaria. Parla di alcuni dei problemi che avete indicato?

3_ Ascolta nuovamente l'intervista a Ilaria e rispondi alle domande o da' l'informazione corretta.

1. Cosa fa Ilaria? ....
2. Se uno straniero cerca lavoro, lo trova facilmente in questo periodo?   Sì ⬤   No ⬤
3. Si sa quanti lavoratori stranieri illegali ci sono in Italia?   Sì ⬤   No ⬤
4. La percentuale di lavoratori donne è del   40% ⬤   60%. ⬤
5. Il 5% ⬤   10% ⬤   20% ⬤   circa degli stranieri è laureato.
6. Il 10-15% ⬤   20-25% ⬤   40-45% ⬤   circa degli stranieri è diplomato.
7. Fa il dirigente, l'impiegato, il tecnico o ha un lavoro intellettuale solo il .... degli stranieri.

4_ Che impressione ti danno i dati che hai ascoltato? Parlane con un compagno.

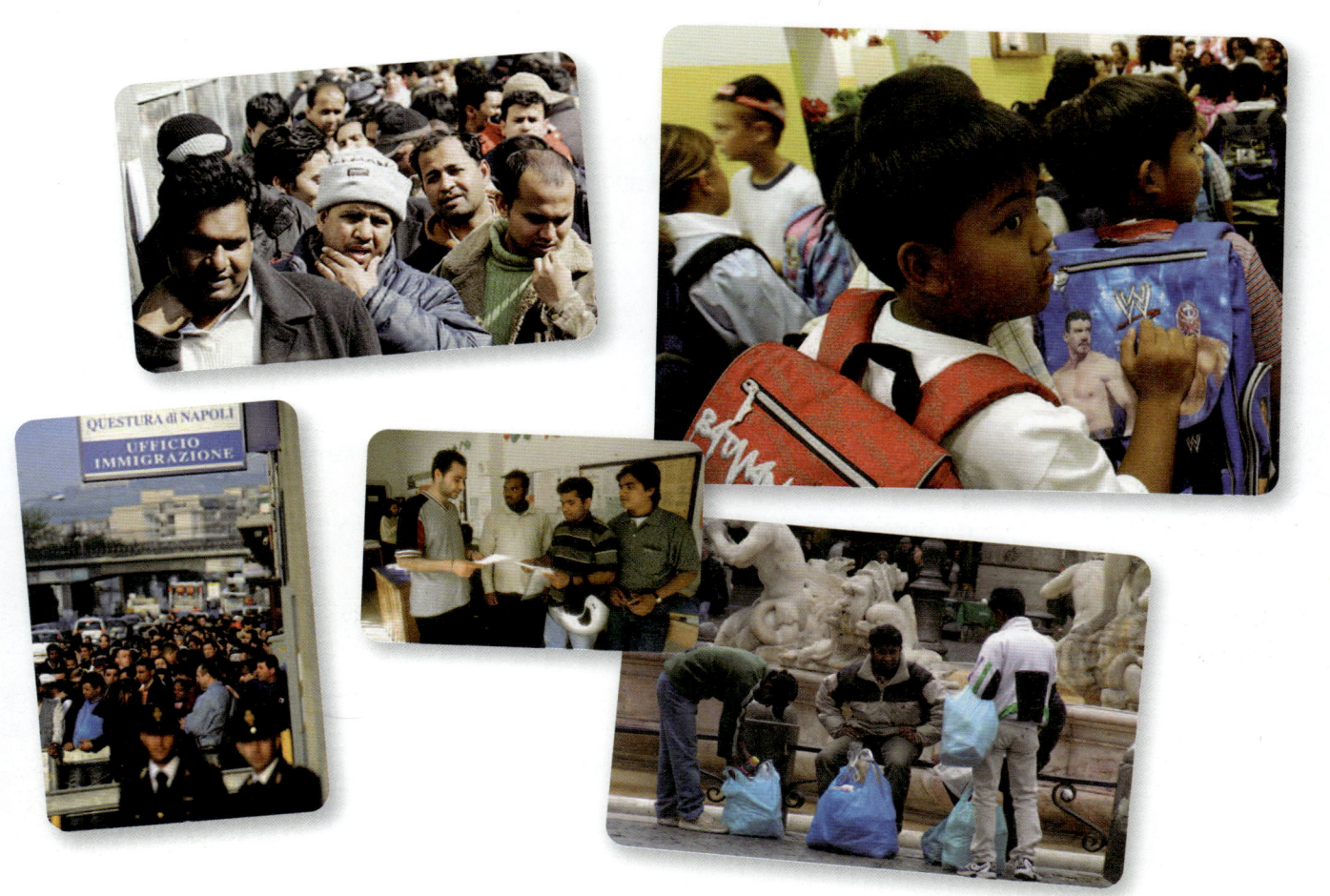

Unità 4: Lavoro a colori, in ufficio, al telefono

Lezione 2

Globalità

1_ Ilaria sta lavorando con una sua collega. Di che cosa parlano?

2_ Ascolta nuovamente il dialogo e completalo.

- Ilaria: Allora, Francesca, c'erano varie cose da fare oggi. Hai parlato con Omar e con quell'altro ragazzo algerino della casa di Via Ognibene?
- Francesca: Sì, **(1)** .... troppo cara per loro.
- Ilaria: Hai chiesto al proprietario se può abbassare un po' l'affitto? Loro hanno un lavoro sicuro e possono pagare regolarmente senza problemi.
- Francesca: No, **(2)** .... subito.
- Ilaria: Dai, proviamoci! Hai il suo numero di cellulare?
- Francesca: No, **(3)** ...., per favore?
- Ilaria: Non ce l'ho qui. Lo cerco e te lo mando per e-mail.
- Francesca: C'è una **(4)** ....
- Ilaria: Ah bene, me la fai vedere?
- Francesca: È **(5)** .... di Roberto.
- Ilaria: Una cooperativa di pulizie? È nuova, non la conosco?
- Francesca: No, ha cominciato a lavorare qui già da alcuni anni; sono molto forti in Toscana. Dai, **(6)** ....? **(7)** .... Elena, l'ucraina che ci lavora.
- Ilaria: Ah, è vero, non mi ricordavo il nome. Forse va bene per le due signore peruviane che hanno smesso di fare le badanti.
- Francesca: **(8)** ....
- Francesca: Sì, pronto?

> **ALLA SCOPERTA DELLA LINGUA**
> Osserva le frasi:
> - Forse va bene per le due signore peruviane che hanno smesso di fare le badanti.
> - Gliene posso parlare.
> Con **potere** (ma anche **dovere**, **volere**, **sapere**) ci sono due modi possibili di costruire una frase.

3_ A coppie, controllate quanto avete scritto.

4_ Adesso ascolta nuovamente il dialogo e fa' la parte di Francesca.

5_ Ascolta alcune frasi del dialogo e completale.   **ALLA SCOPERTA DELLA LINGUA**

- Sì, ... ho parlato questa mattina. Ma dicono che è troppo cara per loro.
- No, non .... chiesto. Ma se vuoi lo faccio subito.
- No, ... dai, per favore?

Analisi

pronomi combinati

		INDIRETTI						
DIRETTI	**mi**	**ti**	**gli/le**	**si**	**ci**	**vi**	**Gli**	**si**
lo	me lo	te lo	glielo	se lo	ce lo	ve lo	glielo	se lo
la	me la	te la	gliela	se la	ce la	ve la	gliela	se la
li	me li	te li	glieli	se li	ce li	ve li	glieli	se li
le	me le	te le	gliele	se le	ce le	ve le	gliele	se le
ne	me ne	te ne	gliene	se ne	ce ne	ve ne	gliene	se ne

> La **i** di **mi/ti/ci/vi/si** si trasforma in **e**, davanti a un altro pronome: **me lo**, ecc. Tra **gli** e il pronome che segue si aggiunge una **e**: **gli<u>e</u>lo**. Come vedi in questo caso i due pronomi diventano una sola parola.
>
> Osserva che **gli** si usa anche per il femminile, (ma solo quando è composto: **gliene**!!).

> - Hai mandato l'invito al nostro matrimonio ai Sig. Ferraro?
> - **1** Sì, **l**'ho mandato **loro** tre giorni fa.
> - **2** Sì, **gliel**'ho mandato tre giorni fa.
> Le due forme sono ugualmente corrette, ma la **1**, con **loro** si usa sempre meno, soprattutto nella lingua parlata.
> Ti invitiamo, quindi, a concentrarti sulle forme con **gli**.

Nei pronomi combinati il complemento **indiretto** (di termine) precede il complemento **oggetto**.
- Chi ti ha scritto quella cartolina?
- **Me l**'ha scritta mia madre da Istanbul.

I pronomi combinati si scrivono staccati, in due parole. Solo la terza persona è unita: **glielo**, ecc.

1_ Completa la conversazione con le risposte della segretaria.

- Direttore: Camilla, mi scusi, ha dato all'Ingegner Marchione i listini prezzi di quest'anno?
- Segretaria: *Sì, glieli ho dati ieri.* .... (ieri)
- Direttore: E l'e-mail che doveva mandare alla Ditta Deltasud?
- Segretaria: .... (tra un paio d'ore)
- Direttore: C'era anche da consegnare la posta di oggi all'ufficio clienti.
- Segretaria: .... (già)
- Direttore: Ha detto a Milanese di essere puntuale per la riunione di stasera?
- Segretaria: .... (quando arriva)

Unità 4: Lavoro a colori, in ufficio, al telefono

Lezione 2

- **Direttore:** Ha mostrato le fotografie che le ho dato al responsabile dell'ufficio pubblicità?
- **Segretaria:** .... (*quando torna dalle ferie*)
- **Direttore:** Ancora una cosa: ha chiesto agli addetti alle pulizie se possono cambiare orario?
- **Segretaria:** .... (*domani*)
- **Direttore:** Molto bene. Se ho dimenticato qualcosa, me lo dica quando ritorno. Arrivederci.
- **Segretaria:** .... (*sicuramente*)

2_ Rispondi alle domande.

1 Sandra ti ha dato l'invito per il teatro?
Sì, *me l'ha dato.*

2 Il vostro insegnante vi ha spiegato questa regola?
Sì, ...

3 Vi hanno già consegnato la posta?
Sì, ... alle 9.

4 Mi presenti la tua ragazza?
Sì, ... subito.

5 Hai detto ai tuoi che ti sposi?
Sì, ...

6 Non ci hai detto che vuoi cambiare lavoro.
Sì, ... ieri.

3_ Completa le frasi.

1 Dato che Giuliana non sapeva che Cristiano è in prigione, ieri sera
gliene ho parlato. .... (*parlare*)

2 Visto che a mia moglie piacciono i fiori, più tardi
.... (*comprare un mazzo*)

3 Siccome Pablo non ricorda come si usa il futuro in italiano, domani
.... (*spiegare*)

4 Dato che Vittorio non ricorda mai il mio numero di telefono, l'ho appena chiamato e
.... (*ripetere*)

5 Dato che Michela adora i libri di Camilleri, la settimana scorsa
.... (*regalare uno*)

6 Visto che non so usare il computer ieri mattina ho chiesto a Matteo di scrivere la lettera e
.... (*dettare*)

Sintesi

1_ Abbina le foto alle parole del riquadro.

dischetto,   fax,   segreteria telefonica,   stampante,   tastiera,   telefonino,   fotocopiatrice

2_ Com'è il lavoro? Pensa a un mestiere e scegli una serie di aggettivi per descriverlo.

- creativo
- stressante
- manuale
- in nero
- a tempo parziale
- pericoloso
- con orari pesanti
- qualificato
- ben pagato
- di responsabilità
- stimolante
- mal pagato
- eccitante
- a tempo pieno
- noioso

3_ In piccoli gruppi, **cercate** di indovinare il mestiere cui avete pensato.

4_ Lavora con un compagno. Uno di voi è (A) e va a pag. 177, l'altro è (B) e va a pag. 180. **Abbinate** le parole alle definizioni.

5_ Ora a turno uno **legge** una delle definizioni e l'altro **cerca** di indovinare la parola cui si riferisce.

Unità 4: Lavoro a colori, in ufficio, al telefono

Lezione ③

Globalità

CD 1 traccia 24

1_ Ascolta la conversazione telefonica tra il Sig. Del Re e la segretaria del Dott. Aloisio e **rispondi** alle domande.

1 Che problema ha il Sig. Del Re?
....

2 Ne parla con il Dott. Aloisio?
....

3 Come riesce a risolvere il Sig. Del Re, in parte, il problema che ha?
....

CD 1 traccia 25

2_ Ascolta nuovamente la conversazione e **sottolinea** le espressioni che senti.

- Pronto?
- Pronto, sono…della Ditta…
- Vorrei parlare con …, per favore.
- È fuori per pranzo.
- Mi dispiace, è fuori ufficio.
- Mi dispiace, ha l'interno occupato.
- Non è in ufficio in questo momento.
- Guardo se è rientrato.
- Mi dispiace, in questo momento non c'è.
- A che ora pensa che tornerà?
- Un attimo per favore… me lo può ripetere?
- La faccio richiamare appena ritorna.
- Se vuole può lasciare un messaggio.
- Posso lasciare un messaggio?
- Le passo l'interno desiderato.
- Le lascio il numero del cellulare.
- Gli dico di richiamarla appena ritorna.
- Posso fissarle un appuntamento se desidera.
- Posso esserle utile?
- Qual è il numero del suo interno?
- Me la può passare, per favore?
- Arrivederci.
- Richiamo più tardi.
- Attenda in linea, vedo se è disponibile.
- Vuole aspettare in linea o richiama?
- Attenda un attimo, per favore.

3_ A coppie, confrontate le frasi che avete sottolineato e **cercate** di capire il significato delle espressioni o delle parole che non conoscete. Se volete, potete usare il dizionario.

4_ Ora tocca a voi. A coppie, seguite lo schema proposto e provate a creare una conversazione telefonica.

A	B
Il Dott. Bianchi della Mirax chiede di parlare con il Direttore.	Dice che è in riunione.
Chiede quando sarà libero.	Non lo sa, offre di prendere un messaggio.
Preferisce richiamare più tardi.	Offre di passargli il Vicedirettore, se è libero.
Dice che è urgente.	Gli chiede di aspettare in linea. L'interno è occupato.
Chiede di riferire al Direttore che il Dott. Bianchi ha bisogno urgente di parlargli.	Prende il messaggio e dice che glielo darà appena lo vede.
Ringrazia e saluta.	Si scusa e saluta.

5_ Ripetete la conversazione invertendo i ruoli.

6_ Ascolta i messaggi e **riassumi** il contenuto sotto forma di appunti. Il primo è già quasi pronto, ma **devi** completarlo.

①
Per Francesca
Dato che stanno arrivando ....
..................................,
Antonella ha bisogno di ....
....
Puoi chiamarla ....
....
molto presto?

②

③

ALLA SCOPERTA DELLA LINGUA
Con quale parola puoi sostituire *dato che*?
se ○   quando ○   visto che ○

7_ Confronta quanto hai scritto con due compagni e **prova** ad aggiungere alcune informazioni.

8_ Ascolta nuovamente i messaggi e **controlla** i tuoi appunti.

Unità 4: Lavoro a colori, in ufficio, al telefono

Lezione 3

Analisi

esprimere una causa: *dato che*, *visto che*, *siccome*, *poiché*

- ***Dato che*** indica la causa. Il verbo che segue è all'indicativo.

- Altre espressioni con lo stesso significato sono: ***visto che***, ***siccome***, ***poiché***.
  - **Dato che/visto che/siccome/poiché** piove, oggi pomeriggio resto in casa.
  - Oggi pomeriggio resto in casa, **dato che/visto che/siccome/poiché** piove.

- Attenzione! Significano tutti "perché", ma "perché" non si usa nello stesso modo. La frase con "perché" viene dopo.
  - Oggi pomeriggio resto in casa **perché** piove.

1_ Abbina le frasi delle due colonne usando le congiunzioni *dato che/visto che/siccome/poiché*.

1 Non andrò più allo stadio
2 Non le ho più telefonato
3 Sam ha cominciato a studiare l'italiano
4 Ti regalerò un portafoglio nuovo
5 Ho deciso di invitare il tuo collega a cena
6 Ieri sera ho accompagnato Pilar all'ospedale

a .... il tuo è distrutto.
b .... dici sempre che lui è molto intelligente, simpatico, disponibile…
c .... aveva la febbre a più di 40.
d .... c'è sempre troppa violenza.
e .... ero molto arrabbiato con lei.
f .... gli serve per trovare lavoro.

ripasso: l'imperfetto

- Osserva le frasi:
  - Si **vedevano** solo loro, in giro per le strade, quando **giocava** l'Italia e i ragazzi italiani **aspettavano** pizze margherite e quattro stagioni davanti agli schermi al plasma.

Ti ricordi questo tempo? È l'**imperfetto**.

Vedi NuovoRete! A2 Unità 8

2_ Completa le tabelle.

- are: *tornare*	
(io)	torn ....
(tu)	torn ....
(lui, lei)	torn ....
(noi)	torn ....
(voi)	torn ....
(loro)	torn ....

- ere: *vedere*	
(io)	ved ....
(tu)	ved ....
(lui, lei)	ved ....
(noi)	ved ....
(voi)	ved ....
(loro)	ved ....

- ire: *sentire*	
(io)	sent ....
(tu)	sent ....
(lui, lei)	sent ....
(noi)	sent ....
(voi)	sent ....
(loro)	sent - **ivano**

essere e altri imperfetti irregolari

essere

(io)	ero
(tu)	eri
(lui, lei)	era
(noi)	eravamo
(voi)	eravate
(loro)	erano

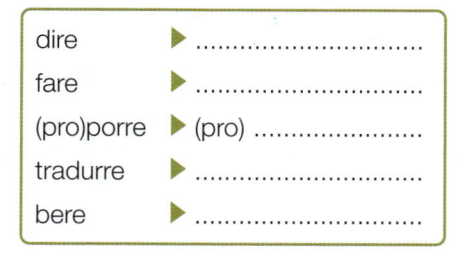

dire	▶ ....
fare	▶ ....
(pro)porre	▶ (pro)..........................
tradurre	▶ ....
bere	▶ ....

- Dove cade l'accento nell'imperfetto? Indica la vocale nei verbi seguenti:
  io sentivo, noi camminavamo, voi eravate.

- La terza persona plurale (*loro*), invece, ha l'accento sulla terzultima vocale, ad esempio:
  *loro dic**e**vano, torn**a**vano, **e**rano*, ecc.

l'uso dell'imperfetto

Usiamo l'**imperfetto** in diversi casi:

- **1** per esprimere azioni in *svolgimento* nel passato, "interrotte" da altre espresse con il passato prossimo:

         1   2
  - Mentre **cenava**, Martino **ha sentito** la notizia dell'incidente aereo.

- **2** per esprimere azioni ripetute o abituali nel passato:
  - Quando **vivevo** in Inghilterra, **facevo** spesso lunghe passeggiate in campagna.

- **3** per esprimere due o più azioni di durata indeterminata, contemporanee nel passato:
  - Quando **ero piccolo**, nei caldi pomeriggi d'estate, mia madre **leggeva**, mio padre **riposava**, mio fratello ed io **giocavamo** in giardino.

- **4** per descrivere persone, ambienti, luoghi, situazioni:
  - Secondo il telegiornale, sull'aereo **viaggiavano** almeno centoventi passeggeri e c'**erano** anche otto membri dell'equipaggio.

Unità 4: Lavoro a colori, in ufficio, al telefono

Lezione 3

3_ Metti il verbo all'imperfetto. Scegli uno dei verbi del riquadro.

1. Mentre Mara .... il giornale, io .... la cena.
2. Mentre Anna .... la televisione, suo marito .... i piatti.
3. Quando i ragazzi brasiliani .... il corso di italiano, ... spesso in palestra.
4. Da piccoli (noi) .... ogni sera alle 8.00.
5. Prima di sposarsi Luca .... con gli amici tutte le sere.
6. All'età di 4 anni Renata .... ancora male.
7. Quando eravamo piccoli, i miei amici .... spesso a casa mia.

uscire, finire, venire, leggere, andare, preparare, lavare, guardare, cenare, parlare.

Sintesi

1_ Leggi il fax che segue e completa la tabella.

Divani & Co. S.r.l.
di Mario Piola
Via Romualdi 5 - Roma

A:	Sig. Serena	Fax	06 64453881
Da:	Divani & Co di Mario Piola	Data:	6-03-2010
Ogg.:	Richiesta di preventivo	Pagine:	1
CC:			

[X] Urgente [ ] Da approvare [ ] Richiesti commenti [ ] Risposta necessaria [ ] Da inoltrare

Nota

Gent. Sig. Serena,

Come da accordi presi telefonicamente con la sua segretaria, le invio la presente richiesta per un preventivo per una fotocopiatrice digitale, in sostituzione della nostra vecchia macchina.

Le caratteristiche principali che richiediamo sono:
copie all'anno: circa 20.000;
fogli A3 e A4;
possibilità di raccogliere i fogli in fascicoli;
possibilità di utilizzo come stampante nel computer.
La nostra vecchia macchina, come potrete verificare nei vostri archivi, è stata acquistata nove anni fa e ha fatto circa 150.000 copie. La prego di inserire nel preventivo anche una quotazione della macchina usata che vi consegneremmo.
Il preventivo ci occorre entro e non oltre dopodomani.
Ringraziando anticipatamente e in attesa di una sua pronta risposta, porgo

distinti saluti
Mario Piola

1 È la riga in cui si dice che cosa sarà il contenuto del fax o della lettera.	*oggetto*
2 È una forma per rivolgersi alla persona cui si scrive.	
3 È un modo per introdurre il motivo per cui si scrive.	
4 È la riga che chiude il testo della lettera e precede i saluti finali.	
5 È uno dei modi per salutare in modo cortese e formale.	

> Un altro modo formale e gentile per salutare è **cordiali saluti**.

> Altri modi:
> **Spett.** = *Spettabile*, quando si scrive a una ditta, oppure **Egr.** = *Egregio*, quando si scrive a un uomo, al posto della forma **Gent.** = *Gentile* che si usa ormai sia per gli uomini che per le donne.

2_ Ora tocca a te. Rispondi al fax elaborando gli appunti del Sig. Serena.

Patrizia,
dato che sarò fuori ufficio tutto il giorno, per favore mi puoi inviare un fax alla ditta del Sig. Piola, di cui hai i dati, con queste informazioni. Se vuoi telefonagli e chiedi alla centralinista se hanno un indirizzo e-mail per mandargli una foto a colori. MI RACCOMANDO NON DIMENTICARTENE!
Lo vuole entro domani.
MODELLO: BJ2001.
CASSETTI: A4 e A3 con raccoglitore e fascicolatore.
COPIE CONSIGLIATE: fino a 30.000 all'anno.
GARANZIA DI UN ANNO
POSSIBILITA' DI CONTRATTO D'ASSISTENZA DA RINNOVARE OGNI ANNO CON NOI
PREZZO DELLA MACCHINA: 1800 euro IVA INCLUSA
IL PREZZO COMPRENDE ANCHE LA SCHEDA E IL SOFTWARE PER L'UTILIZZO COME STAMPANTE DA COMPUTER.
COME REGALO METTI DUE TONER GRATIS.
PAGAMENTO A 30 GIORNI DALLA DATA DELLA FATTURA CON BONIFICO BANCARIO.
LA CONSEGNA E' IMMEDIATA, IL TRASPORTO E IL MONTAGGIO SONO INCLUSI NEL PREZZO
PER LA LORO VECCHIA FOTOCOPIATRICE OFFRI 150 euro o 1 ANNO DI ASSISTENZA GRATUITO DOPO IL PRIMO DI GARANZIA.

> **I**mposta sul **V**alore **A**ggiunto, di solito al 20%.

FAX

A:	DA:
FAX:	PAGINE:
TEL.:	DATA:
OGG.:	CC:

COMMENTI:
....
....
....
....
....
....
....
....
....
....
....
....

Unità 4: Lavoro a colori, in ufficio, al telefono

Lezione 3

Civiltà

www.stranieriinitalia.it

www.interno.it/mininterno/export/sites/default/it/temi/immigrazione/

1_ Gli immigrati in Italia.
Questi siti ti possono aggiornare sulla situazione dell'immigrazione in Italia, che cambia di mese in mese. Uno ti dà la voce delle associazioni che si occupano di immigrazione, l'altro offre statistiche ufficiali del Governo e riporta le leggi sull'immigrazione.
Esplora a casa queste due pagine e **prendi** qualche appunto, poi **scrivi** alcuni tuoi commenti sull'immigrazione in Italia e **paragonala** a quel che succede nel tuo paese. **Immagina** che i tuoi appunti serviranno a un tuo amico giornalista che deve scrivere un articolo su questo tema. Puoi anche usare le informazioni che trovi in questi due riquadri.

1 LAVORATORI IMMIGRATI: IN ITALIA SONO 3,4 MILIONI

Il 17 maggio scorso l'INAIL, Istituto Nazionale per l'Assistenza e gli Infortuni (cioè incidenti) sul Lavoro, ha messo questa informazione (che qui riassumiamo) sul sito http://www.inail.it/Portale

"Il numero degli assicurati nel corso degli anni è aumentato", ha affermato Adelina Brusco, della Consulenza statistico-attuariale INAIL.
"I settori più a rischio per gli uomini sono le costruzioni, i trasporti, tutta l'industria pesante. Per le donne, invece, i maggiori pericoli vengono dal loro lavoro in famiglie italiane che hanno bisogno di assistenza. Ma anche le donne impiegate nell'industria registrano un alto numero di incidenti".
Gli immigrati che provengono da paesi come Romania, Albania, Marocco, Algeria e altri paesi africani ed asiatici sono impiegati in lavorazioni prevalentemente manuali e con una formazione professionale non molto alta, quindi hanno un numero di incidenti sul lavoro più alto. Gli immigrati che provengono da paesi a sviluppo avanzato, come Svizzera, Germania e Francia hanno invece una situazione molto più simile a quella dei lavoratori italiani.

2 GLI IMMIGRATI FANNO I LAVORI "SNOBBATI" DAGLI ITALIANI

Questo comunicato viene dall'ASCA, una delle maggiori agenzie giornalistiche italiane. Parla dei lavori che gli italiani "snobbano", cioè rifiutano, e che quindi fanno gli immigrati.

Aumenta l'occupazione degli stranieri in Italia, ma solo in quei settori produttivi che gli italiani "snobbano".
Il livello di occupazione degli italiani (56,9 per cento), infatti, è diminuito di oltre l'1% rispetto al 2008, mentre quello degli stranieri è diminuito del doppio (dal 67,1 al 64,5 per cento).
La disoccupazione cresce per entrambi i gruppi: nel quarto trimestre 2009 la disoccupazione degli italiani era dell'8,2 per cento, mentre per gli stranieri raggiungeva il 12,6 per cento. La crisi internazionale infatti colpisce di più gli stranieri, soprattutto quelli arrivati in Italia da poco.
La nuova occupazione straniera si trova in lavori poco qualificati e a bassa specializzazione.

Unità 4: Lavoro a colori, in ufficio, al telefono

Test

1 Completa i brevi dialoghi delle vignette con i pronomi combinati. Osserva l'esempio. .... / 6

- Francesca, scusi, mi ha stampato i fax di ieri?
- Certo, *glieli* ho messi sulla scrivania.

- Sì, Dottore, ... dico subito.

- Francesca, dica a Vecchi e Martini di venire da me.

- Dottor Serra, vuole vedere adesso le fatture?
- No, ... farà vedere nel pomeriggio.

- Senta, avrei bisogno di due giorni di ferie.
- Non .... avevo già dati la settimana scorsa?

- Gianni, hai per caso un dischetto vuoto da darmi?
- Sì, ... do subito.

- Per favore Francesca, ci porti una bottiglia d'acqua.
- Certo, ... porto subito.

- Franco, hai tu la lista dei clienti?
- Sì, ... do subito.

2 In questi brevi dialoghi ci sono 5 errori. Trovali e scrivi a fianco la forma corretta. .... / 6

1 - Marco, quanto hai pagato il tuo cellulare?
 - Non lo so, ce lo ha regalato Sara per il mio compleanno.   *me lo* ....

2 - Laura, ci hai cucinato un risotto veramente ottimo, ci dai la ricetta?
 - Non ve la posso dire, è un segreto.   ....

3 - Franca, hai detto alla mamma che parti per la Cina?
 - No, non le l'ho detto, altrimenti si preoccupa.   ....

4 - Proprio carino questo ristorante, come lo avete trovato?
 - Ce la fatto scoprire Francesca. Lei ci viene spesso.   ....

5 - Non riesco più a trovare i miei occhiali da sole.
 - Forse te li sei dimenticati in treno.   ....

6 - Paolo, ti ricordi il numero di telefono di Giovanni?
 - Sì, se vuoi telo scrivo su un foglietto di carta.   ....

7 - Sono Cauli, avrei bisogno urgentemente della fattura dei libri.
 - Certo, glie la mando subito via fax.   ....

3 Inserisci l'imperfetto in questo dialogo. ...... / 11

- **Marco:** Ciao Chiara, come stai? .... ammalata, la settimana scorsa... (*essere*)
- **Chiara:** Sì, ... proprio male (*stare*); adesso sto meglio.
- **Marco:** Ma che cosa .... di preciso? (*avere*)
- **Chiara:** Raffreddore. Non .... altro che tossire (*fare*), mi .... il naso ogni due minuti (*soffiare*)...
- **Marco:** Be', almeno .... stare in casa (*potere*), al caldo.
  Ce la .... a studiare? (*fare*)
- **Chiara:** Ci ho provato, ma mi .... molto male la testa (*fare*), non .... capace di leggere con attenzione (*essere*), dopo un minuto non .... più (*ricordare*) niente.
  Mi .... uno zombie! (*sentire*).
- **Marco:** Ma adesso è passato tutto, no?
- **Chiara:** Per fortuna!

4 Trova i sette aggettivi o pronomi indefiniti che si nascondono nella tabella. Possono essere scritti in orizzontale o in verticale. Osserva l'esempio. ...... / 6

Q	S	A	U	N	P	O'	C	O	A	E	E
U	F	B	O	M	O	N	B	G	T	O	P
A	E	Q	U	I	C	G	C	N	S	R	A
L	E	U	C	E	O	R	E	U	S	A	N
C	L	A	O	F	D	I	A	N	E	A	T
O	A	L	C	U	N	I	D	O	L	E	A
S	A	C	E	N	S	A	V	L	U	O	T
A	C	H	A	R	I	C	U	L	T	E	N
N	N	E	S	S	U	N	O	A	U	S	P

1. *un po'*
2. ....
3. ....
4. ....
5. ....
6. ....
7. ....

5 Completa i seguenti messaggi di segreteria telefonica con gli aggettivi e i pronomi indefiniti: *qualche, alcuni, nessuno, ognuno, qualcosa, qualcuno*. ...... / 11

Buongiorno, parla De Vito. Volevo sapere se è pronta la stampante che ho mandato a riparare .... settimana fa. Io sono stato via per .... giorni, ma non ho più avuto .... notizia da parte vostra. Se è pronta vi prego di avvisarmi. Eventualmente posso mandare .... a prenderla.
Grazie.

Buongiorno, sono della Rosetti export. Vi pregherei di mandare appena possibile .... dei vostri tecnici nel nostro ufficio di via Togliatti 27, perché i nostri computer hanno .... che non funziona e qui da noi .... ci capisce .... di informatica. È urgente, grazie.

Buonasera, parla la Travel express. Volevamo sapere se organizzate .... corso di computer. Stiamo per aprire una nuova agenzia con sei impiegati e .... di loro deve saper usare almeno .... programmi di base.
Se può ritelefonare, il nostro telefono è 064834443. Grazie.

Totale: ...... / 40

Unità 4: Lavoro a colori, in ufficio, al telefono

Revisione e ampliamento

Funzioni

1_ Abbina le frasi o espressioni a sinistra con la descrizione a destra.

1 Dato che sarò fuori ufficio tutto il giorno, per favore mi puoi…
2 Se vuole può lasciare un messaggio.
3 Vorrei parlare con il Dott. Aloisio, per favore.
4 Posso fissarle un appuntamento se desidera.
5 Mi dispiace, in questo momento non c'è.
6 Attenda in linea, vedo se è disponibile.
7 Posso esserle utile?
8 Mi raccomando non dimenticartene!
9 Pronto.
10 Mi dispiace, ha l'interno occupato.

a attivare una conversazione telefonica
b offrire di prendere un messaggio
c chiedere di aspettare in linea
d offrire aiuto o disponibilità
e offrire di fare qualcosa
f dimostrare dispiacere
g chiedere di parlare con qualcuno
h dire che una persona è assente
i indicare la causa di qualcosa
j richiedere attenzione particolare

Grammatica

2_ Completa le frasi con un pronome combinato.

1 Dato che Abel non vi ha mandato la bomboniera del suo matrimonio, ……………………………… mando per posta.

2 Ti ricordi di Shariff? ……………………………… ho parlato qualche settimana fa.

3 Ho visto mia madre al supermercato e volevo chiederle di venire da noi a cena, ma ……………………………… sono dimenticata.

4 Volevate visitare la nostra casa? ……………………………… facciamo vedere subito. Venite.

5 Non ho ancora raccontato la disavventura di Stefano a Sandro, ma appena lo vedo ……………………………… racconto.

6 Vuoi un gelato? ……………………………… offro io.

7 Sapevo che a voi i concerti di musica da camera non interessano, quindi non ……………………………… ho detto, ma ieri c'è stato il più bel concerto che abbia mai visto.

8 È vero! Tu non hai ancora visto le foto delle nostre vacanze in Grecia.
   Se hai un momento di tempo ……………………………… mostro subito.

3_ Fa' delle domande.

1 ....?
Me ne ha parlato Paolo e lo trovo molto carino.

2 ....?
Gliel'ho detto stamattina.

3 ....?
Sì, me ne ricordo perfettamente.

4 ....?
Me ne hanno prestato un po' i miei genitori, poi ho fatto un mutuo con la banca.

5 ....?
Non ricordi? Te l'ho presentata alla festa di Claudio.

6 ....?
Sì, non l'hai ancora ricevuta? Te ne ho mandata una con un asino enorme. Senza riferimenti personali, naturalmente!

7 ....?
Vi piacerebbe saperlo! Ma non ve lo dirò. Sono cose che a una signora non si chiedono.

8 ....?
Non preoccuparti, ti ci accompagno in macchina.

4_ Completa le frasi con un indefinito dal riquadro.

1 Se continui a comportarti così non avrò più .... rispetto per te.
2 Guardi Sig. Commissario che non sono stato io. Io non ho fatto ....
3 Vivo in questa città da .... tempo e ho solo .... amici.
4 .... di noi è responsabile delle proprie azioni.
5 È sparito il quadro che c'era lì. .... deve averlo rubato.
6 Ho .... di mal di testa, preferisco andare a casa. Magari un'altra volta ci vengo.
7 Sig. Fede, sono sicuro che lei ha visto .... Perché non me lo vuole dire?
8 Lei può pensare ciò che vuole, ma sinceramente io non ho visto ....

> qualche   niente   ognuno   alcuni   qualcuno   un po'   nessuno   qualcosa   nulla   poco

Unità 4: Lavoro a colori, in ufficio, al telefono

Revisione e ampliamento

Lessico

5_ In ufficio trovi tante cose. Alcune le hai imparate in questa unità, altre in occasioni diverse; in questo cruciverba compaiono le parole che già conosci, ma anche queste parole nuove, che devi inserire: *cestino, cucitrice, matita, mouse, scanner, fotocopiatrice*.

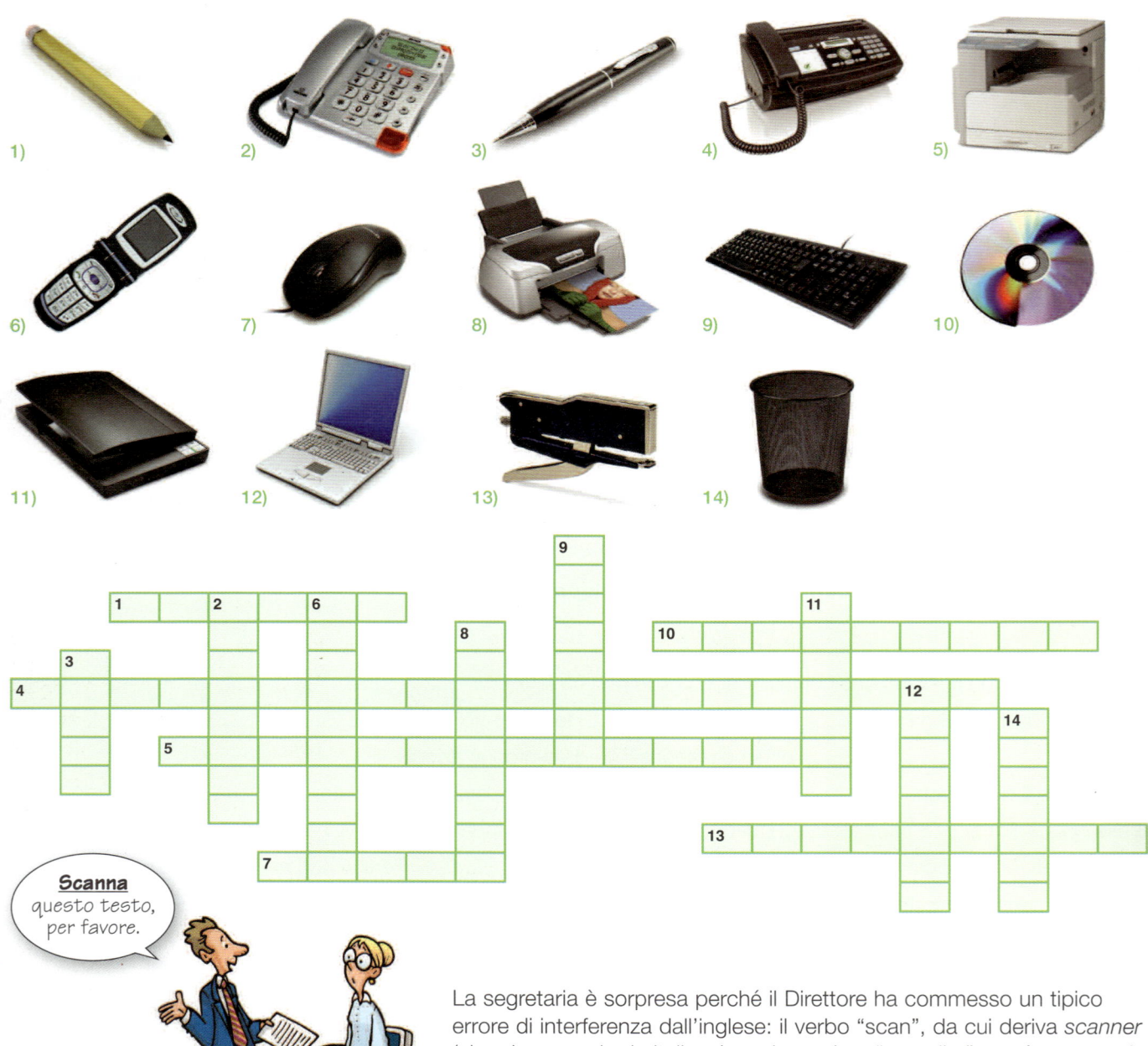

1)
2)
3)
4)
5)
6)
7)
8)
9)
10)
11)
12)
13)
14)

> **Scanna** questo testo, per favore.

La segretaria è sorpresa perché il Direttore ha commesso un tipico errore di interferenza dall'inglese: il verbo "scan", da cui deriva *scanner* (che si usa anche in italiano) corrisponde a "scandire", ma è una parola che pochissimi conoscono, quindi di solito si dice "scannerizzare"; ma molti sbagliano e dicono "scannare", cioè "uccidere con violenza, tagliando la gola"… Povera segretaria!

6_ Crea le forme dell'imperfetto.

- è ....
- siamo ....
- giochiamo ....
- cantano ....
- hanno ....
- abbiamo ....
- beve ....
- traduciamo ....

- finisco ....
- sentono ....
- arrivano ....
- vieni ....
- vengono ....
- vanno ....
- andiamo ....
- avete ....

- dai ....
- diamo ....
- faccio ....
- fanno ....
- corrono ....
- stai ....
- stanno ....
- bevono ....

7_ Crea le forme dell'indicativo presente, partendo dall'imperfetto.

- bevevamo ....
- erano ....
- avevate ....
- aveva ....
- proponevo ....
- venivano ....

- finivi ....
- traducevo ....
- andavi ....
- andavano ....
- davo ....

- davano ....
- facevi ....
- facevano ....
- stavano ....
- stavate ....

Scrittura

8_ Scrivere un fax. Rispondi con un fax al messaggio del Sig. Cardoso, elaborando queste informazioni.

*Lidia,
per favore riascolta i messaggi di questa mattina e manda un fax a questo studente brasiliano. Il suo indirizzo e numero di fax sono nell'archivio. Ha anche un indirizzo di posta elettronica. La sua richiesta è stata accettata. Il corso inizia il 20 settembre per tre mesi. Il suo deposito è arrivato e abbiamo già inviato tutto via posta. Anche il certificato di iscrizione. Forse c'è un problema di ritardi delle poste. Scrivigli anche che se avrà problemi con il consolato italiano, ci può contattare nuovamente.
Grazie*

Fausto

FAX

A:	DA:
FAX:	PAGINE:
TEL.:	DATA:
OGG.:	CC:

COMMENTI:

Unità 5:
Importante è la salute

Lezione 1

Globalità

1_ Cosa è successo alle persone? A coppie **osservate** la figura e **rispondete** alla domanda, usando i verbi del riquadro. **Formulate** delle frasi come nell'esempio dato.

(ALLA **SCOPERTA** DELLA **LINGUA**

Completa le frasi con *farsi male* o *far male*.

- Giorgio è caduto e ....
....
a una gamba.
- Ieri mi ....
....
la testa tutto il giorno.

cadere,   far male,   tagliarsi,   rompersi,   farsi male,   colpire

Mentre camminava gli è caduto un vaso in testa.

2_ **Ascolta** le conversazioni e **individua** nella figura le persone che parlano.

3_ Quali parti del corpo fanno male ai due pazienti? **Ascolta** nuovamente le conversazioni e **rispondi** alla domanda.

4_ Che verbo usa il medico per dare consigli ai due pazienti? **Ascolta** nuovamente le conversazioni e **completa** le frasi.

(ALLA **SCOPERTA** DELLA **LINGUA**

1 Per il momento ………………………………… tenerlo coperto con una fascia.
2 Signora, ……………………………………………… cercare di stare calma.

Quando si danno suggerimenti o consigli si usa il verbo *dovere* al condizionale.

- Dovrei...
- Dovresti...
- Dovrebbe...
- Dovremmo...
- Dovreste...
- Dovrebbero...

...smettere di fumare e bere alcolici.

5_ Siete in forma? Avete qualche chilo di troppo? A coppie **datevi** qualche consiglio per mantenervi sempre in forma.

Analisi

il condizionale semplice: verbi regolari e irregolari

Come il futuro semplice il condizionale si forma a partire dall'infinito.

I - are: *amare*		II - ere: *prendere*		III - ire: *dormire*	
(io)	am - **erei**	(io)	prend - **erei**	(io)	dorm - **irei**
(tu)	am - **eresti**	(tu)	prend - **eresti**	(tu)	dorm - **iresti**
(lui, lei)	am - **erebbe**	(lui, lei)	prend - **erebbe**	(lui, lei)	dorm - **irebbe**
(noi)	am - **eremmo**	(noi)	prend - **eremmo**	(noi)	dorm - **iremmo**
(voi)	am - **ereste**	(voi)	prend - **ereste**	(voi)	dorm - **ireste**
(loro)	am - **erebbero**	(loro)	prend - **erebbero**	(loro)	dorm - **irebbero**

Nella III coniugazione (-ire) non c'è differenza tra i verbi del tipo di *partire* e quelli del tipo di *finire*.

avere e essere

(io)	avrei	(io)	sarei
(tu)	avresti	(tu)	saresti
(lui, lei)	avrebbe	(lui, lei)	sarebbe
(noi)	avremmo	(noi)	saremmo
(voi)	avreste	(voi)	sareste
(loro)	avrebbero	(loro)	sarebbero

Al condizionale semplice i verbi regolari della I coniugazione trasformano in **e** la **a** dell'infinito **-are**, ad esempio: *canterei, troverei* ecc.

Unità 5: Importante è la salute

Lezione 1

verbi irregolari

Sono gli stessi che presentano irregolarità al futuro semplice.

Verbi che perdono la vocale dell'infinito	andare	an**drei**
	dov**e**re	do**vrei**
	pot**e**re	po**trei**
	sap**e**re	sa**prei**
	ved**e**re	ve**drei**
	viv**e**re	vi**vrei**
Verbi che perdono la vocale dell'infinito e trasformano la **l** o la **n** del tema in **rr**	rima**ne**re	rima**rrei**
	te**ne**re	te**rrei**
	ve**ni**re	ve**rrei**
	vo**le**re	vo**rrei**
	bere	be**rrei**
Verbi che mantengono la **a** dell'infinito	dare	da**rei**
	fare	fa**rei**
	stare	sta**rei**

> Nei verbi in **-care** e **-gare** si aggiunge una **h** prima della **e**, ad esempio:
> spie**gare** > spie**gherei**,
> cer**care** > cer**cherei**.
>
> I verbi in **-ciare** e **-giare** perdono la **i**, ad esempio:
> annun**ciare** > annun**cerei**,
> man**giare** > man**gerei**.

Il **condizionale semplice** si usa per esprimere una **richiesta (1)** o un **desiderio (2)** in modo più gentile:

- 1 - Signora Raffaella, ci **passerebbe** il vino per favore?

- 2 - Mi **piacerebbe** vivere a New York per un po'.

Il condizionale si usa anche per esprimere un **consiglio (1)**, un'**opinione personale (2)**, o un **dubbio (3)**:

- 1 - **Dovresti** cominciare a studiare l'inglese se vuoi andare a vivere a New York.

- 2 - Secondo me, lo Stato italiano **potrebbe** dare più aiuti ai paesi poveri.

- 3 - Non sappiamo se **passeremmo** l'esame di storia senza sapere nemmeno una data.

Il condizionale è spesso usato nel linguaggio giornalistico per riportare una **notizia non confermata**:

- Secondo quanto ci ha detto un importante uomo politico, il governo italiano **starebbe** per inviare aiuti umanitari ai paesi africani colpiti dalla siccità.

1_ Osserva le immagini e **abbina** a ognuna una delle situazioni elencate e uno dei possibili dialoghi che possono riguardare questo tipo di atteggiamenti in Italia.

GESTI COMUNI IN ITALIA

1)   2)   3)

SITUAZIONE C
Si tratta di due persone che si conoscono abbastanza bene (ma non sempre). Una delle due vuole esprimere interesse e affetto. Toccare una persona che si conosce abbastanza non è considerato un atteggiamento maleducato.

SITUAZIONE A
Due amici si incontrano o si salutano. Tra i giovani è molto comune questo atteggiamento.

SITUAZIONE B
Due conoscenti si incontrano e si salutano. La stretta di mano forte è considerata segno di sincerità, anche quando si viene presentati.

DIALOGO i.
- Ciao Giorgio, come stai?
- Bene e tu?

DIALOGO ii.
- Buongiorno Ferrari, come sta?!
- Salve, bene e Lei?

DIALOGO iii.
- Marco! Come va? Che piacere vederti in forma! Lo sai che ti trovo proprio bene?
- Beh, sì, grazie, sto proprio bene!

2_ È bello essere gentili!
Trasforma le frasi al condizionale per dire le stesse cose in modo più cortese.

1 Mi puoi passare l'acqua?
Mi potresti passare l'acqua?

2 Dovete smettere di fumare.
....

3 Venite al cinema con noi?
....

4 Parli con il tuo direttore per quel posto da giornalista?
....

5 Giovanni, accompagni la nonna dal medico domani mattina? Hai tempo?
....

6 Mi sa dire se c'è una banca qui vicino?
....

Unità 5: Importante è la salute

Lezione 1

3_ Rispondi alle domande.

1 Ragazzi, perché non studiate? (è primavera e…)
Studieremmo, ma è primavera e ci sentiamo stanchi.

2 Perché non guardi la partita? (ho un esame domani e…)
....

3 Perché non venite da noi a mangiare una pizza stasera? (ma Silvia…)
....

4 Vieni a ballare sabato sera? (è il compleanno di Paolo e…)
....

5 Potresti darmi il tuo indirizzo? (sto cambiando casa e…)
....

6 Vuoi un bicchiere di vino bianco? (mi fa male lo stomaco e…)
....

4_ Se un giorno… Sei al mare e trovi una bottiglia con dentro una busta chiusa, la apri e trovi questo biglietto:

> HO VOLUTO FARTI UN REGALO… SPERO CHE TI CAMBIERÀ LA VITA!!!

…e un assegno da 1.000.000 di euro.

Cosa faresti in questa situazione? Scrivi alcune frasi.

Esempio:
- Con un assegno da 1.000.000 di euro potrei smettere di lavorare…

5_ Insieme a un compagno confrontate quello che avete scritto.

Sintesi

1_ Leggi il testo e indica se le affermazioni sono vere o false.

I Fiori di Bach

"Innamorarsi" dei Fiori di Bach è veramente facile, sono delicati, come la natura stessa dei fiori, ci permettono con la loro tenerezza di sciogliere quei nodi emozionali che spesso ci fanno star male.
Ci permettono di rimetterci in sintonia con la nostra essenza, con i nostri sogni e aspirazioni più veri.
Il campo su cui maggiormente agiscono i Fiori di Bach è quello dell'emotività e degli stati d'animo, ma certamente, come la medicina psicosomatica ci insegna, la mente non è divisa dal corpo e ciò che si mostra a livello mentale ha un significato e un'influenza anche sul fisico.
I segnali che le emozioni ci danno sono solo dei segnali precedenti a quelli del corpo, perciò osservando e conoscendo l'aspetto mentale possiamo correggere anche ciò che succede nel fisico.
Lo spirito con il quale Bach iniziò la ricerca che lo portò a trovare i 38 rimedi oggi conosciuti era fondamentalmente quello di avere un metodo semplice e naturale sia nella lavorazione che nell'uso.
Il metodo per ottenere i rimedi di Bach prevede infatti il semplice utilizzo dell'acqua, dell'energia solare o del fuoco e ovviamente i Fiori. Vengono raccolti in una giornata di sole, messi in acqua ed esposti per tre o quattro ore al sole, oppure, quando questo per motivi stagionali non sia possibile, si mettono a bollire.
Una volta che l'informazione trasformatrice del fiore si trasferisce nell'acqua, a questa viene aggiunto del brandy (in qualità di conservante)... e i fiori di Bach sono pronti per la loro preparazione.
Il metodo per scegliere i rimedi richiede semplicemente di conoscere gli stati d'animo corrispondenti a ogni fiore, e quali emozioni bloccate, di conseguenza, si possono riequilibrare. Non è indispensabile avere delle conoscenze medico-scientifiche o psicologiche, non era questo l'intento di Bach, che invece cercava la semplicità.

[Testo adattato da http://www.suonodiluce.com/default.htm]

1 I fiori aiutano a eliminare problemi emotivi e a ritrovare la sintonia con se stessi. V F
2 Il loro effetto è solo nel campo degli stati d'animo. V F
3 Per correggere, guarire il corpo bisogna conoscere l'aspetto mentale. V F
4 Per la preparazione dei fiori di Bach si usano acqua e brandy. V F
5 Utilizzare i fiori è difficile, bisogna essere medici o psicologi. V F

2_ Ora, leggi nuovamente il testo e completa gli appunti.

1 I fiori di Bach sono ....
....

2 Agiscono soprattutto su ....
....

3 Le emozioni mandano dei segnali ....
....

4 Il metodo per ottenere i rimedi di Bach ....
....

5 Per scegliere i rimedi ....
....

Unità 5: Importante è la salute

Lezione 2

Globalità

1_ Sai come si fa per mantenersi in forma? Leggi velocemente l'articolo e scegli un titolo per ogni paragrafo.

Salute e bellezza/fitness

di **Giulia Mattioli**

Alla ricerca della forma perduta

Passato l'inverno, è facile ritrovarsi con qualche chilo di troppo. Niente di drammatico, per carità, però sotto i vestiti leggeri e aderenti, si vede. Per non aspettare il momento in cui metteremo piede in spiaggia, ecco alcuni facili esercizi per ritrovare la forma ideale. Che si possono fare a casa. Ma ci vuole costanza: ovvero, almeno dieci minuti di fitness tutte le mattine e un po' di movimento durante il fine settimana. E in tre mesi, la pancia non c'è più!

■ Il primo esercizio prevede l'uso di un elastico (lo trovate nei negozi specializzati). In piedi, schiena dritta, gambe aperte e leggermente flesse (per non sollecitare la schiena), impugnare l'elastico alle due estremità tenendo le braccia alzate sopra la testa. Piegate il braccio destro con la mano vicino alla nuca e il gomito aperto in fuori. Restate così per una trentina di secondi, poi invertite lentamente la posizione delle braccia: stendete il destro e contemporaneamente piegate il sinistro. Ripetete, sempre lentamente, l'esercizio, senza inarcare la schiena e sollevare le spalle.

■ Se non avete l'apposito attrezzo (lo step da casa, si trova nei negozi di sport e si può usare dieci minuti al giorno, magari davanti alla tivù), fate questo esercizio: salite e scendete da un gradino. Dopo dieci volte, aumentate a due gradini. Ripetete l'esercizio almeno dieci volte.

■ Sdraiate per terra, mettete le mani sotto la nuca. Adagio, alzate la testa solo cercando di andare verso i piedi e le gambe (non alzate assolutamente il bacino). Ripetete dieci volte. Poi con una sola mano dietro la nuca, fate lo stesso esercizio ruotando la testa nel senso opposto al braccio, sempre "tirando" i muscoli addominali.
Dieci volte per parte.
Ora in posizione verticale, divaricate verso l'esterno una gamba, alzando contemporaneamente il braccio opposto verso l'alto (se possibile con un peso leggero in mano) e rimanete in questa posizione per cinque secondi.
Ritornate nella posizione iniziale e ripetete lo stesso movimento con l'altra. Ripetete almeno dieci volte per parte.

■ L'esercizio migliore è sempre quello della bicicletta: in posizione supina, flettete le gambe a candela e simulate una pedalata, per almeno due minuti. Ritornate nella posizione di riposo e ripetete almeno tre volte.

■ Eliminare pasta e carne è un errore: meglio ridurne le quantità. I cibi ideali per i primi caldi? Quelli che contengono potassio: banane e legumi (fave, ceci, fagioli), ma anche tanta frutta (meloni, albicocche, kiwi, mirtilli, fragole) e verdura (lattuga, melanzane, spinaci, carote). E per uno spuntino energetico senza il rischio di ingrassare, preparatevi un buon frullato: al posto del latte, acqua e ghiaccio.

[Salute e bellezza/fitness, da D di Repubblica]

- Braccia toniche e ben modellate
- Ginnastica per gambe e glutei
- Pancetta, addio
- Per migliorare la circolazione linfatica
- La dieta dello sportivo

2_ Leggi nuovamente l'articolo e rispondi alle domande.

1 Cosa si può fare dopo l'inverno se si è un po' ingrassati?
....
....

2 Come si deve utilizzare l'elastico per rafforzare le braccia?
....
....

3 Cosa si può fare se non si ha l'attrezzo per lo step?
....
....

4 Come si può eliminare la pancetta?
....
....

5 Cosa si deve mangiare quando comincia a far caldo?
....
....

3_ Leggi ancora una volta il testo e **sottolinea** le parole che indicano parti del corpo. Poi, **scrivile** negli spazi a fianco della figura.

4_ Ora tocca a voi. Vi ricordate le parti del corpo?
A coppie, **guardate** per due minuti la figura dell'esercizio 3 e poi a libri chiusi, a turno uno indica una parte del corpo, fingendo che gli faccia male, e l'altro ne dice il nome.

Esempio:
(A) - Cosa ti fa male? Ti fa male la gola?
(B) - Esatto.
(B) - No, mi fa male il collo.

5_ Indovina!

1 Li usi per correre: *piedi* ....
2 Li usi per vedere: ....
3 Li usi per ascoltare la musica: ....
4 Li usi per masticare: ....
5 La parte che permette al braccio di piegarsi: ....
6 La parte che permette alla gamba di piegarsi: ....
7 La parte che permette al piede di piegarsi: ....
8 Ce ne sono cinque in ogni mano: ....

Unità 5: Importante è la salute

Lezione 2

Analisi

volere, potere, dovere, sapere

Al condizionale **volere**, **potere**, **dovere**, **sapere** si usano spesso per fare un'offerta o esprimere un desiderio, fare una richiesta o dare un consiglio.
Quando insieme a questi verbi c'è un pronome in italiano sono possibili due costruzioni diverse.

> Questo avviene in tutti i tempi del verbo.

• Potresti dar**mi** il tuo numero di telefono?	oppure	• **Mi** potresti dare il tuo numero di telefono?
• Vorrei scriver**ti** una lettera, ma non so come cominciare.		• **Ti** vorrei scrivere una lettera, ma non so come cominciare.
• Se devi fare ginnastica prima di andare a lavorare dovresti alzar**ti** più presto.		• Se devi fare ginnastica prima di andare a lavorare **ti** dovresti alzare più presto.
• Sapresti dir**mi** come si scrive il plurale di ciliegia?		• **Mi** sapresti dire come si scrive il plurale di ciliegia?

• **Osserva** che il verbo all'infinito perde la **e** finale quando è seguito da un pronome: *dare + mi* = da**rmi**.

1_ Forma delle frasi usando tutte e due le costruzioni possibili.

1 Barba/fare/la/ti/dovresti/ogni/giorno,/se/lavorare/con/devi/gente/molta.
Ti dovresti fare la barba ogni giorno, se devi lavorare con molta gente.
Dovresti farti la barba ogni giorno se devi lavorare con molta gente.

2 Potresti/passare/il/pane/ci/per/favore?
....
....

3 Saprebbe/dire/mi/quando/il/per/Firenze/parte/prossimo/treno?
....
....

4 Domani/alzare/devo/mi/presto.
....
....

5 Giorgia,/perché/piangi?/Vorresti/cosa/successo/è/raccontare/ci?
....
....

6 Se/amate/vi,/sposare/vi/dovreste.
....
....

2_ Fa' delle richieste o da' dei suggerimenti usando il condizionale.

1 Sei a Roma e stai cercando il Colosseo, fermi un passante e glielo chiedi.
   ....
2 Sei in pizzeria. Ordini una pizza margherita e una birra.
   ....
3 Stai telefonando a un cliente. Ti arriva un'altra telefonata. Chiedi di aspettare in linea.
   ....
4 Silvano ha spesso problemi di bronchite, ma continua a fumare 30 sigarette al giorno.
   ....
5 Gabriella è ingrassata 5 chili in tre mesi. Il dottore le ha detto di dimagrire.
   ....
6 Daniele è uscito tutte le sere e ieri non ha passato l'esame.
   ....
7 Hai voglia di andare in discoteca. Chiedi a Sara e a Giulia di venire con te.
   ....
8 Arrivi sempre tardi al lavoro. Il tuo collega ti dà un consiglio.
   ....

Sintesi

1_ Cosa c'è che non va? A coppie guardate le figure e fate dei brevi dialoghi come nell'esempio.

Esempio:
(A) - Cosa c'è che non va?
(B) - Mi fa male la testa.
(A) - Dovresti smettere di lavorare e prendere un'aspirina.

2_ Ora a coppie, scrivete tre dialoghi scegliendoli tra quelli che avete fatto.

Unità 5: Importante è la salute

Lezione 3

Globalità

1_ Leggi il titolo e **guarda** l'immagine. **Fa'** delle ipotesi su come vincere il caldo in estate. Poi, **confronta** le tue ipotesi con quelle di un compagno.

ESTATE SICURA
COME VINCERE IL CALDO

In Italia durante l'estate possono esserci "ondate di calore" pericolose per la salute delle persone.
Il nostro corpo in condizioni normali è in grado di regolare il proprio calore.
Ma alcuni fattori condizionano questa capacità:

- l'età (i bambini molto piccoli e gli anziani sono meno capaci di regolare la temperatura del corpo);
- gli stati di malattia e la presenza della febbre;
- la presenza di molte malattie croniche;
- l'assunzione di alcuni farmaci;
- il consumo di droghe e alcol.

> Il termine "**ondata di calore**" indica un periodo prolungato di condizioni meteorologiche estreme, caratterizzato da temperature elevate, al di sopra dei valori abituali, in alcuni casi associate ad alti valori di umidità che continuano per diversi giorni.

Queste persone sono più a rischio di altre.
Inoltre, in qualunque momento, bisogna fare molta attenzione alle persone non autosufficienti, dato che dipendono dagli altri per regolare l'ambiente in cui si trovano e per bere.

> **ALLA SCOPERTA DELLA LINGUA**
> Cosa vogliono dire queste due parole? Prova a indovinare e poi cerca il significato sul dizionario.

In caso di bisogno, occorre rivolgersi al medico di famiglia nei giorni e nelle ore di lavoro, mentre durante le ore notturne o nei giorni festivi è attivo il Servizio di guardia medica.
Se una persona sta male improvvisamente, ad esempio se ha uno svenimento, bisogna contattare immediatamente il servizio di Emergenza sanitaria, telefonando al 118.
Se una persona che sta prendendo medicine di qualsiasi tipo si sente male, è necessario chiamare un medico.

Consigli generali

Una serie di semplici abitudini e precauzioni possono contribuire notevolmente a ridurre gli effetti negativi delle ondate di calore sulla salute:

- uscire di casa nelle ore meno calde della giornata;

- indossare un abbigliamento leggero e comodo, non aderente, di cotone o lino, evitando le fibre sintetiche che impediscono la traspirazione;

- proteggere la pelle dalle scottature con creme solari ad alto fattore protettivo;

- se si esce in macchina, non lasciare mai persone o animali, anche se per poco tempo, nella macchina parcheggiata al sole;

- se si entra in un'auto che è rimasta al sole, per prima cosa aprire la macchina e poi iniziare il viaggio con i finestrini aperti o utilizzare il sistema di climatizzazione per abbassare la temperatura interna. Se l'auto ha il climatizzatore, ricordarsi di regolare la temperatura in modo che ci sia una differenza non superiore ai 5°C tra l'interno e l'esterno;

- rinfrescare l'ambiente domestico e di lavoro usando tende, persiane, ecc. Ricordarsi di aprire le finestre solo al mattino presto o alla sera tardi e durante la notte;

- se si ha in casa un climatizzatore, occorre utilizzare alcune precauzioni: fare una regolare manutenzione dei filtri;

- evitare di regolare la temperatura a valori troppo bassi rispetto alla temperatura esterna. La temperatura ideale nell'ambiente domestico per il benessere fisiologico è di 24-26°C; coprirsi ogni volta che si deve passare da un ambiente caldo a uno più freddo e ventilato, soprattutto se si soffre di una malattia respiratoria. L'utilizzo continuativo dei condizionatori determina un aumento dei consumi di energia elettrica nel paese che può portare a rischi di interruzione. È bene, quindi, limitare i consumi di corrente della casa al necessario, soprattutto quando c'è un'ondata di calore;

- bere almeno 2 litri di acqua al giorno e mangiare molta frutta fresca, come agrumi, fragole, meloni (che contengono fino al 90% di acqua) e verdure colorate, ricche di sostanze antiossidanti (peperoni, pomodori, carote, lattughe), che proteggono dai danni causati dall'ozono, che raggiunge le concentrazioni più elevate proprio nelle ore più calde della giornata;

- evitare gli alcolici e le bevande troppo fredde, limitare l'assunzione di bevande gassate o zuccherate e di bevande che contengono caffeina (caffè, tè nero, coca-cola);

- fare pasti leggeri e fare attenzione a come si conserva il cibo;

- usare il potere rinfrescante dell'acqua: fare docce e bagni tiepidi senza asciugarsi, bagnarsi il viso e le braccia con acqua fresca riduce la temperatura del corpo;

- conservare correttamente i farmaci.

[Adattato dall'opuscolo del *Ministero del Lavoro, della Salute e delle Politiche Sociali* e del *Centro Nazionale per la Prevenzione e il Controllo delle Malattie*.]

2_ Dopo aver letto il testo, completa gli appunti.

1 Il nostro corpo sa controllare il calore, ma ....
....
....

2 Se si ha bisogno di assistenza medica, ...
....
....

3 Per combattere gli effetti del caldo si dovrebbe ....
....
....

3_ Confronta i tuoi appunti con quelli di un compagno, poi insieme provate a scrivere un riassunto del testo.

4_ Monica ha una figlia di pochi mesi. A coppie provate a dare dei consigli per aiutarla a vivere meglio in questa torrida estate.

Unità 5: Importante è la salute

Lezione 3

Analisi

qualsiasi, qualunque

> In qualunque momento = qualsiasi = tutti, non importa quale…
> **Qualsiasi/qualunque** sono degli aggettivi indefiniti e sono sempre seguiti dal verbo al singolare. Si usano sia con le cose che con le persone: - Mio fratello pensa che **qualunque** calciatore italiano di serie A potrebbe giocare nel campionato inglese.

1_ Completa le frasi con *qualsiasi* o *qualunque* e una parola del riquadro.

1 Matteo è un mago del computer. Impara a usare .... in pochi minuti.
2 Mi piace .... della cucina spagnola.
3 Vorrei visitare .... dell'America Latina.
4 Devo arrivare a Firenze prima delle 3 di oggi pomeriggio. Prenderò .... disponibile.
5 Roma è bella in ....
6 Se te ne vai, ti cercherò e ti ritroverò in .... del mondo.
7 Ormai puoi raccontarmi .... Non ti credo più.
8 Chiamami in .... Per te sono sempre disponibile.

> parte, momento, stagione, paese, programma, cosa, piatto, mezzo

i plurali delle parti del corpo

2_ Completa le frasi con una parola che indica una parte del corpo.

1 In ogni mano ci sono cinque ....
2 Mi piace la tua bocca: hai delle .... così belle.
3 Stringimi tra le tue .... Ho bisogno d'affetto.
4 È il più forte calciatore che abbiamo, ma quest'anno si è fatto male a tutte e due le ....

> Alcune parole che indicano parti del corpo cambiano dal maschile al femminile quando sono al plurale:
>
> | maschile | femminile |
> |---|---|
> | **il** bracci**o** | **le** bracci**a** |
> | **il** ginocchi**o** | **le** ginocchi**a** |
> | **il** dit**o** | **le** dit**a** |
> | **il** labbr**o** | **le** labbr**a** |

Sintesi

1_ Quali parti del corpo sono le più importanti per ognuna delle seguenti persone?

1 nuotatore: ....
2 direttore d'orchestra: ....
3 macellaio: ....
4 scrittore: ....
5 calciatore: ....
6 pittore: ....
7 cuoco: ....
8 poliziotto: ....

2_ In piccoli gruppi, confrontate le vostre scelte.

Civiltà

IL LINGUAGGIO DEL CORPO

Gli italiani sono conosciuti in tutto il mondo per la loro eleganza; la cucina italiana ci è invidiata da molti, per non parlare dei nostri tesori artistici e della bellezza delle nostre città, delle nostre spiagge e altri luoghi di vacanza. Tesori di tutta l'umanità!
Ma c'è un'altra caratteristica per la quale gli italiani si riconoscono dappertutto: gli italiani gesticolano, si muovono in continuazione e usano soprattutto le mani, parlano con i gesti.

immagini tratte da
F. CAON, *Dizionario dei gesti degli italiani*,
Guerra Edizioni

1_ Hai mai visto degli italiani fare gesti? Quali? Ne conosci il significato? Discutine con i compagni e l'insegnante.

2_ Osserva le immagini e abbina a ognuna il significato e le parole che possono accompagnare o che descrivono ogni gesto.

Non è indispensabile, anche se è frequente, accompagnare i gesti con le parole, dato che questi gesti parlano da soli. Si tratta spesso di espressioni colorite, se non proprio volgari, quindi bisogna fare molta attenzione a come e in che situazione si utilizzano.

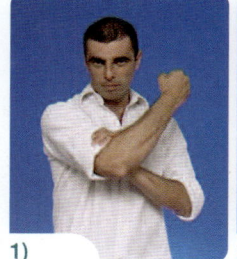

Un consiglio: non usate questi gesti in contesti formali.

1)  2)  3)  4)  5)  6)

A *"Che vuoi?"; "Ma che fai?"; "Chi ti ha chiesto qualcosa? Fatti i fatti tuoi!!"; "E allora?".*
Gli italiani usano questo gesto quando qualcuno li guarda con insistenza e non vogliono essere disturbati, oppure quando viene fatta una richiesta giudicata troppo grossa, o ancora quando davvero non capiscono cosa viene chiesto loro.

B *"Chi se ne importa!"; "Chi se ne frega!"; "Non me ne importa un fico secco".*
Si usa questo gesto per esprimere indifferenza verso qualcosa o qualcuno.

C *"Che buono! Ottimo!", "Al bacio!" (si dice di un cibo); "Perfetto! Eccellente!"; "Molto bello!".*
Con questo gesto si esprime un grosso apprezzamento per qualcosa o qualcuno. Purtroppo questo gesto è spesso usato anche dagli uomini per esprimere un giudizio estetico su una bella donna!

D *Sono le famose "corna".*
Sono spesso usate dagli automobilisti nei confronti di chi non rispetta le regole del traffico o semplicemente di chi ostacola il loro cammino in automobile. *"Accidenti a te!", "Ti venisse un accidente!".*

E *Questo tipo di "corna"* non sono rivolte verso qualcuno, ma servono per allontanare da sé il male o la cattiva fortuna, spesso si fanno anche se non si crede veramente nella loro efficacia, anche se non si è particolarmente superstiziosi. *"Speriamo di no!"; "Tiè!!".*

F *Famoso gesto dell'avambraccio* che indica una risposta negativa a un ordine, oppure lo si fa nei confronti di qualcuno a cui si è fatto o si intende fare uno sgarbo. *"Non ci penso nemmeno!"; "Neanche a parlarne!"; "Figurati! (se lo faccio!!); "Col cavolo!".*

3_ Provate a mostrare ai compagni e all'insegnante alcuni gesti tipici della vostra cultura e spiegatene il significato.

Unità 5: Importante è la salute

Test

1) Leggi il dialogo e completalo con i verbi al condizionale presente. .... / 8

Franca: Maria, sono Franca, ciao.
Maria: Ciao Franca, come va?
Franca: Si tira avanti, grazie; senti, mi (fare) ...*faresti*.... un piacere?
Maria: Se posso... dimmi...
Franca: (essere) .... così gentile da prestarmi la tua bicicletta per domenica? Io e Francesco
(volere) .... andare a fare un giro fuori città, tanto per mantenerci un po' in forma,
però abbiamo una bicicletta sola.
Maria: Te la (dare) .... volentieri, ma l'ho prestata a Laura perché la sua si è rotta, forse
(potere) .... chiederla a Gianni, so che lui ne ha due.
Franca: Mah! Non (sapere) .... non siamo così amici…
Maria: Io al tuo posto non mi (fare) .... tanti problemi, al limite, se vuoi, (potere) .... chiedergliela io…
Franca: No, (preferire) .... di no, lascia perdere, è troppo complicato... pazienza, niente sport per questa settimana.
Maria: Come vuoi, mi dispiace.
Franca: Non fa nulla, ciao.
Maria: Ci sentiamo, ciao.

2) Osserva le parti del corpo umano indicate e completa il cruciverba. Osserva l'esempio. .... / 10

```
         S
         P
         I
         N
         A
         D
         O
         R
         S
P O L P A C C I O
         L
         E
```

3) Fa' il plurale di queste parti del corpo. .... / 14

- testa ....
- collo ....
- occhio ....
- naso ....
- labbro ....

- mento ....
- spalla ....
- braccio ....
- mano ....
- dito ....

- gamba ....
- piede ....
- polpaccio ....
- coscia ....

4) Completa le tabelle con le forme del condizionale. ..../ 6

essere
- io ....
- tu ....
- lui, lei ....
- noi ....
- voi ....
- loro ....

avere
- io ....
- tu ....
- lui, lei ....
- noi ....
- voi ....
- loro ....

volere
- io ....
- tu ....
- lui, lei ....
- noi ....
- voi ....
- loro ....

5) Che cosa non va? ..../ 8

1
Che cosa c'è che non va?
Mi fa male ....
Dovresti ....
....

2
C'è qualcosa che non va?
....
Dovresti ....
....

3
Non stai bene?
Mi fa ....
Dovresti ....
....

4
Che cosa c'è che non va?
Mi fa ....
Dovresti ....
....

6) Trasforma queste frasi liberamente in modo più cortese usando le forme del condizionale. Osserva l'esempio. ..../ 4

Esempio: - Marco, mi dai un passaggio? ┈┈▶ - Marco, ti dispiacerebbe darmi un passaggio?

Senta, che ore sono? **1** ....
Mi passi il pane? **2** ....
Avete cinque euro? **3** ....
Paola, dov'è via Gramsci? **4** ....

Totale: ..../ 50

Unità 5: Importante è la salute

Revisione e ampliamento

Funzioni

1_ Abbina le espressioni a sinistra con la descrizione a destra.

1. Cos'è successo?
2. Cosa ti/le fa male?
3. Secondo me, lo Stato italiano potrebbe dare più aiuti ai paesi poveri.
4. Mi fa male la testa.
5. Secondo quanto ci ha detto un importante uomo politico, il governo italiano starebbe per inviare aiuti umanitari ai paesi africani colpiti dalla siccità.
6. Non sappiamo se passeremmo l'esame di storia senza sapere nemmeno una data.
7. Cosa c'è che non va?
8. Dovresti cominciare a studiare l'inglese se vuoi andare a vivere a New York.
9. Mentre camminava gli è caduto un vaso in testa.

a. esprimere un consiglio
b. esprimere un'opinione personale
c. esprimere un dubbio
d. dire quali problemi fisici uno ha
e. chiedere quali problemi fisici uno ha
f. chiedere quali problemi in generale uno ha
g. chiedere cosa è successo
h. dire cosa è successo
i. riportare una notizia non confermata

Lessico

2_ Un cruciverba emotivo.
Tutte le parole che trovi nel cruciverba sono presenti in alcune righe del testo "I fiori di Bach", che hai trovato alla conclusione della prima lezione.

Il **8 vert.** su cui maggiormente agiscono i Fiori di Bach è quello dell'**9 orizz.** e degli **7 orizz.** d'**6 vert.**, ma certamente, come la medicina **11 orizz.** ci insegna, la **2 vert.** non è divisa dal corpo e ciò che si mostra a livello mentale ha un **1 vert.** ed un'influenza anche sul fisico.
I **5 orizz.** che le emozioni ci danno sono solo dei segnali precedenti a quelli del **10 vert.**, perciò osservando e conoscendo l'aspetto **3 vert.** possiamo **4 orizz.** anche ciò che succede nel fisico.

3_ Forma delle frasi.

1. Giorgio/passare/potresti/sale/ci/il?
2. Signora,/dire/ore/saprebbe/mi/che/sono?
3. In/disordine/fare/la/sei/dovresti/barba/ti.
4. Domani/temperatura/dovrebbe/si/abbassare/la.
5. Professore,/favore/dare/un/per/voto/potrebbe/mi/bel?
6. Credo/Napoli/piacere/vi/potrebbe/che/molto.

4_ Scrivi delle frasi ispirate alle vignette, come nell'esempio.

Mentre stavo ....
....
e adesso mi fa male ....

Stavo ....
....
e adesso mi fa male ....

....
....
....

....
....
....

....
....
....

....
....
....

....
....
.... pescecane!

113

Unità 6:
Sì, viaggiare

Lezione 1

Globalità

1_ Quante cose conosci della vita quotidiana dei tuoi compagni?
In piccoli gruppi, a turno **fatevi** alcune domande per scoprire:

1. il mezzo di trasporto per arrivare a scuola o al lavoro;
2. la distanza da casa a scuola o al lavoro;
3. la durata del viaggio da casa a scuola o al lavoro;
4. il costo del viaggio.

> Con i mezzi di trasporto occorre la preposizione *in*:
> *in* macchina, *in* bicicletta, *in* treno, *in* aereo, ecc.
> ma ci vuole *a* nell'espressione *a* piedi.

2_ Ora andate a pag. 181 per controllare le vostre domande e risposte.

3_ Continuate a farvi delle domande per ottenere più informazioni sulle abitudini dei vostri compagni. La figura può darvi qualche suggerimento.

4_ Pensa alle tue abitudini e **fa'** una lista dei luoghi pubblici che frequenti ogni settimana.

5_ Confronta la tua lista con quelle di due tuoi compagni.

6_ Dove si svolgono i seguenti dialoghi?

7_ Ascolta il dialogo, **trova** le differenze e **correggile**.

- **Andrea:** Dai Cristina, il treno sta per partire! Altrimenti non ce la facciamo!
- **Cristina:** Sono stanca e non ce la faccio più io! Quanto ci vuole per arrivare alla fermata?
- **Andrea:** Se corriamo 5 minuti.
- **Cristina:** Non si può prendere un taxi o la metropolitana? Guarda, ce n'è uno là, fermo all'angolo.
- **Andrea:** Tanto sta per chiudere le porte e poi non si possono comprare i biglietti sulla metropolitana.
- **Cristina:** Ma bisogna proprio prendere questo treno, non ce n'è un altro, non si può chiedere alla stazione?
- **Andrea:** Sì, ma si devono cambiare due treni e poi per il prossimo occorre la prenotazione. Dai che ci riusciamo, ancora un piccolo sforzo.

Analisi

esprimere la durata

Osserva queste due domande:

- 1 Quanto tempo ci metti per arrivare a scuola?
- 2 Quanto tempo ci vuole per arrivare in stazione?

In quale delle due frasi il soggetto è *tu* e in quale il *tempo*?

Al posto di **volerci** si può usare **occorre**:
- 2 Quanto tempo occorre per arrivare in stazione?

1_ Completa le frasi con *metterci* o *volerci*.

1 Quante ore ......*ci vogliono / occorrono*...... da Roma a New York in aereo?
2 Da casa al parco di corsa io .... dieci minuti, mia moglie meno di otto.
3 Renato, quanto .... di solito per arrivare a scuola?
4 Per fare quegli esercizi .... molto tempo.
5 Non mi ricordo quanto .... per andare al Lago di Garda in bicicletta. Il mio gruppo è arrivato per ultimo, ... dalla mattina alla sera.

Unità 6: Sì, viaggiare

Lezione 1

tanto...

Quale di queste parole ti sembra sinonimo di **tanto** in questo caso?

- Non so dove parcheggiare, faremo tardi al cinema!
- Non ti preoccupare, **tanto** il film è già iniziato.

○ anche perché   ○ quando   ○ così

Tanto significa *anche perché*, introduce una causa, ma in modo più enfatico rispetto a *perché*; si usa spesso per trarre delle conclusioni.

2_ Collega le frasi della colonna A a quelle della colonna B con *tanto*.

A
1 Non sono andato alla festa di Tommaso,
2 Non ho ancora finito di stirare,
3 Puoi prendere la mia penna,
4 Domani non vado a lezione,
5 Se vuoi puoi finire il prosciutto,
6 Mia sorella ha preso la macchina,

TANTO

B
a ho solo un'ora di traduzione.
b non ho più fame.
c alle sue feste c'è sempre la solita gente.
d ho tempo fino a stasera.
e adesso non mi serve.
f a me non occorre: oggi non esco di casa.

preposizioni con i verbi di movimento o di stato

Prima di riflettere sulle preposizioni proviamo a ripassare alcuni verbi di movimento.

3_ Quali verbi si possono abbinare ai disegni?

....

salire,   scendere,   arrivare,   partire,   camminare,   correre,   navigare,   nuotare,   volare,   guidare

Ormai conosci varie preposizioni di luogo e come sai a volte non c'è una regola per il loro uso.
L'unico modo è cercare di impararle.

in o a

- Con i verbi di movimento (*andare, venire, correre, ecc.*) o di stato (*essere, stare, rimanere, ecc.*) si usa:

> **Si può dire:**
> - *Vado **in** macelleria.*
> **oppure**
> - *Vado **dal** macellaio.*

a →
- casa
- letto
- lezione
- scuola
- teatro

in →
- albergo
- banca
- biblioteca
- campagna
- classe
- città
- piscina
- montagna
- ufficio

al →
- bar
- centro
- cinema
- mare
- ristorante

in → *Con i nomi di negozi:*
- libreria
- pizzeria

- Con i nomi di città si usa **a**:
  - Ieri sono andato **a** Bologna.

- Con i nomi di nazione o regione si usa **in**:
  - Sono nato **in** Italia.
  - Vivo **in** Veneto.

da

- **Da** si usa per indicare la provenienza:
  - Vengo **da** Firenze.

- Quando **da** è seguito da un nome di persona significa *a casa di*:
  - Andiamo **da** Roberta domani sera?

in Veneto
a Bologna
in Italia

Sintesi

1_ Andrea è alla stazione degli autobus con Cristina, **prova** a immaginare e a scrivere alcune delle domande che possono esserci in un dialogo con l'impiegato della biglietteria.

2_ Ascolta il dialogo e **rispondi** alle domande.

1 Dove vuole andare Andrea?
2 Quando parte l'autobus?
3 Dove deve cambiare?
4 Che tipo di biglietti compra?
5 Quanto spende?
6 Come paga?
7 Da quale piazzola parte l'autobus?

Unità 6: Sì, viaggiare

Lezione 2

Globalità

1_ Alla stazione. **Leggi** velocemente le parti del dialogo. Quali elementi troveresti anche nel tuo paese e quali non troveresti mai? **Parlane** poi con un compagno.

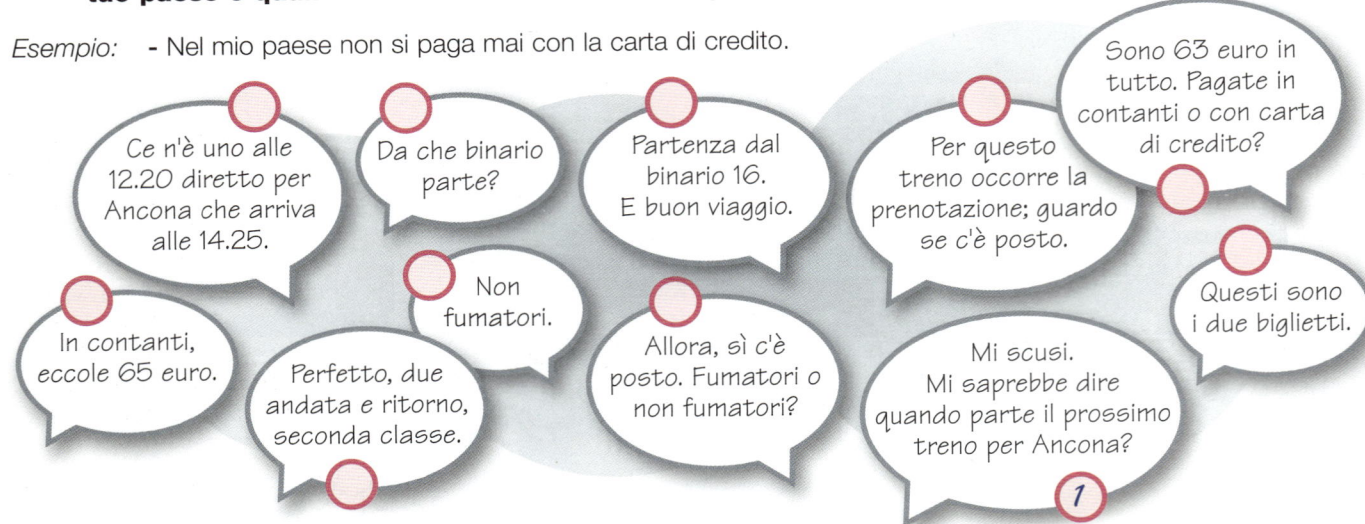

Esempio: - Nel mio paese non si paga mai con la carta di credito.

- Ce n'è uno alle 12.20 diretto per Ancona che arriva alle 14.25.
- Da che binario parte?
- Partenza dal binario 16. E buon viaggio.
- Per questo treno occorre la prenotazione; guardo se c'è posto.
- Sono 63 euro in tutto. Pagate in contanti o con carta di credito?
- In contanti, eccole 65 euro.
- Non fumatori.
- Perfetto, due andata e ritorno, seconda classe.
- Allora, sì c'è posto. Fumatori o non fumatori?
- Mi scusi. Mi saprebbe dire quando parte il prossimo treno per Ancona? *1*
- Questi sono i due biglietti.

2_ Ora, metti in ordine il dialogo.

3_ Adesso, a coppie fate dei dialoghi simili. (A) è il passeggero e **va** a pag. 177, (B) è l'impiegato delle ferrovie e **risponde** alle domande di (A) guardando l'orario dei treni che segue.

▶ Soluzioni di viaggio

Per orario di partenza | Per tempo di percorrenza | Per numero di fermate

Scegli	Partenza	Arrivo	Treni	Durata	Acquista
1 ▶	11:30 ROMA TE	16:00 MI C.LE	ES*	04:30	NO
2 ▶	12:05 ROMA TE	17:50 MI C.LE	IC	05:45	NO
3 ▶	12:30 ROMA TE	17:00 MI C.LE	ES*	04:30	🛒
4 ▶	13:30 ROMA TE	18:00 MI C.LE	ES*	04:30	🛒
5 ▶	14:02 ROMA TE	19:55 MI C.LE	IC	05:53	NO

▶ Legenda stazioni
ROMA TE .... Roma Termini
MI C.LE .... Milano Centrale

4_ Come sono i treni nel tuo paese? **Fa'** una lista dei vantaggi e degli svantaggi del viaggiare in treno nel tuo paese. Poi, **confronta** la tua lista con quella di un compagno.

5_ Leggi il testo che segue e **prendi** appunti sull'Italia.

Viaggiare in treno: vantaggi e svantaggi.

Il nostro giornale pubblica oggi i risultati di un'indagine svolta intervistando 1000 italiani di diverso sesso, età, professione e provenienza. Ecco quanto è emerso. Viaggiare in treno sembra suscitare sentimenti ed emozioni contrastanti, a volte le opinioni tendono a evidenziare soprattutto gli aspetti positivi, quali l'assenza di stress da traffico. Per alcuni, poi, i treni, oltre a evitare gli ingorghi o gli incidenti in autostrada, sono veloci e si viaggia comodi e rilassati, si può lavorare, riposare, mangiare un boccone o un pasto completo in ristoranti a volte decisamente buoni. E all'arrivo si è più freschi e molto più di buon umore. La ricerca dimostra però come a pensarla così sono soprattutto persone che hanno preso il treno poche volte nella loro vita e che per loro fortuna non hanno mai avuto disavventure. Ritardi a volte di varie ore, incidenti, incontri spiacevoli, sporcizia, treni sovraffollati sono gli aspetti negativi che maggiormente vengono sottolineati, ma sicuramente è la scarsa puntualità dei treni italiani che più colpisce e irrita i viaggiatori. Statistiche alla mano, tuttavia, un dirigente delle ferrovie ci spiega che questa situazione negli ultimi anni è andata sempre più migliorando, anche se non si è ancora riusciti a eliminare il problema. I viaggiatori intervistati non si sono dimostrati tutti d'accordo su questo punto, anzi! Come unico dato veramente positivo quasi per tutti, hanno indicato invece il prezzo dei biglietti che viene ancora considerato relativamente economico se confrontato con i mezzi privati.

In automobile, infatti, al prezzo del carburante e a quello di gestione del mezzo si devono aggiungere l'autostrada e il parcheggio, se la destinazione è una città. Il treno, se risulta spesso scomodo per chi deve raggiungere la stazione di partenza in auto, diventa per la stessa ragione utile per chi deve arrivare in centro. Le stazioni di quasi tutte le città italiane si trovano infatti in centro o molto vicine ad esso. Infine, la ricerca dimostra che per gli italiani il problema dei numerosi scioperi che hanno caratterizzato la storia delle ferrovie nei decenni passati è ormai solo un lontano ricordo.

6_ Completa lo schema con le parole del riquadro.

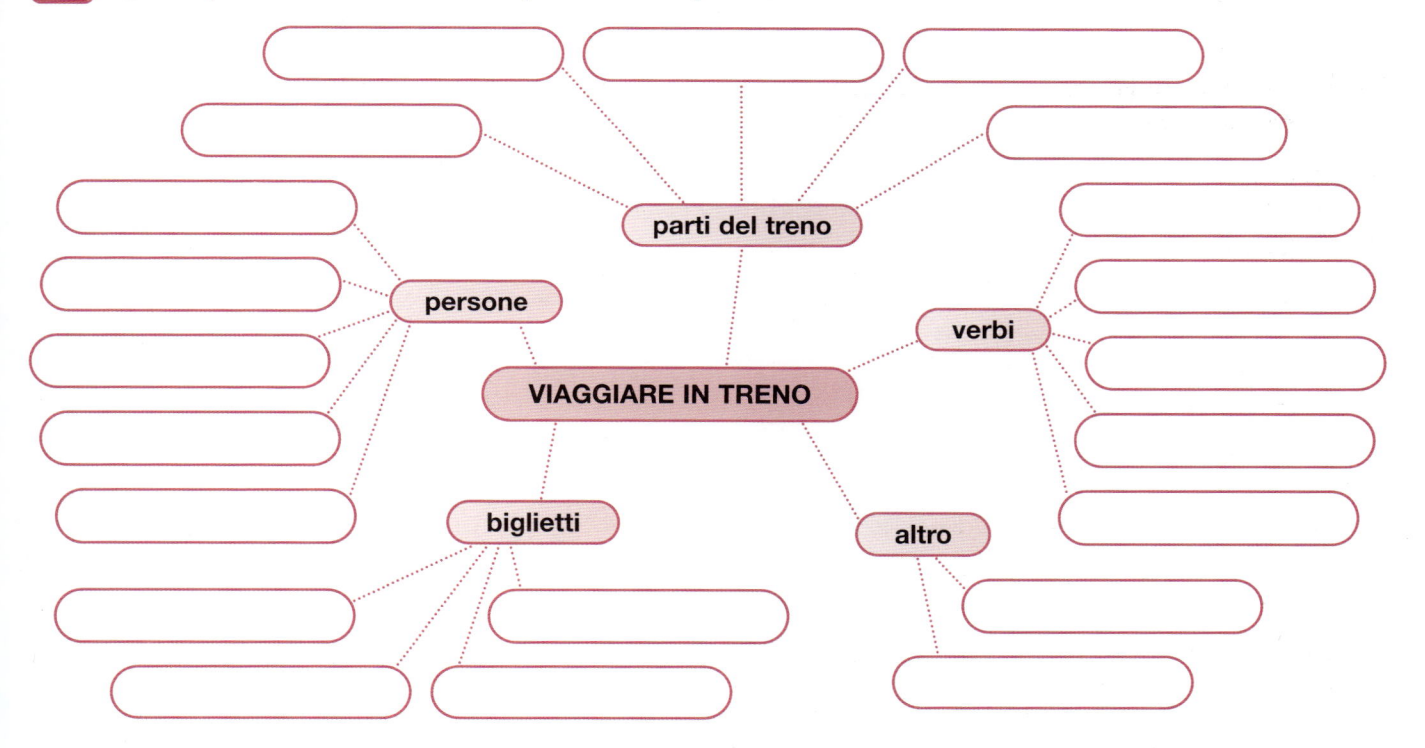

Schema: VIAGGIARE IN TRENO — parti del treno, persone, verbi, biglietti, altro.

andata, passeggero, supplemento, capotreno, scendere, seconda classe, andata e ritorno, controllore, binario, scompartimento, prendere, macchinista, salire, carrozza ristorante, prima classe, fare il biglietto, bigliettaio, prenotazione, stazione, perdere, vagone

Unità 6: Sì, viaggiare

Lezione 2

Analisi

la forma impersonale

Ci sono vari modi per rendere la forma impersonale, cioè per non esprimere in modo determinato la persona che compie l'azione.

- *loro*
  - Questa mattina **hanno** rapinato la filiale della mia banca.

  La parola *loro* spesso non è espressa esplicitamente.

- *uno*
  - **Uno** può avere molti soldi, ma la felicità non si può comprare.

- *tu*
  - Se in Italia **viaggi** in treno, **risparmi**.

  Nel caso degli esempi il soggetto *tu* indica una persona qualsiasi, un soggetto indeterminato.

1_ Fa' delle frasi con la forma impersonale (*tu, uno, loro*).

1 Quando/bere/non/potere/guidare.
   Quando uno beve, non può guidare/quando bevi, non puoi guidare.

2 Lavorare/tutto/l'anno/andare/volentieri/in vacanza/quando.
   ....

3 Aprire/un/nuovo/ieri/locale.
   ....

4 Vendere/quadro/di/un/Modigliani/due/milioni/di/per/euro.
   ....

5 Studiare/tanto/non/lavoro/poi/trovare.
   ....

6 Dall'anno/volere/prossimo/musei/tutti/i/aprire/la/domenica.
   ....

2_ Fa' delle domande con la forma impersonale.

1 *Cosa hanno messo in questo piatto? Non riesco a riconoscere il sapore.* .... (in questo piatto)
Secondo me, ci hanno messo un po' di vino bianco.

2 .... (alle piste da sci)?
Arrivi a Bolzano in treno e poi devi prendere la corriera.

3 .... (il Festival di Cannes)?
Sì, l'ha inaugurato Tornatore con un film interessante.

4 .... (la Banca Popolare)?
Sì, hanno rubato 2 milioni di euro.

si

- **1** - Nella maggior parte delle città italiane **si registra** un forte inquinamento da traffico.

- **2** - In Italia **si devono** comprare i biglietti dell'autobus in tabaccheria, all'edicola o in altri posti, ma non direttamente sull'autobus.

- **3** - Per avere informazioni sugli orari dei treni **si può** chiamare il servizio telefonico delle ferrovie.

Dopo il *si* abbiamo il verbo alla terza persona singolare se il nome a cui si riferisce è singolare (**1**), o alla terza persona plurale se il nome a cui si riferisce è plurale (**2**). Dopo il *si* il verbo è alla terza singolare se è seguito non da un nome, ma da un verbo (**3**).

Il *si* si può usare con tutti i tempi del verbo.
Al passato prossimo il verbo ausiliare è sempre *essere*.
Il participio passato a volte si accorda, a volte no.

Riesci a capire la regola?
- La settimana scorsa in tutta Italia si sono avute temperature molto alte.
- Non c'erano molte possibilità, ma alla fine si è trovata una soluzione per la formazione del nuovo governo.
- L'estate scorsa si è viaggiato molto bene con le offerte delle ferrovie.

Abbiamo visto che nei tempi composti l'ausiliare è sempre *essere*; il participio passato si accorda in genere e numero con il sostantivo cui si riferisce, cioè con il complemento oggetto che segue.

Il *si* con il verbo *essere* + un *aggettivo*.
Nelle frasi con *si* + il verbo *essere*, l'aggettivo ha sempre la forma del plurale maschile.

- In Italia quando **si è contenti**, spesso si canta o si fischia una canzone.

Unità 6: Sì, viaggiare

Lezione 2

3_ Osserva i cartelli e fa' delle frasi.

1. *Non si può/deve fumare.*
2. ....
3. ....
4. ....
5. ....
6. ....

4_ Metti i verbi.

1. In Italia si *beve* .... (*bere*) molto vino.
2. In Spagna si .... (*trovare*) molte persone gentili.
3. Negli Stati Uniti si .... (*viaggiare*) sicuri sulle autostrade.
4. In Brasile si .... (*ballare*) la samba.
5. In Francia si .... (*produrre*) formaggi molto buoni.
6. In Romania si .... (*parlare*) una lingua romanza.

5_ Completa i verbi.

1. Ieri sera si è parlat*o*.................. a lungo di lavoro.
2. Al matrimonio di Giacomo si sono bevut.............. molti alcolici.
3. L'estate scorsa a Rimini si sono vist.............. molti tedeschi.
4. Si è stanch.............. dopo aver corso per mezz'ora.
5. La settimana scorsa sulle Alpi si sono avut.............. nevicate molto abbondanti.
6. Nel ristorante "*Da Antonio*" si è mangiat.............. molto bene.

Sintesi

1_ Con i termini del riquadro forma delle coppie di parole legate tra loro. Poi usale insieme in una frase.

• semaforo	• stazione	• autobus	• biglietto	• prendere	• all'angolo
• scendere	• motore	• uscita	• pieno	• garage	• prima classe
• perdere	• benzinaio	• bicicletta	• cambiare	• strada	• ritardo
• vagone	• banca	• marciapiede	• ultima chiamata	• strisce pedonali	• macchina
• binario	• incrocio	• biblioteca	• parcheggio	• senso unico	• rotonda
• prenotazione	• parco	• fermata	• camminare	• ponte	• volo

Esempio: - Sono sceso dal treno perché non avevo la prenotazione.

2_ Conosci tutti i mezzi di trasporto? Scrivi il nome sotto le figure.

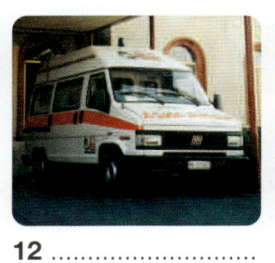

1 ....
2 ....
3 ....
4 ....
5 ....
6 ....
7 ....
8 ....
9 ....
10 ....
11 ....
12 ....
13 ....
14 ....
15 ....
16 ....
17 ....

Unità 6: Sì, viaggiare

Lezione 3

Globalità

1_ A molti di voi sarà capitato di osservare e incontrare i turisti italiani nei vostri paesi. A gruppi, provate a discutere ed elencare le caratteristiche principali che avete notato nei turisti italiani, poi confrontate le vostre opinioni con la classe e con l'insegnante.

> Giacominoooo, vieni subito qui, è un'ora che sei in acqua, è pronta la merendina!

> Luciaaaa, Lucia, torna subito qui!!!!

> Ma tu sei di Firenze!!! Ciao!!! Cosa fai qui, dai che facciamo una foto ricordo insieme...

> Vorrei degli spaghetti alla carbonara.

> Sai, Luisa, è stato un vero affare, in Italia sarò l'unica ad indossarlo!!!!

> No, no e no, io le scarpe non me le levo, ...e se poi me le rubano?

2_ Riconoscete nelle situazioni rappresentate sopra le caratteristiche dei turisti italiani di cui avete discusso? Leggete il brano che segue. Siete d'accordo con la descrizione che viene fatta del viaggiatore italiano?

[...] Siamo curiosi, e adoriamo i confronti tra la nostra condizione di italiani e quella dei popoli che visitiamo (perché stanno meglio o perché stanno peggio, non importa: quel che conta è avere un argomento di conversazione). [...] Siamo indiscutibilmente generosi, quasi sempre, ad esempio rinunciamo a controllare i conti dei ristoranti, un'attività che occupa invece circa la metà delle ferie di uno svizzero o di un austriaco. Un'altra qualità dell'italiano in viaggio è questa: non soltanto non si innervosisce incontrando altri italiani, ma festeggia l'avvenimento, manifestando un orgoglio nazionale che in patria tiene ben nascosto. [...] Un aspetto meno entusiasmante del turismo italiano è la sua rumorosità. È scientificamente provato che una comitiva di cinquanta bergamaschi produce gli stessi decibel di cento francesi, centocinquanta tedeschi e duecento giapponesi. Questa rumorosità spesso non ha nulla a che fare con la scortesia, ed è invece un'espressione del piacere di stare al mondo (soprattutto in un mondo pieno di *duty-free shops*). Altre volte è più sinistra e aggressiva. Lo scrittore Manganelli ha raccontato un episodio di circa trent'anni fa quando un gruppo di imprenditori è andato in Cina. Questa la partenza all'aeroporto di Fiumicino: "È la prima esposizione italiana, il viaggio è lungo, misteriosa la meta e poi gli operatori economici hanno idee assai vaghe su quello che può attenderli. Sono vigorosamente eurocentrici e incautamente estroversi. Nella folla si leva una voce milanese, rancorosa, oscuramente offesa, e chiede assicurazioni aggressive: non lo metteranno mica a dormire in una capanna? Un addetto alla compagnia aerea accenna alla millenaria civiltà, ma il (sanguigno) eurocentrico diffida. Qualcuno gli ha insegnato che fuori della Valle Padana prevale (l'antropofagia) e gli unici successi nell'opera di (decannibalizzazione) si debbono ai missionari che hanno imposto il (venerdì di magro) (...)".

[Tratto da Beppe Severgnini, "Italiani con valigia", Milano, Rizzoli, (1993) 1998, pag. 17-22]

mangiare carne umana

persona dal carattere forte, violento.

Nella religione cattolica in passato il venerdì era proibito mangiare carne. (*mangiare di magro*: non mangiare carne).

Cannibale è una persona che mangia carne umana. Decannibalizzazione: *impedire il cannibalismo.*

3_ Leggi nuovamente il testo e **riassumi** con le tue parole quanto l'autore scrive su alcune caratteristiche degli italiani.

1 Atteggiamento verso altri popoli:
   ....
   ....

2 Atteggiamento verso i soldi:
   ....
   ....

3 Atteggiamento verso gli altri italiani:
   ....
   ....

4 Un episodio che riguarda un italiano in partenza per la Cina:
   ....
   ....

4_ Ora, a coppie leggete e correggete a turno i vostri riassunti. C'è qualche informazione importante che il vostro compagno non ha evidenziato?

Unità 6: Sì, viaggiare

Lezione 3

Analisi

stare per + infinito

Dai Cristina, l'autobus sta per partire!

- Cosa stanno facendo Andrea e Cristina? ....
- Cosa sta per succedere? ....

• Come sai la struttura **stare + gerundio** descrive un'azione in svolgimento. Mentre **stare per** indica un'azione che si svolgerà con certezza in un futuro molto prossimo.

• La forma **stare per** + **infinito** esprime un'azione che comincerà tra poco tempo.

- Guarda che nuvole, sta per piovere!
- Guarda che nuvole, tra poco comincia/comincerà a piovere!

> Questa forma si trova con il presente e l'imperfetto e anche, raramente, con il futuro o il condizionale.

1_ Osserva le figure. Cosa sta per succedere?

1)
2)
3)
4)
5)
6)

1 *Sta per andare a letto.*
2 ....
3 ....
4 ....
5 ....
6 ....

gerundio

viaggi - **are**	→	viaggi - **ando**
prend - **ere**	→	prend - **endo**
part - **ire**	→	part - **endo**

Troviamo il gerundio non solo nella struttura **stare** + **gerundio**. Ecco alcuni altri usi.

È un modo del verbo che non ha mai il soggetto espresso.

Può avere varie funzioni:
- 1 - **Viaggiando** in macchina è possibile fermarsi in qualsiasi momento.
   - **Quando si viaggia** in macchina è possibile fermarsi in qualsiasi momento.

- 2 - Alla sera, dopo il lavoro, mi rilasso **leggendo** libri.
   - Alla sera, dopo il lavoro, mi rilasso **con la lettura** di libri.

Prova a farti una domanda con *quando* o con *in che modo* e scoprirai la funzione del gerundio negli esempi seguenti.
- **Facendo** ginnastica si riesce a dimagrire.
- **Passeggiando** nel parco ho incontrato un vecchio amico.

2_ Trasforma le frasi usando il gerundio.

1. Mentre lavavo la macchina, mi sono fatto male a un ginocchio.
   Lavando la macchina mi sono fatto male a un ginocchio.

2. Mentre guardavo la partita, ho fatto gli esercizi d'italiano.
   ....

3. Con un buon disco uno si rilassa.
   ....

4. Quando cammino per il centro, guardo sempre i monumenti di cui mi hai parlato.
   ....

5. Con un buon film uno si diverte sempre.
   ....

6. Passo il tempo con gli amici e parliamo di molte cose.
   ....

Unità 6: Sì, viaggiare

Lezione 3

Sintesi

1_ Leggi e completa il testo.

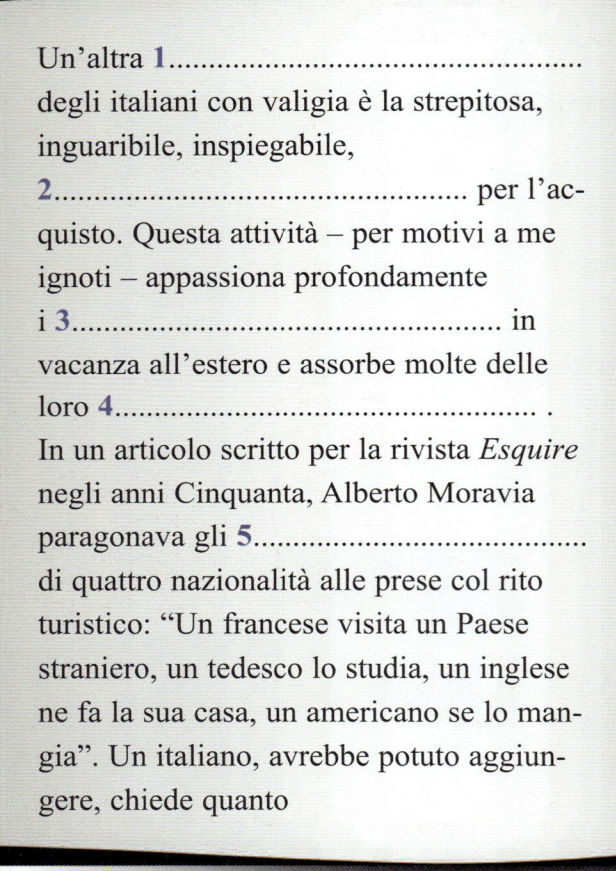

Un'altra 1................................ degli italiani con valigia è la strepitosa, inguaribile, inspiegabile, 2................................ per l'acquisto. Questa attività – per motivi a me ignoti – appassiona profondamente i 3................................ in vacanza all'estero e assorbe molte delle loro 4................................ .
In un articolo scritto per la rivista *Esquire* negli anni Cinquanta, Alberto Moravia paragonava gli 5................................ di quattro nazionalità alle prese col rito turistico: "Un francese visita un Paese straniero, un tedesco lo studia, un inglese ne fa la sua casa, un americano se lo mangia". Un italiano, avrebbe potuto aggiungere, chiede quanto 6................................ .
[...] Ma dopo aver visto italiani capaci di sprecare metà 7................................ alla ricerca di un orologio Swatch, e averne conosciuti altri che nei templi dell'Oriente 8................................ statuette-souvenir del Buddha prima di ammirare l'originale, e qualche volta invece di ammirare l'originale, non 9................................ negare di essere rimasto turbato.

[Tratto da Beppe Severgnini, "Italiani con valigia", Milano, Rizzoli, (1993) 1998, pag. 24]

energie, caratteristica, compravano, vacanza, posso, passione, connazionali, costa, atteggiamenti

2_ Ora, prova a pensare alle caratteristiche dei tuoi connazionali che viaggiano: sono diversi dagli italiani? Parlane con un compagno.

Civiltà

SAGGEZZA VENEZIANA

I veneziani sono stati tra i più grandi viaggiatori del secondo millennio: Marco Polo, nel XIII secolo, arriva fino in Cina, e per secoli la flotta di Venezia è il "ponte" tra l'Europa e l'Oriente; il *Mercante di Venezia*, per usare il titolo di una commedia di Shakespeare, era conosciuto in tutto il mondo come simbolo della persona internazionale, aperta a tutti gli scambi.

Da questa esperienza di viaggi continui i veneziani hanno imparato molte cose, ma la più filosofica è senza dubbio quella che trovi nel fumetto e che in italiano significa "Viaggiare sveglia le persone, ma chi parte stupido torna stupido": solo il viaggiatore intelligente cresce e matura a contatto con le culture diverse dalla sua. Quanti sono i turisti di oggi che partono "mona" e tornano "mona" (attento a non usare questa parola a Venezia: è offensiva, se non si usa in maniera giocosa)? Probabilmente molti.

Sono quelli che partono dal loro paese per venire in Italia e non cercano di capire gli italiani, ma solo di confermare i loro stereotipi: gli italiani sono geniali, mangiano bene, si godono la vita, ma sono anche disordinati, rumorosi, poco onesti...

Sono quelli che arrivano a Venezia e rimangono stupiti del fatto che non ci sono automobili e, anziché cercare di immaginare come può essere una città senza macchine private, dicono "ma come fanno a vivere!?", non si rendono conto del fatto che Venezia è la città del futuro, ecologica, ha il ritmo degli uomini e non delle macchine, e non capiscono neppure che la mancanza di mezzi di trasporto privati fa di Venezia la città più democratica: il sindaco, il rettore dell'università, il milionario, lo scrittore famoso camminano a piedi per le "calli" (le stradine veneziane) o usano gli stessi vaporetti (gli "autobus" su acqua) delle persone normali, degli altri abitanti, dei turisti.

Già: i turisti. L'ossessione dei veneziani: la città sulle isole ha meno di 100.000 abitanti, ma ogni anno è visitata da 22.000.000 di turisti. 220 turisti per ogni veneziano. Quanti di questi turisti si "svegliano" e capiscono che Venezia non rappresenta il passato ma è il modello del futuro? Quanti arrivano "mona" e tornano a casa loro "mona", dicendo "chissà come possono vivere i veneziani nel mondo d'oggi?!".

> VIAZAR DESCANTA, MA CHI PARTE MONA TORNA MONA

1_ Focalizza alcuni punti completando queste affermazioni.

1 "Viaggiare sveglia, ma chi parte stupido torna stupido" è un proverbio che viene dalla lunga ....
....

2 Il proverbio significa che ....
....

3 Un esempio può essere trovato nel modo in cui alcuni turisti guardano Venezia:
....
....

2_ E tu... sei sicuro di non essere "stupido" come turista? Cosa bisogna fare, o non fare, per essere "svegliati" dal contatto con gli altri?
Scrivi alcune parole chiave e poi **discuti** il problema con la classe.

Unità 6: Sì, viaggiare

Test

1 Abbina le frasi a sinistra con le definizioni a destra. .... / 11

1 Quanto (tempo) ci metti per arrivare a scuola?
2 Dai Maria, il treno sta per partire! Altrimenti non ce la facciamo!
3 Non ti preoccupare, tanto il film è già iniziato.
4 Quanto è lontana casa tua da scuola?
5 (Ci metto) più o meno mezz'ora.
6 85 centesimi.
7 Sono circa 10 chilometri.
8 Guarda che nuvole, sta per piovere!
9 In autobus.
10 Sono stanca e non ce la faccio più! Quanto ci vuole per arrivare in stazione?
11 Con che mezzo di trasporto vai al lavoro?
12 Quanto spendi per andare a scuola o al lavoro?

a chiedere quale mezzo di trasporto si utilizza
b dire quale mezzo di trasporto si utilizza
c chiedere la distanza tra due luoghi
d dire la distanza tra due luoghi
e chiedere quanto tempo si impiega a fare qualcosa
f dire quanto tempo si impiega a fare qualcosa
g chiedere quanto si spende per fare qualcosa
h dire quanto si spende per fare qualcosa
i sollecitare, stimolare un'azione
j dichiarare incapacità a fare qualcosa
k introdurre una causa in modo più enfatico, trarre conclusioni
l esprimere un'azione che comincerà tra poco tempo

2 Osserva le vignette e descrivi le azioni dei personaggi usando la forma *stare* + gerundio o *stare per* + infinito dei verbi tra parentesi. Osserva l'esempio. .... / 13

1 (guidare) *Sta guidando*
2 (mangiare)
3 (ascoltare)
4 (decollare)
5 (incontrarsi)
6 (calciare la palla)
7 (recitare)

3 Riordina le frasi. .... / 4

1 si meglio quando è non è guidare stanchi ➤ ....
2 ora dello acquistare i possono spettacolo un' prima si biglietti ➤ ....
3 troppi nervoso se uno caffè diventa beve ➤ ....
4 si ormai trovare Internet in informazione può qualsiasi ➤ ....

4. Completa il testo con le preposizioni *in, a, al*.

.... / 14

- **Filippo:** Allora Marta, è dura tornare .... ufficio dopo le vacanze…
- **Marta:** Non me lo dire guarda, sarei rimasta volentieri .... montagna un altro po'.
- **Filippo:** Vi siete divertiti?
- **Marta:** Abbastanza, ma soprattutto ci siamo riposati. Eravamo .... un albergo tranquillo, i ragazzi se volevano potevano andare .... piscina e la sera venivano con noi .... ristorante o andavano con i loro amici .... pizzeria o .... qualche bar .... centro. Ormai sono grandi e girano da soli... E tu cos'hai fatto? Sei andato .... Sardegna come al solito?
- **Filippo:** No, quest'anno abbiamo deciso con Elena di restare .... città. Ci siamo presi le ferie in autunno. Sai che non è niente male? Qui .... biblioteca non veniva quasi nessuno e si lavorava poco. La sera andavamo sempre fuori un po' .... teatro o .... cinema all'aperto, abbiamo riscoperto la città.
- **Marta:** Certo che per noi che viviamo .... Venezia è sempre un piacere...

5. Associa le definizioni al mezzo di trasporto. Attento: due definizioni non c'entrano. Osserva l'esempio.

.... / 12

	treno	metro	autobus	taxi
Si scende dalla porta centrale.			x	
Spesso le stazioni prendono il nome da un monumento o una persona celebre.				
Se sono prenotati la luce è spenta.				
In caso di nebbia usa il radar.				
Se la fermata non è obbligatoria, per salire bisogna fare un segnale con la mano al conducente.				
A volte la prenotazione è obbligatoria.				
Spesso attendono in luoghi precisi della città.				
Non si possono mai abbassare i finestrini.				
Spesso si parla con il guidatore.				
Alcune fermate sono obbligatorie, altre a richiesta.				
Spesso si fa un biglietto andata/ritorno.				
A volte si può lasciare una mancia.				
In caso di maltempo non parte.				

6. Crea delle frasi come nell'esempio.

.... / 6

1 Aspettare/cantare — *Ieri aspettando (mentre aspettavo) l'autobus, ho sentito un ragazzo che cantava molto bene.*
2 guardare/mangiare ....
3 fare/ascoltare ....
4 andare/rompere ....

Totale: .... / 60

Unità 6: Sì, viaggiare

Revisione e ampliamento

Grammatica

1_ Completa le frasi con un verbo del riquadro.

1 In Italia *si paga* .... molto per mangiare.
2 In Italia .... pochi libri.
3 In Italia .... molti soldi in vestiti.
4 In Italia .... poco sport.
5 In Italia .... molte partite di calcio in tv.
6 In Italia .... monumenti magnifici.

> pagare,
> trovare,
> guardare,
> leggere,
> fare,
> spendere

2_ Completa le frasi con un verbo al passato prossimo.

1 L'anno scorso *si sono trovate* .... (*trovare*) tre statue romane vicino a Ostia.
2 La settimana scorsa .... (*registrare*) temperature molto basse.
3 Ieri .... (*battere*) il record del caldo.
4 L'anno scorso .... (*avere*) un'inflazione di circa il 2%.
5 Martedì scorso .... (*pubblicare*) i dati sulla disoccupazione per quest'anno.
6 Il sindaco ha detto che forse .... (*trovare*) una sistemazione migliore per i rom nella mia città.

3_ Replica alle affermazioni.

1 - Come sei stanco!   - Lo so, ... *sto per* .... andare a letto.
2 - Come sei sudato!   - Lo so, ... fare la doccia.
3 - Siamo in ritardo!   - Lo so, solo un momento .... finire.
4 - Non ne posso più di lavorare!   - Dai, resisti, le vacanze .... iniziare.
5 - Che cielo nero!   - È vero, ... piovere.
6 - Non arriveremo mai in tempo al cinema!   - Non ti preoccupare! L'autobus .... arrivare.

4_ Trasforma le frasi usando il gerundio.

1 Mentre andavo a casa, ho incontrato Massimiliano.
Andando a casa, ho incontrato Massimiliano.

2 Mentre sollevavo la valigia, ho sentito un dolore molto forte alla schiena.
....

3 Senza occhiali, non riesco a leggere la tua lettera.
....

4 Quando vivrò in Italia, potrò visitare molti posti interessanti.
....
5 Senza soldi, oggi non si riesce a vivere decentemente.
....
6 Mentre studia, Luigi ascolta la musica.
....

5_ Completa le frasi scegliendo la preposizione corretta.

1 La settimana scorsa sono andato ◯ in ◯ a ◯ da Napoli.
2 Al sabato sera mangiamo spesso ◯ in ◯ a ◯ da pizzeria.
3 Vado ◯ in ◯ a ◯ dal macellaio due volte la settimana.
4 Non sono mai andato ◯ in ◯ al ◯ dal cinema o ◯ in ◯ a ◯ da teatro da solo.
5 Se devi andare ◯ in ◯ a ◯ dalla farmacia, mi prendi una scatola di aspirine, per favore?
6 La domenica pomeriggio faccio spesso un giro ◯ in ◯ a ◯ dalla campagna in bicicletta.
7 Vieni anche tu ◯ in ◯ a ◯ da Norberto domani sera?
8 Guarda che Siracusa è ◯ in ◯ a ◯ da Sicilia, non ◯ in ◯ a ◯ da Calabria.
9 Resto ◯ in ◯ a ◯ da casa tutto il giorno, se vuoi passare a trovarmi.
10 ◯ In ◯ a ◯ da Germania, ◯ in ◯ a ◯ da Berlino, c'è una comunità turca molto numerosa.
11 Juan viene ◯ in ◯ a ◯ dal Perù.

Lettura

6_ Qual è il modo di viaggiare che preferisci? Indica le tue preferenze.

Mezzo di trasporto:
◯ macchina ◯ aereo ◯ treno ◯ bicicletta ◯ moto ◯ nave.

Alloggio:
◯ hotel ◯ campeggio ◯ pensione ◯ appartamento ◯ hotel di lusso

Mangiare:
◯ trattorie ◯ in casa ◯ pizzeria ◯ paninoteca ◯ ristorante di lusso

Tipo di vacanza:
◯ fai da te ◯ in gruppi organizzati ◯ avventura ◯ riposante

Destinazione:
◯ mare ◯ montagna ◯ campagna ◯ città d'arte ◯ viaggio di conoscenza all'estero

Unità 6: Sì, viaggiare

Revisione e ampliamento

7_ Leggi rapidamente il testo. Ti andrebbe bene questo tipo di viaggio?

Ecco il manifesto di **it.hobby.viaggi.inter-rail**

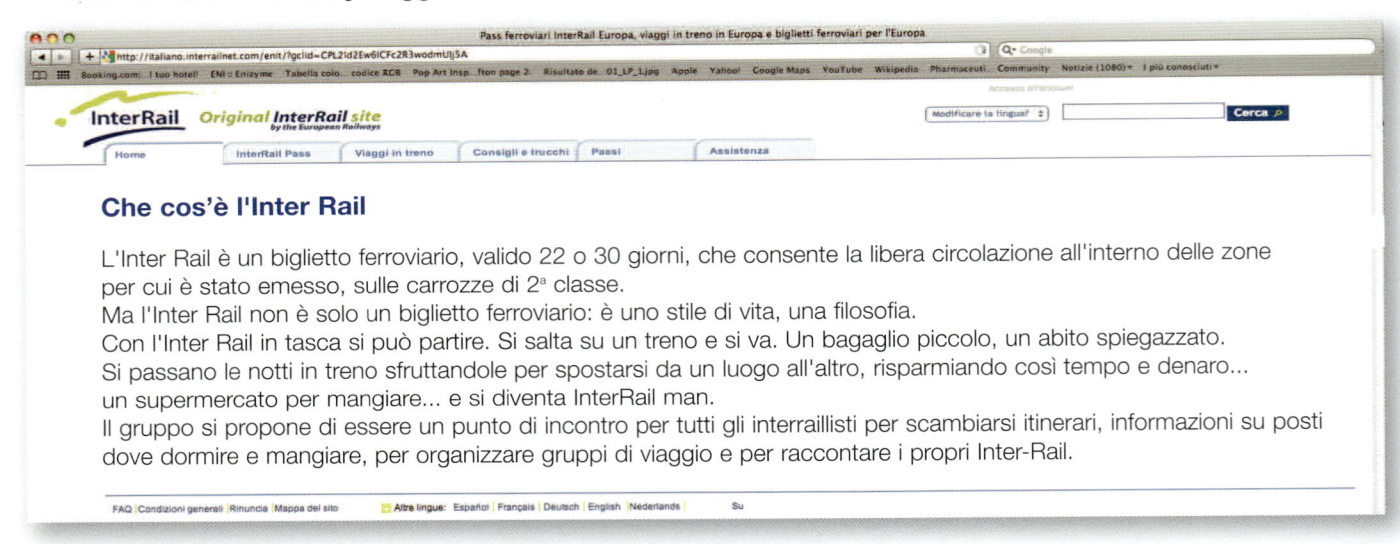

Che cos'è l'Inter Rail

L'Inter Rail è un biglietto ferroviario, valido 22 o 30 giorni, che consente la libera circolazione all'interno delle zone per cui è stato emesso, sulle carrozze di 2ª classe.
Ma l'Inter Rail non è solo un biglietto ferroviario: è uno stile di vita, una filosofia.
Con l'Inter Rail in tasca si può partire. Si salta su un treno e si va. Un bagaglio piccolo, un abito spiegazzato.
Si passano le notti in treno sfruttandole per spostarsi da un luogo all'altro, risparmiando così tempo e denaro... un supermercato per mangiare... e si diventa InterRail man.
Il gruppo si propone di essere un punto di incontro per tutti gli interraillisti per scambiarsi itinerari, informazioni su posti dove dormire e mangiare, per organizzare gruppi di viaggio e per raccontare i propri Inter-Rail.

Un piccolo pezzo scritto da Paolo P.:

"Sono stato in 87 città, ho dormito nei parchi e in treno, ho conosciuto 896 persone, ho mangiato solo frutti raccolti con le mie mani o panini del supermercato, ecc. ecc..." Parole che potrebbero essere di un vero amante dell'IR e tutti gli amici a bocca aperta, forse un po' invidiosi per le loro vacanze in Calabria, villaggio turistico. Ma state attenti! L'inter rail non è solo quel mese. Pochi dei veri amanti dell'IR tornati a casa si trovano bene... si è stati, per un mese o più, liberi, senza le 4 mura attorno e tornati nel quotidiano tutto sembra una gabbia. Ma la filosofia IR può (e forse deve) accompagnarci tutti i giorni. Non ha senso dormire un mese in stazione e poi passare l'inverno a guardare la tv tutti i pomeriggi. Il bello è riuscire a vivere quella vita di un mese (libera, spensierata, allegra) nel nostro quotidiano! Non esitate a pranzare fuori, su un prato! Perché tutti in vacanza lo fanno e poi a casa vanno al ristorante? Non chiudiamoci in quel mese, godiamoci la vita partendo dalle piccole cose tutto l'anno!

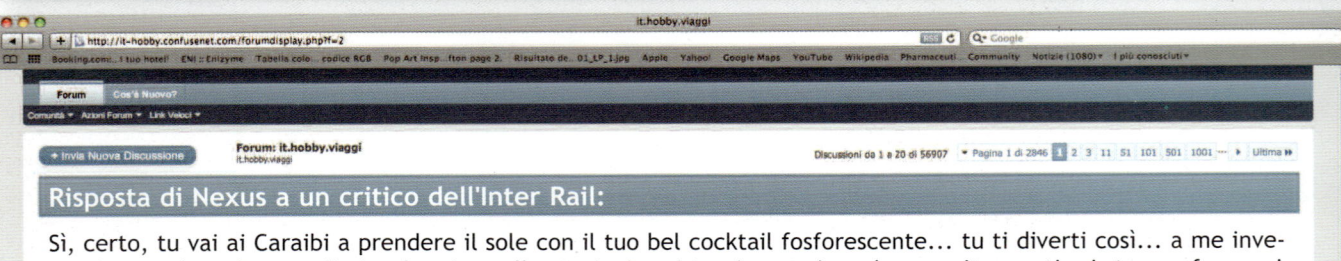

Risposta di Nexus a un critico dell'Inter Rail:

Sì, certo, tu vai ai Caraibi a prendere il sole con il tuo bel cocktail fosforescente... tu ti diverti così... a me invece piace andare dove voglio io, dormire nelle stazioni, nei treni, mangiare dove capita, sentirmi stanco, fare amicizie di gente che non pensa che la vacanza sia solo il tragitto che mi separa dall'albergo alla spiaggia, girare l'Europa con i propri piedi con uno zaino in spalla con lo stretto necessario dentro, con pochi soldi e via... Come già qualcun altro ha detto, la tua bella vacanza dura una settimana, ma l'inter-rail dura tutta la vita per tutti i ricordi che ti porti dietro...

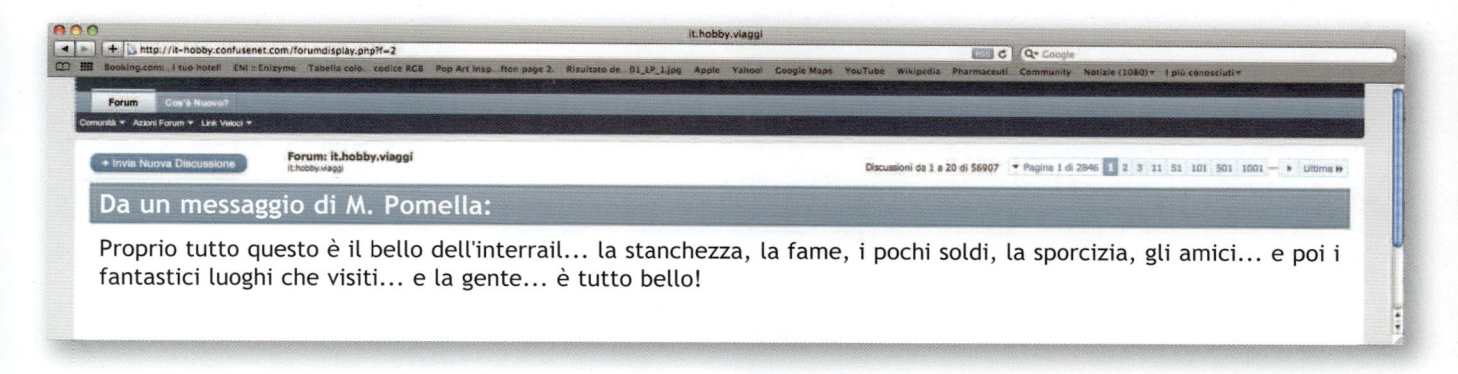

> **Da un messaggio di M. Pomella:**
> Proprio tutto questo è il bello dell'interrail... la stanchezza, la fame, i pochi soldi, la sporcizia, gli amici... e poi i fantastici luoghi che visiti... e la gente... è tutto bello!

Ma allora per fare l'IR bisogna vivere per un mese come dei vagabondi?
No! Puoi fare quello che ti pare anche dormire in hotel a cinque stelle... però il vero tipo di IR è quello che leggi qui sopra.

[Testo adattato da www.InterRail.it]

8_ Ora, leggi nuovamente il testo e rispondi alle domande.

1 Che cos'è l'Inter Rail?
2 Come si viaggia con l'Inter Rail?
3 Perché è stato costituito un gruppo in Internet dedicato all'Inter Rail?
4 Secondo Paolo P. l'Inter Rail modifica la vita anche dopo la fine del viaggio. In che modo?
5 Quali sono le differenze secondo Nexus tra un viaggio ai Caraibi e uno con l'Inter Rail?
6 Cos'è il bello dell'Inter Rail secondo M. Pomella?
7 Bisogna vivere da vagabondi quando si viaggia con l'Inter Rail?

Lessico

9_ Scrivi il nome sotto le figure, poi decidi in che modo potresti raggruppare questi mezzi di trasporto. Riesci a trovare tre soluzioni logiche diverse?

1  .... 2  .... 3  .... 4  .... 5 ....

6  .... 7 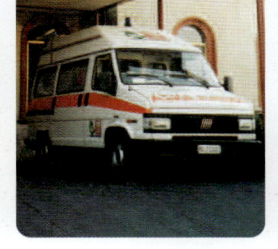 .... 8  .... 9  .... 10 ....

Unità 7: Descrizioni

Lezione 1

Globalità

1_ Com'è complesso l'essere umano e quante parole occorrono per descriverlo! A coppie, **suddividete** le parole in due gruppi.

Caratteristiche fisiche	Carattere

simpatico, estroverso, bello, bruno, medio, romantico, brutto, pessimista, cattivo, castano, orgoglioso, grasso, intelligente, riccio, magro, robusto, debole, timido, calmo, biondo, educato, corto, in gamba, basso, introverso, carino, maleducato, forte, lungo, ottimista, pazzo, pigro, alto, serio, vivace, liscio, ondulato

2_ Quali delle parole dell'esercizio 1 associ ai nomi che seguono?

barba	baffi	capelli	statura	corporatura
lunga				

3_ Pensa ad altre parole simili che conosci già e **scrivile**.
Poi, **confrontale** con quelle di due tuoi compagni.

4_ Su un foglietto **scrivi** tre aggettivi che descrivono il tuo carattere e tre che ti descrivono fisicamente. Poi **consegna** il foglietto all'insegnante e, insieme ai tuoi compagni, **fa'** domande per capire chi sono le persone dei biglietti.

Esempio: - Com'è fisicamente? Com'è di carattere?

5_ Ora, **lavora** con due compagni e **scrivi** il nome di un personaggio famoso e tre sue caratteristiche fisiche o del carattere. **Di'** ai tuoi compagni chi è il personaggio che hai scelto. Devono indovinare quali caratteristiche gli hai associato.

6_ Ascolta il dialogo e **osserva** la figura.
Di quali personaggi parlano le due ragazze?

> (ALLA **SCOPERTA** DELLA **LINGUA** !
>
> Cosa vuol dire Carla quando dice che è **innamoratissima**?
> Che è la persona più innamorata del mondo o è un modo per dire che è molto innamorata?

7_ Ascolta nuovamente il dialogo e **scegli** la parola o le parole giuste.

- **Carla:** Giorgia, sono (innamoratissima)!
- **Giorgia:** Tu innamorata? Non ci posso credere.
- **Carla:** Sì, vedi quel ragazzo con i capelli (a) castani (b) biondi (c) bruni (che) sta parlando con quell'altro un po' più (a) basso (b) grasso (c) alto…
- **Giorgia:** Quale? Quello (a cui) stanno versando da bere, con (a) i baffi (b) gli occhiali (c) l'orecchino?
- **Carla:** No, quell'altro con i capelli un po' (a) ondulati (b) ricci (c) grigi e la barba.
- **Giorgia:** Ah, sì… mmm, interessante! Ma, state insieme?
- **Carla:** Sì, ormai da due mesi… È una persona (a) eccezionale (b) in gamba (c) intelligente.
- **Giorgia:** Dai, racconta!
- **Carla:** Ha 28 anni, è laureato in economia e lavora nella ditta di suo padre.
- **Giorgia:** Però, te lo sei scelto con i soldi questa volta.
- **Carla:** Smettila! Lo sai che non me ne importa nulla dei soldi. Mi piace perché mi ascolta. È così (a) timido e introverso, (b) calmo ed educato (c) serio e in gamba.
- **Giorgia:** Che noia!
- **Carla:** Ma no, è anche molto (a) simpatico (b) estroverso (c) romantico e un po' pazzo. È sempre (a) pigro e maleducato (b) allegro e ottimista (c) introverso e orgoglioso…
- **Giorgia:** Beh, complimenti! Me lo fai conoscere?
- **Carla:** Forse un'altra volta. Di te non mi fido!

> (ALLA **SCOPERTA** DELLA **LINGUA** !
>
> Negli esempi che seguono a che cosa si riferiscono *che* e *cui*?
> - Vedi quel ragazzo con i capelli castani ***che*** sta parlando con quell'altro un po' più alto…
> - Quale? Quello ***a cui*** stanno versando da bere, con gli occhiali?

Unità 7: Descrizioni

Lezione 1

Completa la tabella con *che* o *cui*.

senza preposizione	con preposizione

Analisi

pronomi relativi

senza preposizione	con preposizione
che	cui

- *Che* e *cui* sono *invariabili* e non prendono l'*articolo*.

    - Il libro **che** mi hai consigliato è molto bello.
    - La casa **in cui** vivo ha tre piani.

Ascolta le due parole e **scrivile**.

1 .... 2 ....

Ascolta di nuovo le due parole e indica l'accento.

La preposizione **a** seguita da **cui** può essere eliminata.

- La ragazza **(a) cui** stai parlando è mia sorella.

1_ Completa le frasi con il pronome relativo.

1 Ieri sera ho visto una commedia ....*che*......... mi è piaciuta moltissimo.
2 La storia .... mi hai raccontato è davvero triste.
3 Come si chiama la persona con .... lavori?
4 Quei bambini, i .... genitori sono senegalesi, hanno problemi con l'italiano.
5 L'omeopata da .... mi hai mandato è molto bravo.
6 Ti ricordi come si chiama quel ragazzo con .... abbiamo fatto il viaggio da Parigi a Firenze?
7 Il Monte Bianco è la montagna più alta su .... noi siamo finora saliti.
8 Il disco .... mi hai registrato è veramente bellissimo.

2_ Unisci le frasi delle due colonne con un pronome relativo.

1 Ieri ho incontrato un'amica ······· *che* ·······   a mi è sempre piaciuto.
2 Madrid è una città in   ....   b hai fatto l'esame, è francese.
3 Il Portogallo è un paese   ....   c non vedevo da anni.
4 Il professore con   ....   d sono andato dal medico, è che non mi sentivo bene.
5 La ragione per   ....   e mi piacerebbe vivere.
6 L'Indonesia è il paese da   ....   f proviene quello studente.

3_ Unisci le frasi usando un pronome relativo.

1. Roberta lavora in un ospedale. L'ospedale si trova in centro.
   Roberta lavora in un ospedale che si trova in centro.

2. Questo è il mio appartamento. Vivo qui dal 1991.
   ....

3. Roma è una città bellissima. A Roma ci sono monumenti meravigliosi.
   ....

4. Questa è la macchina della ditta. Con questa macchina ho fatto un incidente la settimana scorsa.
   ....

5. Sto cercando una persona. Questa persona sta nella stanza 232.
   ....

6. Mariella sta parlando con alcuni signori. Li ha conosciuti ieri.
   ....

Sintesi

1_ Lavora con un compagno. (A) va a pag. 178 e (B) a pag. 181.
Completate la lettera con la descrizione della persona della foto nella vostra pagina.

Milano, 31 gennaio 2011

Gent. Sig.ra De Luca,
con la presente desidero confermarle la data e l'ora del mio arrivo a Roma. Arrivo all'aeroporto di Fiumicino alle 10.20 dell' 8 febbraio prossimo con il volo AZ 221. Le do alcune indicazioni sul mio aspetto fisico, affinché possiamo riconoscerci.

2_ Ora, a turno uno legge la lettera che ha scritto e l'altro ascolta. Poi insieme guardate la foto della persona della descrizione. Ve la siete immaginata così? Il vostro compagno ha fatto una buona descrizione?

Unità 7: Descrizioni

Lezione 2

Globalità

1_ Quanto conosci di te stesso? Fa' un elenco delle tue qualità e dei tuoi difetti.

> Sono proprio bello, gentile, simpatico, intelligente, vivace, calmo, educato, estroverso... Anzi, sono intelligentissimo, bellissimo, simpaticissimo...

> Mamma mia!! Come sono timida, introversa, pessimista, seria. Riuscirò mai a cambiare?

ALLA SCOPERTA DELLA LINGUA

Cosa vuol dire quest'uomo quando dice che è **intelligentissimo**, **bellissimo** e **simpaticissimo**? Che è la persona più intelligente, bella e simpatica al mondo o è un modo per dire che è molto intelligente, bello e simpatico?

2_ Leggi il testo e poi discuti con un compagno. Siete d'accordo con i consigli che il giornalista dà? Perché?

Conoscersi per accettarsi

Per avere un buon rapporto con se stessi bisogna cercare uno stato di equilibrio e stabilità, mettendo in pratica queste tre regole:

- cerca di conoscere il tuo carattere;
- accettalo così com'è;
- usa il più possibile le tue qualità, cercando nello stesso tempo di limitare i tuoi difetti.

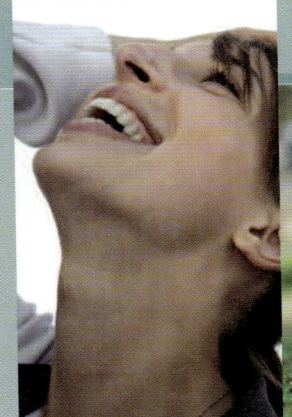

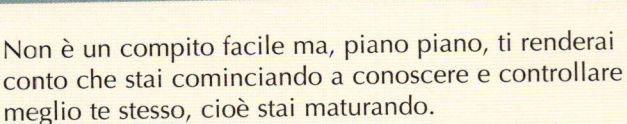

Non è un compito facile ma, piano piano, ti renderai conto che stai cominciando a conoscere e controllare meglio te stesso, cioè stai maturando.
Molte persone hanno una grande opinione di sé e pensano che chi non è come loro sbaglia. Bisogna invece riuscire a rispettare nello stesso modo il carattere degli altri e il proprio. Questo atteggiamento si raggiunge attraverso la conoscenza e l'accettazione di sé. Per capire bene il tuo carattere devi avere il coraggio di guardarti dentro, senza nascondere i tuoi difetti: non è nascondendo i propri lati negativi che questi spariscono.

Quando hai trovato le tue qualità e i tuoi difetti, devi imparare ad accettarti come sei. Può succedere che qualche lato del tuo carattere non ti piaccia, ma non devi odiarlo, devi solo imparare a controllarlo. Ricorda che nessuno è perfetto, così come nessuno è un disastro in ogni campo. Hai sempre la possibilità, se ti conosci bene, di limitare i tuoi difetti attraverso l'uso delle qualità e dei lati positivi che sicuramente hai.
Devi quindi guardare dentro te stesso e trovare le tue qualità nascoste, forse dimenticate, e lavorare su queste per renderle più forti.

3_ Ma tu che tipo sei? Emotivo o non emotivo? **Fa'** il test e **trova** i punti forti e deboli del tuo carattere.

Istruzioni

Leggi le definizioni: troverai sempre descritti due comportamenti nettamente opposti, a uno corrisponde il punteggio 9, all'altro 1. In alcuni casi troverai anche un terzo comportamento intermedio che vale 5 punti.
Devi scegliere l'affermazione che meglio esprime il tuo carattere. Può succedere che tu non ti senta rappresentato da nessuna delle definizioni. In questo caso puoi segnare 5 punti, anche se il test non prevede una risposta intermedia. Fallo, però, solo in casi eccezionali e sforzati il più possibile di scegliere tra 9 e 1.
Alla fine del test, somma i tuoi punteggi. Più il totale ottenuto si avvicina a 90, più è marcata, in te, la tendenza a essere emotivo e attivo.

Misura la tua emotività

1	Ti capita di essere sconvolto per cose da nulla.	9
	Solo gli avvenimenti gravi riescono a turbarti.	1
2	Ti entusiasmi o ti indigni con facilità.	9
	Accetti le cose così come sono.	1
3	Sei suscettibile.	9
	Sopporti le critiche senza esserne urtato.	1
4	Ti preoccupi facilmente per gli imprevisti.	9
	Difficilmente resti turbato da qualcosa.	1
5	Spesso ti accalori mentre parli.	9
	In genere parli in modo calmo e posato.	1
6	Di fronte a una novità ti agiti.	9
	Affronti le novità con calma.	1
7	Ti basta poco per passare improvvisamente dalla gioia alla tristezza e viceversa.	9
	Il tuo umore è tendenzialmente costante.	1
8	Sei spesso oppresso da dubbi e da preoccupazioni per cose di scarsa importanza.	9
	Solo raramente ti capita di essere turbato o preoccupato per situazioni di poco conto.	1
9	A volte ti accade di essere così emozionato da non riuscire a fare ciò che desideri.	9
	Ti capita di rado di essere bloccato dall'emozione.	5
	Non ti è mai successo.	1
10	Hai spesso l'impressione di essere infelice.	9
	Se le cose non vanno come vorresti, pensi di più a cosa fare per migliorarle che a ciò che provi.	1

[Testo adattato da Donna Moderna, 16.04.1999 sito web, www.mondadori.com/donnamoderna]

4_ A coppie **leggete** i risultati del test fatto da un vostro compagno. Ve lo aspettavate? **Parlatene** insieme.

Unità 7: Descrizioni

Lezione 2

Analisi

-issimo

- Il tuo ragazzo mi piace molto. È **simpaticissimo**.
- Quel quadro di Modigliani è **bellissimo**.
- Ho conosciuto un petroliere arabo **ricchissimo** e con quattro mogli! Non so se invidiarlo almeno un po'.

Simpaticissimo nel primo esempio vuol dire *molto, molto simpatico*.
Ma detto così, con *simpaticissimo*, è più enfatico, più espressivo. Questa forma, che è molto frequente in italiano, serve per sottolineare, dare più forza all'aggettivo.

1_ Metti l'aggettivo giusto scegliendo fra quelli del riquadro.

1 Giuseppe, mio nonno, quando è morto era ....*vecchissimo*............ .
2 San Marino è un .... stato indipendente.
3 Volevo comprare un paio di scarpe nuove, ma erano ....
4 Ho sentito l'ultimo disco del gruppo di cui mi hai parlato; mi sembra un tipo di musica ....
5 Quando Patrizia si è sposata era ...., ma ha già divorziato.
6 Sto facendo un progetto di solidarietà con il Burundi, perché è un paese .... e ....

(vecchissimo,   carissimo,   nuovissimo,   piccolissimo,   poverissimo,   innamoratissimo,   bellissimo)

2_ Rispondi alle frasi come nell'esempio, usando l'aggettivo che ritieni appropriato.

1 Quel ragazzo ha smesso di andare a scuola e lavora dal mio macellaio.
  Ma è giovanissimo!
2 Prendi, questo è il mio regalo per il tuo compleanno.
  ....
3 Signora, queste scarpe costano 300 euro.
  ....
4 Ti vedo in forma. Come stai?
  ....

ancora qualche pronome relativo

- **Cui** tra l'articolo determinativo e il nome indica *possesso*.
  - Quella signora, **il cui** nipotin**o** sta giocando nel parco, è una mia vicina.

  L'articolo è quello richiesto dal nome a cui si riferisce.

- **Chi** significa *le persone che*, *quelli che*.

  Il verbo va sempre alla terza persona singolare.
  - **Chi** dice che l'Italia non è bella, non l'ha mai visitata bene.
  - Esco solo **con chi** non parla sempre di calcio.

- **Ciò che** significa *la cosa che*, *quello che*.
  - Non mi ricordo **ciò che** mi hai detto ieri sera sul tuo viaggio in Namibia.

3_ Metti il pronome relativo, scegli tra *ciò che* e *chi*.

1 Non ho capito bene ………*ciò che*……… mi hai detto. Puoi ripetere, per favore?
2 Sembra che ……………………… segue la dieta mediterranea viva più a lungo.
3 Puoi prendere i nomi di ……………………… vuol fare l'esame oggi?
4 ……………………… mi hai raccontato è terribile.
5 Potete andare a casa. Ma solo ……………………… ha finito e consegnato il test!
6 In Italia ……………………… vuole comprare un francobollo, può andare dal tabaccaio.
7 ……………………… è successo ieri sembra impossibile.
8 ……………………… deve partire in aereo oggi può avere problemi a causa dello sciopero dei controllori di volo.

4_ Completa le frasi con *il/la/i/le cui*.

1 La ragazza, ………*il cui*……… modo di comportarsi non ti piace, è tornata a lezione ieri.
2 Il libro, ……………………… autore non conoscevo, è veramente interessante.
3 Quello è lo studente americano ……………………… genitori hanno fatto il viaggio in aereo con noi.
4 Ho votato per il candidato ……………………… idee politiche mi sembravano più vicine alle mie.
5 Vorrei vivere in una società ……………………… valori fossero meno ispirati al consumismo.

5_ Sostituisci le parole in corsivo, modificando la frase dove necessario.

1 Non si parla volentieri con *le persone che* non sanno ascoltare.
   Non si parla volentieri con chi non sa ascoltare.
2 *Quello che* volevo dirti, ma è molto difficile, è che mi sono innamorata di te.
   ………………………………………………………
3 *Quelli che* arrivano in ritardo a teatro non possono entrare prima della fine del primo atto.
   ………………………………………………………
4 *Alla persona che* indovinerà, verrà dato un premio bellissimo.
   ………………………………………………………
5 *La cosa che* meno mi piace di te è che sei sempre nervoso.
   ………………………………………………………
6 È meglio non contare *sulle persone che* non dicono la verità.
   ………………………………………………………

Unità 7: Descrizioni

Lezione 2

Sintesi

1_ Leggi la descrizione delle persone nate sotto alcuni segni zodiacali. **Quale partner sceglieresti?**

BILANCIA

La frase chiave è: "Io bilancio".
Il pianeta dominante è Venere, l'elemento è l'aria.
Il Sole transita nel segno approssimativamente tra il 23 Settembre e il 22 Ottobre.

I nati sotto il segno della Bilancia ricercano l'equilibrio sopra ogni cosa; agiscono nel modo migliore nei rapporti sociali, sono molto pratici, disinvolti e senza pregiudizi, oltre a possedere molto fascino. Tengono sempre sotto controllo i propri sentimenti e amano vincere. Sono in grado di portare a termine importanti affari senza dimostrare di avere lavorato duramente.

Le donne del segno prediligono l'eleganza e la raffinatezza e ammirano l'uomo virile. Riescono a mantenere sempre l'autocontrollo grazie alla loro naturale diplomazia e fascino.
I nati sotto il segno della Bilancia sono generalmente di aspetto piacevole e amano la ricchezza e il successo; spesso soffrono di disturbi ai reni.

Rappresentanti importanti di questo segno sono:
Giuseppe Verdi, Oscar Wilde, Mahatma Gandhi, Friedrich Nietzsche.

SCORPIONE

La frase chiave è: "Io desidero".
Marte governa il segno, l'elemento è l'acqua.
Il Sole transita nel segno approssimativamente dal 23 Ottobre al 22 Novembre.

Gli Scorpioni sono pieni di risorse, profondi, seri e hanno un forte magnetismo fisico; sono spesso autoritari e possiedono la capacità di scoprire il punto debole degli altri.
Se diventate nemici di uno Scorpione, fate attenzione, perché lo Scorpione aspetta il momento opportuno per attaccarvi. Sono molto possessivi e capaci di provare intense emozioni. A causa del loro profondo intuito sono degli ottimi psicanalisti.

Rappresentanti importanti di questo segno sono:
Voltaire, Pablo Picasso, Indira Gandhi, Georges Danton, Madame Curie.

SAGITTARIO

La frase chiave è: "Io vedo".
Giove governa il segno, l'elemento è il fuoco.
Il Sole transita nel segno approssimativamente tra il 23 Novembre e il 21 Dicembre.

Il Sagittario è pieno di fiducia, felice, allegro e molto diretto. È un compagno fedele anche se è sempre con "la testa fra le nuvole".
Ha una mente molto attiva, ma è incline alla distrazione, in quanto manca di disciplina e non ama concentrarsi su qualcosa troppo a lungo. Crede molto nel futuro, è generoso e sembra quasi non temere la povertà.
Trova difficile fare distinzioni fra "mio" e "tuo", ma soltanto perché sente che ognuno dovrebbe dividere ciò che ha con i propri simili. La sua vita è spesso piena di contraddizioni e le questioni matrimoniali la complicano ancora di più.
Dato che preferiscono l'avventura, i nati del segno si sposano generalmente più di una volta o, a volte, rimangono soli.
La loro esistenza è ricca di cambiamenti ed eccitazione; sono grandi sportivi, amanti degli animali, dei viaggi e delle lunghe camminate. Religiosi e dotati di profonda intuizione, godono di buona salute.

Rappresentanti importanti di questo segno sono:
Mark Twain, Winston Churchill, Walt Disney, Friedrich Schiller, Ludwig Van Beethoven, Nostradamus, Papa Giovanni XXIII.

CAPRICORNO

La frase chiave è: "Io uso".
Saturno è il pianeta dominante, l'elemento è la terra.
Il Sole si trova in Capricorno approssimativamente fra il 22 Dicembre e il 20 Gennaio.

I nati sotto questo segno sono dei grandi diplomatici; sono responsabili, materialistici e spesso pessimistici; tendono a essere un po' snob, desiderosi di raggiungere il vertice sociale e grazie alla loro infinita pazienza, sanno anche come coltivare le persone giuste che possano aiutarli a realizzare i loro scopi.
Durante la gioventù sprecano tempo e denaro, ma una volta adulti per loro la sicurezza e un conto in banca diventano immensamente importanti. Non hanno mai fretta, non sono impulsivi e credono nella buona educazione, che li aiuta a raggiungere una posizione di potere.

Rappresentanti importanti di questo segno sono:
Benjamin Franklin, Mao Tse-tung, Heinrich Schliemann, Marlene Dietrich, David Bowie.

[Tratto e adattato da http://www.oroscopi.com/segni.html]

2_ Scrivi un breve paragrafo dove esponi le ragioni della tua scelta.

....
....
....
....
....

Unità 7: Descrizioni

Lezione 3

Globalità

1_ Culture a confronto.
Conosci la parola *furbizia*? Esiste una parola con lo stesso significato nella tua lingua?

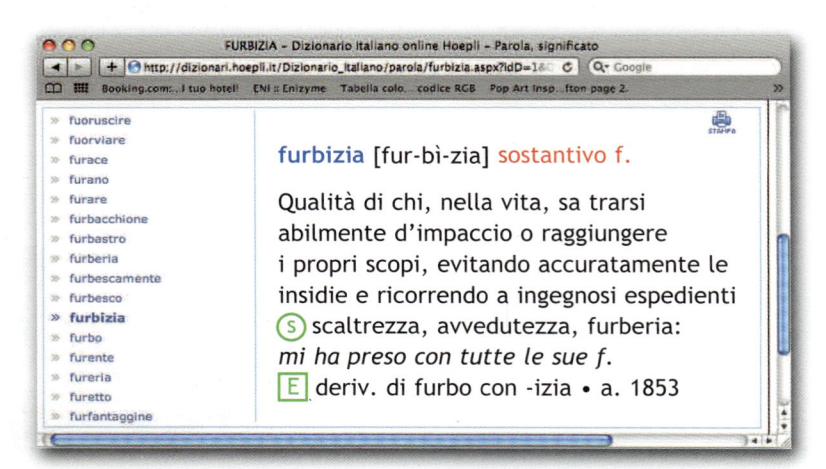

furbizia [fur-bì-zia] sostantivo f.
Qualità di chi, nella vita, sa trarsi abilmente d'impaccio o raggiungere i propri scopi, evitando accuratamente le insidie e ricorrendo a ingegnosi espedienti
(S) scaltrezza, avvedutezza, furberia: *mi ha preso con tutte le sue f.*
[E] deriv. di furbo con -izia • a. 1853

2_ Per te essere *furbi* è negativo o positivo? E nel tuo paese? Scrivi alcune frasi su questo tema.

....
....
....
....
....

Furbi = che sanno mettere in pratica accorgimenti sottili e abili, atti a procurare vantaggi.

3_ Secondo te, in Italia la furbizia è positiva o negativa? Pensaci un momento, poi leggi l'articolo del *Corriere della Sera*.

Intelligenza uguale furbizia per 7 italiani su 10

ROMA - Per 7 italiani su 10 l'intelligenza è furbizia, improvvisazione, capacità di cavarsela in ogni situazione e arte di arrangiarsi. Lo stabilisce una ricerca su 940 italiani tra i 18 e i 55 anni pubblicata su *Riza Psicosomatica*. Per gli italiani l'intelligenza è furbizia (68%), inventiva (61%), intuizione (54%), successo (49%), fantasia (42%).

Tra i simboli dell'intelligenza «pratica», in cui molti si riconoscono, emergono Totò e Alberto Sordi (27%). Terzi, scienziati ed esperti di logica (15%) come Leonardo e Galileo. Dietro, gli «intelligenti strategici», rappresentati da Giulio Cesare e Garibaldi.

[Tratto dal Corriere della Sera del 1/3/2004]

4_ Sei sorpreso? Ti aspettavi questi dati? Confronta le tue idee con quelle di un compagno.

5_ Adesso, insieme a un compagno cerca di rispondere alle domande dell'attività 2.

6_ Le parole difficili o quelle che comunque non si conoscono non sempre sono fondamentali per la comprensione del testo. Applicando alcune strategie di lettura è possibile capirlo anche senza conoscere parte del lessico.
Ti presentiamo alcune citazioni da *Codice della vita italiana*, di Giuseppe Prezzolini. **Leggile** e poi **fa'** le attività che seguono.

- I cittadini italiani si dividono in due categorie: i furbi e i fessi.
- I furbi non usano mai parole chiare. I fessi qualche volta.
- Non bisogna confondere il furbo con l'intelligente. L'intelligente è spesso un fesso anche lui.
- Il furbo è sempre in un posto che si è meritato non per le sue capacità, ma per la sua abilità a fingere di averle.
- Colui che sa è un fesso. Colui che riesce senza sapere è un furbo.
- I fessi hanno dei principi. I furbi soltanto dei fini.
- Dovere: è quella parola che si trova nelle orazioni solenni dei furbi quando vogliono che i fessi marcino per loro.
- L'Italia va avanti perché ci sono i fessi. I fessi lavorano, pagano, crepano. Chi fa la figura di mandare avanti l'Italia sono i furbi che non fanno nulla, spendono e se la godono.
- L'Italiano ha un tale culto per la furbizia, che arriva persino all'ammirazione di chi se ne serve a suo danno. Il furbo è in alto in Italia non soltanto per la propria furbizia, ma per la reverenza che l'italiano in generale ha della furbizia stessa, alla quale principalmente fa appello per la riscossa e per la vendetta. Nella famiglia, nella scuola, nelle carriere, l'esempio e la dottrina corrente – che non si trova nei libri – insegnano i sistemi della furbizia. La vittima si lamenta della furbizia che l'ha colpita, ma in cuor suo si ripromette di imparare la lezione per un'altra occasione.

7_ Analizza le frasi che contengono parole o espressioni sottolineate. Il testo si capisce anche se si eliminano le parti sottolineate?

8_ In alcuni casi queste parole o espressioni sono indispensabili per la comprensione. **Cerca** di stabilire a cosa servono nel testo. **Segui** i nostri suggerimenti che ti mostreranno alcune possibili strategie:

Prendiamo la parola *fessi*:
···· Si tratta di un verbo, di un aggettivo, un sostantivo, di un avverbio? ▶ ....
···· Si tratta di qualcosa di positivo o di negativo? Con che cosa fa coppia? ▶ ....
(Leggi il resto del testo e attraverso la contrapposizione *furbo-fesso* cerca di capire se il secondo è positivo o negativo.)

Quali altre domande puoi fare a te stesso per capire la parola *fessi*?

9_ Leggi il testo e **trova** la parola o l'espressione che ha lo stesso significato delle seguenti, secondo il contesto del brano di Prezzolini. **Usa** il dizionario se ti trovi in difficoltà.

1 Si divertono molto, se la spassano: ....
....
2 Dentro di sé: ....
3 La persona che: ....
4 Fare finta: ....
5 Muoiono: ....

6 Profondo rispetto, un po' servile: ....
7 Si richiama: ....
8 Da' l'idea di: ....
9 Effetto negativo: ....
10 Preghiere o discorsi: ....
11 Rivincita: ....

Unità 7: Descrizioni

Lezione 3

Analisi

l'alterazione del nome

Alterare significa modificare, cambiare. Ti presentiamo alcune parole alterate.

- Che bel **gattino**!

Ci sono vari modi di modificare i nomi, tra cui: **-ino**, **-one**, **-accio**.
Ogni modo esprime un'idea diversa.
Ad esempio:

un ragazzino	=	un ragazzo piccolo
un gattino	=	un gatto piccolo
un ragazzone	=	un ragazzo grande
un librone	=	un libro grande
un ragazzaccio	=	un ragazzo brutto e cattivo
un momentaccio	=	un brutto momento
una giornataccia	=	una giornata brutta e sfortunata

l'alterazione dell'aggettivo

- Lo trovo **bellino**, interessante!

L'aggettivo così modificato dà un'idea di qualcosa di piccolo e grazioso:
- La tua casa è proprio **bellina**.

A volte serve per rendere meno duro un aggettivo.
- Il film che abbiamo visto ieri sera è **bruttino**.

Ma attenzione! Gli aggettivi alterati sono piuttosto rari e soprattutto non cercare di modificare tu gli aggettivi.
Potresti avere brutte sorprese o almeno bruttine!
Te ne diamo alcuni da utilizzare: *bellino, piccolino, bruttino, sciocchino*.
Anche con i nomi alterati occorre fare molta attenzione. Ti consigliamo di imparare a riconoscerli, ma di evitare di crearne tu, usa quelli che ti presentiamo.

1_ Completa con l'aggettivo o il nome corretto.

1 In estate vivo in un .... *paesino* .... sulle Alpi, dove ci sono solo trecento abitanti.
2 Non riesco a prepararmi per l'esame di italiano, è enorme, è veramente un ....
3 Lo so che è una casa molto piccola. Ma è una .... così graziosa!
4 La mia gatta ha fatto i cuccioli e ora ho cinque .... da regalare.
5 Ho visto la tua nuova ragazza. Complimenti, è veramente .... e sembra molto intelligente.
6 Non so più cosa fare con mio figlio. Ha 15 anni e mi dà un sacco di problemi. È proprio un ....

esercizi di ripasso: le preposizioni

Ti presentiamo un esercizio con cui potrai ripassare un po' le preposizioni che hai già incontrato in questo libro e nei volumi precedenti.

2_ Metti la preposizione corretta.

1 John è americano. Viene ………*da*………… Chicago.
2 Ti sei ricordato ……………… parlare ……………… Maria ……………… cena ……………… domani?
3 C'è bisogno ……………… molti soldi ……………… vivere ……………… Italia.
4 Mi sa dire come arrivo ……………… stazione ……………… qui?
5 Hai telefonato ……………… tua nonna ……………… farle gli auguri?
6 ……………… inverno è bello andare ……………… sciare.
7 ……………… agosto dovrei andare ……………… Buenos Aires.
8 ……………… che ora devi andare ……………… scuola domani mattina?
9 Vado ……………… ortolano. Devo comprarti qualcosa?
10 ……………… un paio d'ore vorrei andare ……………… letto.
11 Vedi quell'uccello ……………… quell'albero? Mi sembra una gazza.
12 I supermercati ……………… mia città sono solitamente aperti ……………… martedì ……………… sabato, ……………… 9 ……………… 22 e il lunedì mattina sono chiusi.

Sintesi

1_ Come ti sembrano queste parole? Completa lo schema secondo quanto pensi. Prova ad aggiungere altri tre aggettivi.

Caratteristiche fisiche: alto, basso, bello, biondo, brutto, carino, castano, grasso, magro, forte, robusto, debole.

Carattere: calmo, cattivo, educato, estroverso, in gamba, intelligente, introverso, maleducato, orgoglioso, ottimista, pazzo, pessimista, pigro, romantico, serio, simpatico, timido, vivace.

(+)   (+/-)   (-)

Unità 7: Descrizioni

Lezione 3

2_ Ascolta l'intervista e rispondi alle domande.

1. Perché "alto" è positivo per l'intervistata?
2. A cosa può essere associato l'aggettivo "basso"?
3. Quando usa l'aggettivo "carino"?
4. Le piacciono i magri?
5. "Furbo" è per lei un aggettivo positivo?
6. Lei è una persona calma?

3_ Confronta con un compagno le risposte.

4_ Ora, ascoltate nuovamente l'intervista e verificate le vostre risposte.

Civiltà

PICCOLI, GRASSI E SCURI

1_ Chiudete gli occhi per circa un minuto. Pensate agli stereotipi che conoscete sull'aspetto fisico degli italiani e pensate a film che avete visto in cui c'erano personaggi italiani. Com'è il tipico maschio italiano e la tipica donna italiana?
Adesso aprite gli occhi e scrivete gli aggettivi per descriverli. Confrontate le vostre liste con quelle dei compagni e insieme fate le due liste definitive.

uomo italiano	donna italiana

2_ Adesso pensate agli italiani che avete visto se siete andati in Italia, oppure pensate agli italiani che conoscete o che avete visto alla televisione o sui giornali. Sono veramente così? Quanto c'è di vero nell'immagine dello stereotipo? Discutetene con i compagni.

3_ Leggi il brano e **inserisci** negli spazi della cartina le seguenti indicazioni.

È molto difficile disegnare un ritratto dell'italiano e dell'italiana tipici. Si può dire che in Italia sono presenti tutte le caratteristiche fisiche e che sono distribuite su tutto il territorio nazionale. Sono stati molti i popoli e le etnie che si sono susseguite nel nostro paese nel corso della storia e ognuna ha lasciato il segno. In alcune zone del nord è possibile trovare più facilmente persone con i capelli e gli occhi chiari e la carnagione pallida, questo perché per molti secoli vi hanno abitato popolazioni del Nord Europa. Questi popoli sono però arrivati anche in alcune zone del Sud e perfino in Sicilia, quindi non è difficile trovare anche lì persone con caratteristiche nordiche. Inoltre non tutti i popoli provenienti dal Nord Europa erano formati da persone bionde e alte. Alcuni popoli celtici, per esempio, erano generalmente scuri di capelli e molti di loro si sono stabiliti nell'Italia centrosettentrionale.

È anche vero che il Sud della penisola è stato, più di altre parti dell'Italia, invaso da popolazioni arabe che avevano caratteristiche diverse. Si trattava di persone generalmente più basse, scure di capelli e di carnagione e queste caratteristiche si possono ancora trovare nella gente del Meridione. I fattori che hanno contribuito a creare gli stereotipi sull'aspetto fisico degli italiani sono tanti e alcuni hanno una base nella realtà. Dalla fine dell'800 fino a dopo la seconda guerra mondiale sono stati molti gli italiani, soprattutto del Sud, che sono emigrati all'estero in cerca di lavoro. Molti di loro si sono stabiliti nel Nord America dove forse erano più evidenti che in altre parti del mondo le differenze fisiche tra italiani e americani bianchi (generalmente con caratteristiche nordiche). Così, soprattutto attraverso il cinema hollywoodiano, sempre alla ricerca dell'esotico e di conseguenza dello stereotipo, si è venuta a creare questa immagine dell'italiano bruno, più piccolo della media, grassoccio e scuro di carnagione. La tipica donna italiana deve essere invece molto prosperosa, dalle forme abbondanti e dagli occhi scuri e ammaliatori.

🟦 popolazioni del Nord Europa
🟨 popolazioni celtiche
🟩 popolazioni arabe

Rodolfo Valentino, nome d'arte di Rodolfo Guglielmi (Castellaneta (TA) 1895 - New York 1926), il più popolare divo del cinema muto, l'amante latino per eccellenza.

L'attrice italiana **Sophia Loren** protagonista di molti film italiani e anche hollywoodiani.

Gina Lollobrigida con la Loren ha impersonato per anni la tipica bellezza italiana nel cinema.

Unità 7: Descrizioni

Test

1 Osserva le vignette e descrivi le caratteristiche fisiche dei personaggi. Per ognuno di loro puoi trovare almeno cinque caratteristiche.

.... / 8

Gino   **Sara**   **Attilia**   **Mauro**

Gino: ....
Sara: ....
Attilia: ....
Mauro: ....

2 Riordina le frasi e aggiungi il pronome relativo.

.... / 6

1 il parlavo questo è di ti libro.
....

2 oggi alla ragazza Germania ho in scrivo conosciuto.
....

3 Marta chiama con vivo ragazza la si.
....

3 Un tuo compagno non capisce bene il significato di alcune parole. Prova a spiegarglielo tu con parole tue.

.... / 6

1 simpatico ➤ Una persona simpatica è una persona che ....
....
....

2 ottimista ➤ Un tipo ottimista è uno che ....
....
....

3 romantico ➤ Si dice che uno è romantico quando ....
....
....

4 Completa il testo con i pronomi relativi. .... / 8

- Senti Laura, non ti secca se stasera porto a cena un'amica?
- No, figurati, ...*chi*...... è?
- È una ragazza francese .... ho dato lezioni d'italiano, ... poi è diventata mia amica.
- Allora si potrebbe invitare anche Pierre...
- Quel tuo amico di Parigi .... mi parlavi tempo fa?
- Proprio lui. È una persona splendida .... si può parlare veramente di tutto.
- E .... hai avuto una storia, confessa...
- Bah! Acqua passata. Erano gli anni .... vivevo a Parigi. Adesso siamo buoni amici.
- Allora come mai è qui in Italia?
- Pierre è di origine italiana e ha dei parenti dalle parti di Verona .... visita spesso per le vacanze.
- A .... vuoi far credere che non ti interessa più?
- Ai curiosi come te!
- Ciao bella, a stasera.
- Ciao cara, a dopo.

5 Completa le frasi con un aggettivo in -issimo dal riquadro. .... / 9

1 Gli stipendi degli operai in Italia sono ....
2 In Italia ci sono delle persone .... e altre ....
3 Venezia è una città ...., ma non so se ci vivrei.
4 Questo è Pietro, tuo figlio? È diventato ....
5 Sono diventato ...., devo cercare di dimagrire.
6 Questo libro è ...., non penso che lo finirò.
7 Ieri ho visto un film ...., durava più di quattro ore.
8 Ho conosciuto un ragazzo ...., credo che potrei innamorarmene.

- noioso
- lungo
- bello
- ricco
- grasso
- basso
- povero
- alto
- simpatico

6 Metti i nomi o gli aggettivi alterati. .... / 8

1 Un bambino non bello, ma nemmeno orribile è un bambino ....
2 Un libro grosso e impegnativo è un ....
3 Un palazzo con molti piani e appartamenti è un ....
4 Un gatto grosso e cattivo è un ....
5 Una ragazza grassa e alta è una ....
6 Un periodo brutto della vita di una persona è un ....
7 Un quadro bello ma non troppo è un quadro ....
8 Quando succede qualcosa di brutto, un fatto terribile, diciamo che è successo un ....

Totale: .... / 45

Unità 7: Descrizioni

Revisione e ampliamento

Funzioni

1_ Abbina le frasi o espressioni della colonna di sinistra con la descrizione nella colonna a destra.

1 È molto timido.
2 Complimenti!
3 Com'è di carattere?
4 Com'è fisicamente?
5 Tu innamorata? Non ci posso credere.
6 Giorgia, sono innamoratissima!
7 È alto e biondo.

a chiedere com'è una persona fisicamente
b dire com'è una persona fisicamente
c chiedere com'è una persona di carattere
d dire com'è una persona di carattere
e utilizzare un aggettivo in modo enfatizzato
f esprimere sorpresa e incredulità
g congratularsi

**2_ Le espressioni dell'esercizio 1 possono raccontarci una bella storia d'amore.
Metti** il numero corrispondente alle espressioni nei fumetti qui sotto.

Lessico

3_ Trova il contrario di questi aggettivi usati per caratterizzare il corpo delle persone.

- bello ➤ ....
- moro ➤ ....
- grasso ➤ ....
- alto ➤ ....
- capelli lisci ➤ ....
- debole ➤ ....
- barba lunga ➤ ....
- spalle larghe ➤ ....

4_ Trova il contrario di questi aggettivi usati per caratterizzare il carattere delle persone.

- simpatico ➤ ....
- estroverso ➤ ....
- pessimista ➤ ....
- cattivo ➤ ....
- educato ➤ ....
- intelligente ➤ ....

Unità 7: Descrizioni

Revisione e ampliamento

5_ Descrivi questi quattro giovani con ricchezza di particolari.

Grammatica

6_ Unisci le frasi delle due colonne con un pronome relativo.

1 New York è una città in ....
2 La ragazza .... voglio vivere
3 L'Europa è il continente ....
4 La ragione per ....
5 Non so con ....
6 Carlo è il ragazzo ....
7 Non so davvero con ....
8 Hai capito le spiegazioni ....
9 Voglio sapere con ....

a deve essere intelligente.
b conosco meglio.
c non mi piacerebbe vivere.
d passerò la mia vita...
e la amo è la sua gentilezza d'animo.
f mi sta più antipatico.
g ti vedi stasera!
h il prof ci ha dato?
i mi piacerebbe sposarmi!

7_ Usa dei nomi o degli aggettivi alterati per descrivere queste foto.

Ma che bel gattino!

Unità 8:
Città o campagna

Lezione 1

Globalità

1_ Dove preferiresti passare un fine settimana in estate?

2_ Ora, insieme a un compagno **parla** della tua scelta e motivala.

CD 1 traccia 39

3_ Ascolta la prima parte del dialogo. Secondo te, Andrea dove vorrebbe portare Cristina?

CD 1 traccia 40

4_ Ascolta nuovamente la prima parte del dialogo. Andrea e Cristina utilizzano tre espressioni molto usate in italiano. **Completale**, poi **cerca** di capire cosa vogliono dire con l'aiuto di un compagno.

1 Ogni .... è debito!
2 Da' un' .... qui.
3 Con la pancia all' ....

> Ti ricordi come si costruisce il verbo *piacere*?
> **Sembrare** funziona allo stesso modo.
> - *I tuoi occhi oggi mi sembrano più chiari e mi piacciono molto.*
> - *L'italiano mi piace molto anche se mi sembra piuttosto difficile.*

CD 1 traccia 41

5_ Ascolta la seconda parte del dialogo e **trova** le differenze nel testo.

- **Cristina:** Io in realtà avevo pensato ad un posto più emozionante di quello, dove rilassarmi e…
- **Andrea:** Ancora più tranquillo? La luna, Marte, non saprei! Qui possiamo stare in un piccolo agriturismo che mi hanno descritto come il più antico della zona… tra mucche, maiali e galline!
- **Cristina:** Però, un posto più interessante non potevi trovarlo! Scherzo! Mi sembra un'ottima soluzione!
- **Andrea:** Meno male, a me sembra un'idea splendida.
- **Cristina:** Quando partiamo? Non vedo l'ora di andarmene di qui!
- **Andrea:** È un posto un po' lontano. Cioè, non è il più lontano e meno raggiungibile in assoluto, ma da qui ci vogliono comunque meno di quattro ore in macchina.

6_ Comparativi e superlativi.
Osserva le foto, rileggi il testo del dialogo e completa le frasi.

ALLA **SCOPERTA** DELLA **LINGUA**

A B C

1 B è .... tranquillo .... A.
2 A è .... tranquillo .... B.
3 C è .... tranquillo .... tutti.

Analisi

i comparativi

- Il **comparativo** con gli aggettivi si forma con la parola **più** seguita dall'*aggettivo*.
  - L'Italia è **più popolata** della Svezia.

Uso di *che* e *di*
- **Di** o **che** introducono la seconda parte del paragone.
  - Milano è **più** grande **di** Como.

- **Di** si usa quando la parola che segue è un:
  pronome personale
  - Io sono **più** magro **di te**.
  sostantivo
  - Brasilia è **più** moderna **di Venezia**.

- **Che** si usa quando la parola che segue è un:
  aggettivo
  - Roma è **più** caotica **che inquinata**.
  avverbio
  - Bere liquori fa **più** male **che bene**.
  complemento con preposizione
  - In città si vive peggio **che in campagna**.
  verbo all'infinito
  - Abitare in campagna è **più** rilassante **che vivere** in città.

Paragone: *confronto, comparazione*
Paragonare: *mettere in relazione due o più cose, confrontare, comparare.*

Se vuoi rendere più forte il comparativo puoi usare
molto,
assai,
notevolmente,
estremamente.
Queste parole si mettono prima di **più**.
- Napoli è **molto più** grande di Pompei.

- Il comparativo si forma anche utilizzando la parola **meno** al posto di **più**.
  Naturalmente il significato cambia, **meno** è il contrario di **più**.
  - Venezia è **meno** moderna di Brasilia.

Unità 8: Città o campagna

Lezione 1

1_ Trasforma le frasi mantenendo lo stesso significato.

1. Paolo è più alto di Daniela. — *Daniela è più bassa di Paolo. / Daniela è meno alta di Paolo.*
2. La Lombardia è più ricca della Sicilia. ....
3. Palermo è più grande di Catania. ....
4. Vivere in città è più stressante che vivere in campagna. ....
5. Leggere un libro è più interessante che giocare a carte. ....

2_ Completa con di o che.

1. Matteo è più magro ....*di*.... Andrea.
2. Sciare è più pericoloso .... andare in bicicletta.
3. Questo romanzo è più lungo .... bello.
4. Fare un viaggio è più educativo .... rimanere sulla spiaggia tutta l'estate.
5. Fausto e Patrizia sono più vecchi .... noi.
6. Viaggiare in aereo è più comodo .... in treno.
7. Meglio tardi .... mai.
8. Palermo è più lontano da Torino .... Londra.

3_ Completa con un aggettivo del riquadro al grado comparativo e di o che.

1. Nella sua vita Lino è stato .... *più sfortunato* .... *di* .... molti altri.
2. La storia dell'Europa è .... quella dell'America.
3. Una partita di calcio è .... allo stadio .... in televisione.
4. Maurizio è .... me.
5. Carlo è .... anno scorso.
6. Se si deve guidare è .... bere acqua .... (bere) vino.
7. Per molte persone la montagna è .... mare.
8. Passare il tempo leggendo è .... guardando la televisione.

> interessante, felice, bene, vecchio, antico, sfortunato, coinvolgente, rilassante

4_ Continua le frasi con un comparativo.

1. Questo vino ha troppo alcool, ne ordino uno *meno forte*..................................
2. La tua bicicletta è troppo vecchia, dovresti cercarne una ....
3. Tua sorella è molto carina ed è sicuramente .... di te.
4. Sai che sei veramente alto? Sei molto .... di me.
5. Sto cercando di imparare il cinese, ma è molto .... dell'italiano.
6. Mangiare carne fa male, mangiare pasta e verdura è ....

5_ Metti in relazione le parole, facendo dei paragoni.

1. Roma/Madrid — *Roma è più caotica di Madrid.*
2. la Divina Commedia/un racconto di Moravia
3. aereo/bicicletta
4. elefante/topo
5. città/campagna
6. mangiare a casa/mangiare al ristorante

Sintesi

1_ Ecco dove vanno Andrea e Cristina. Leggi il testo e rispondi alle domande.

Dov'è: nel comune di Castelnuovo ne' Monti, in Provincia di Reggio Emilia.
In auto: da Reggio Emilia si prende la Statale 63 del Passo del Cerreto fino a Castelnuovo ne' Monti.
In autobus: da Reggio Emilia diversi autobus di linea raggiungono Castelnuovo ne' Monti.
Informazioni: Ufficio turistico del Comune, piazza Martiri della Libertà 12/b, tel. 0522/81.04.30.

BISMANTOVA

Eccola una delle più belle palestre naturali dell'Appennino.
La Pietra di Bismantova, la più originale e affascinante montagna del Reggiano, a pochi chilometri da Castelnuovo ne' Monti, con le sue pareti a strapiombo sembra fatta apposta per gli amanti della roccia e delle arrampicate. Ma non solo. Il posto si presta a passeggiate in mezzo alla natura e a interessanti osservazioni naturalistiche. Inoltre, chi è alla ricerca di suggestioni mistiche e di angoli di serenità, troverà vicinissimo alla parte meridionale della Pietra, un convento benedettino e una chiesetta del Seicento.
La forma maestosa e irregolare della Pietra si scorge improvvisamente arrivando dalla Statale al paese di Felina, ma dalla pianura attorno è comunque ben visibile, anche a diversi chilometri di distanza. Alta 1047 metri, la Pietra di Bismantova deve la sua forma insolita alle rocce che la compongono. L'origine si deve ricercare nel periodo del Miocene antico, quando a poco a poco si sedimentò un antico mare poco profondo e ricco di vita. Ne sono una testimonianza i numerosi fossili di vario genere che si possono trovare tra le rocce. Nella nostra era questo straordinario monumento naturale non mancò di colpire l'immaginazione dei poeti.

[Tratto e adattato da "I segreti dell'Appennino", supplemento al numero 107 dell'Unità.]

1. Dove si trova Bismantova?
2. Che tipo di turismo si adatta meglio alle caratteristiche naturali di Bismantova?
3. A che cosa è dovuta la sua particolare forma?

2_ Cerca nel testo parole o espressioni di significato uguale alle seguenti.

1. luogo dove si fa ginnastica o si praticano vari sport — *palestra*
2. attraente
3. scalate
4. è adatto
5. monastero
6. si comincia a vedere
7. sono una prova
8. epoca

Unità 8: Città o campagna

Lezione 2

Globalità

1_ A coppie, **guardate** le foto e **provate** a descriverle usando gli aggettivi che vi vengono in mente.

2_ Guarda la lista di aggettivi. Quali descrivono la vita in città? Quali descrivono la vita in campagna? Quali vanno bene per entrambe?

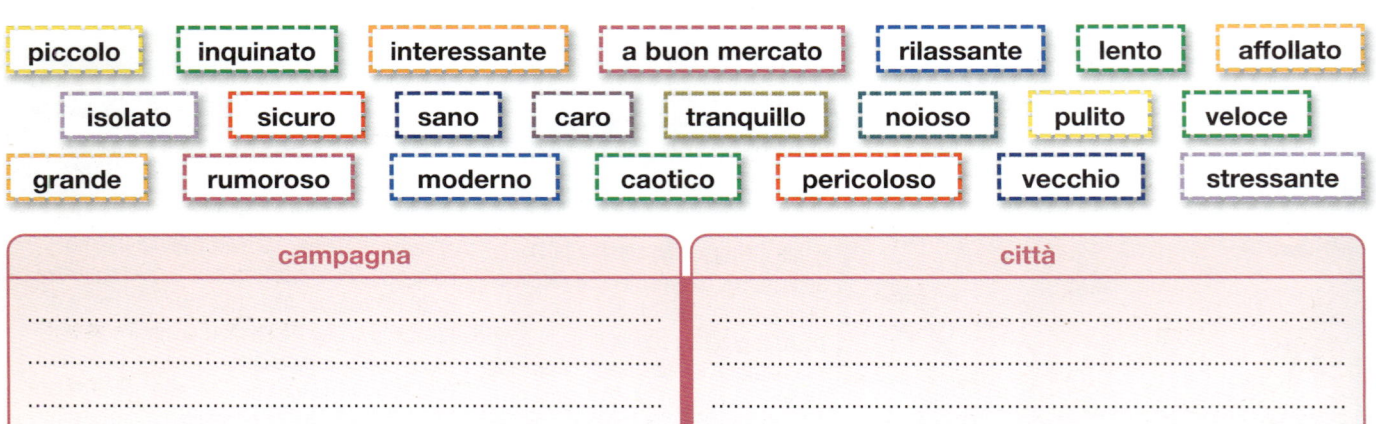

piccolo · inquinato · interessante · a buon mercato · rilassante · lento · affollato
isolato · sicuro · sano · caro · tranquillo · noioso · pulito · veloce
grande · rumoroso · moderno · caotico · pericoloso · vecchio · stressante

campagna	città
....	....
....	....
....	....
....	....

3_ E tu cosa ne pensi? **Scrivi** delle frasi come nell'esempio, usando gli aggettivi dell'attività precedente.

Esempio: - La vita in città è più stressante.

4_ Siete d'accordo? A coppie, **fatevi** delle domande e **date** risposte come nell'esempio.

(A) Secondo me, la vita in campagna è più rilassante.
(B) Anche secondo me.
(B) (Invece,) secondo me la vita in campagna è più stressante.

> *invece* significa **al contrario**.

5_ Pasquale è un giovane di circa 30 anni che ha deciso di cambiare vita. **Ascolta** la sua esperienza e di' se le affermazioni sono vere o false.

1. Pasquale era felice della sua vita in città. ~~V~~ F
2. Faceva l'amministratore di condominio. V F
3. Il suo lavoro consisteva nel risolvere i problemi dei suoi clienti. V F
4. Ora ha scritto un libro sul regolamento ideale del condominio. V F

6_ Ora, a coppie pensate a come può essere cambiata la vita di Pasquale.

7_ Raccontate alla classe le vostre idee sulla nuova vita di Pasquale e **ascoltate** quelle dei vostri compagni. Qual è la più simpatica?

8_ Ora, ascoltate ciò che dice Pasquale. Qualcuno di voi ha indovinato?

9_ Ascolta nuovamente la registrazione e **scrivi** il nome degli animali che senti.

Analisi

1_ Abbina i nomi degli animali alle figure.

- agnello
- asino
- cane
- cavallo
- coniglio
- gatto
- mosca
- mucca
- pecora
- pesce
- uccello
- zanzara
- maiale
- oca
- anatra
- tacchino
- gallina
- gallo
- pulcino
- vitello
- ape

2_ Quali di queste parole riguardano la città e quali riguardano la campagna? Quali tutte e due?

città	campagna	entrambe

trattore, carro, autobus, macchina, grattacielo, bicicletta, monumento, casa, ponte, bosco, orto, fattoria, fabbrica, paese, pollaio, cuccia del cane, stalla, albero, collina, contadino, coltivazione, parco, campo, fiume

Unità 8: Città o campagna

Lezione 2

i superlativi

Esistono due tipi di superlativi: quello **relativo** e quello **assoluto**.

- Il **superlativo relativo** si forma utilizzando:
  l'articolo determinativo più *il comparativo*.
  - Roma è **la** città **più grande** d'Italia.
  - Il mare di Sardegna è **il meno inquinato** d'Italia.

- Il **superlativo assoluto** si forma aggiungendo **-issimo** all'aggettivo.
  - Firenze è bell**issima**.

> La parola **superlativo** come aggettivo significa *estremo*, *massimo*. Qui è una categoria grammaticale.
> **Il superlativo relativo** esprime una qualità che si ha al grado massimo o minimo relativamente ad altri.
> **Il superlativo assoluto**, invece, esprime una qualità che si ha al grado massimo o minimo senza relazione con altri.

comparativi e superlativi irregolari

	comparativo	superlativo relativo	superlativo assoluto
buono	migliore	il migliore	ottimo
cattivo	peggiore	il peggiore	pessimo
grande	maggiore	il maggiore	massimo
piccolo	minore	il minore	minimo

Maggiore e *minore* si usano per indicare, mentre per parlare di dimensioni si utilizzano **grande** e **piccolo**.
- Il mio fratello **maggiore** si chiama Maurizio, il mio fratello **minore** Giovanni.
- La mia casa è **più piccola** di quella di mio fratello.

> Si può fare il comparativo e il superlativo anche degli avverbi:
> - *Cerca di pronunciare le parole **più chiaramente**.*
> - *George parla **benissimo** l'italiano.*
> Ci sono anche avverbi il cui comparativo è irregolare:
>
> | | comparativo di maggioranza e minoranza |
> |---|---|
> | bene | meglio |
> | male | peggio |
> | molto | più |
> | poco | meno |

Nell'italiano moderno esistono altri modi per esprimere il superlativo assoluto oltre a *-issimo*.

Si usano davanti alle parole prefissi come **arci-**, **iper-**, **stra-**, **super-**, **ultra-**, **mega-**.
- Tuo zio è un uomo **straricco**.
- Questa è una **supermacchina**.

3_ Fa' delle frasi con i superlativi relativi.

1 La Germania ha un'economia molto forte. *(d'Europa)*
   La Germania ha l'economia più forte d'Europa.

2 La Cina è un paese molto popolato. *(del mondo)*
   ....

3 Roma è una città molto grande. *(d'Italia)*
   ....

4 Il Nilo è un fiume molto lungo. (*del mondo*)
....

5 Silvia è un'insegnante molto preparata. (*della scuola*)
....

6 Carla è una ragazza molto carina. (*della classe*)
....

4_ Riscrivi le frasi con un superlativo assoluto.

1 Questa pizza è molto buona.
   Questa pizza è buonissima.
2 Questo libro è molto bello.
   ....

3 Questo film è molto interessante.
   ....
4 L'Italia è molto affascinante
   ....

Questa non è una pizza, è una PIZZISSIMA!!

Gli italiani hanno una grande fantasia nell'inventare superlativi!

5_ Fa' delle frasi con i superlativi relativi.

1 Stati Uniti   *Gli Stati Uniti sono il paese più ricco del mondo.*
2 Cina   ....
3 Nilo   ....
4 Il Monte Everest ....
5 Giove   ....
6 L'Oceania   ....

Sintesi

1_ Ora, invita un compagno o una compagna a passare un fine settimana in qualche posto. Seguite le indicazioni e quando avete finito scambiatevi i ruoli.

A

- Invita B a passare un fine settimana da qualche parte.
- Spiega quando, dove e le caratteristiche del posto.
- Gliele dà, offrendo varie possibilità: albergo, campeggio, agriturismo, ecc.
- Gliele dà.
- Gliele dà e propone un orario per partire.
- Saluta.

B

- Si dimostra interessato, ma chiede quando e dove.
- Accetta l'invito, ma chiede informazioni su dove alloggeranno.
- È d'accordo. Chiede informazioni sulla durata del viaggio, la distanza.
- Chiede informazioni sul mezzo di trasporto e il costo.
- Accetta e saluta.

Unità 8: Città o campagna

Lezione 3

Globalità

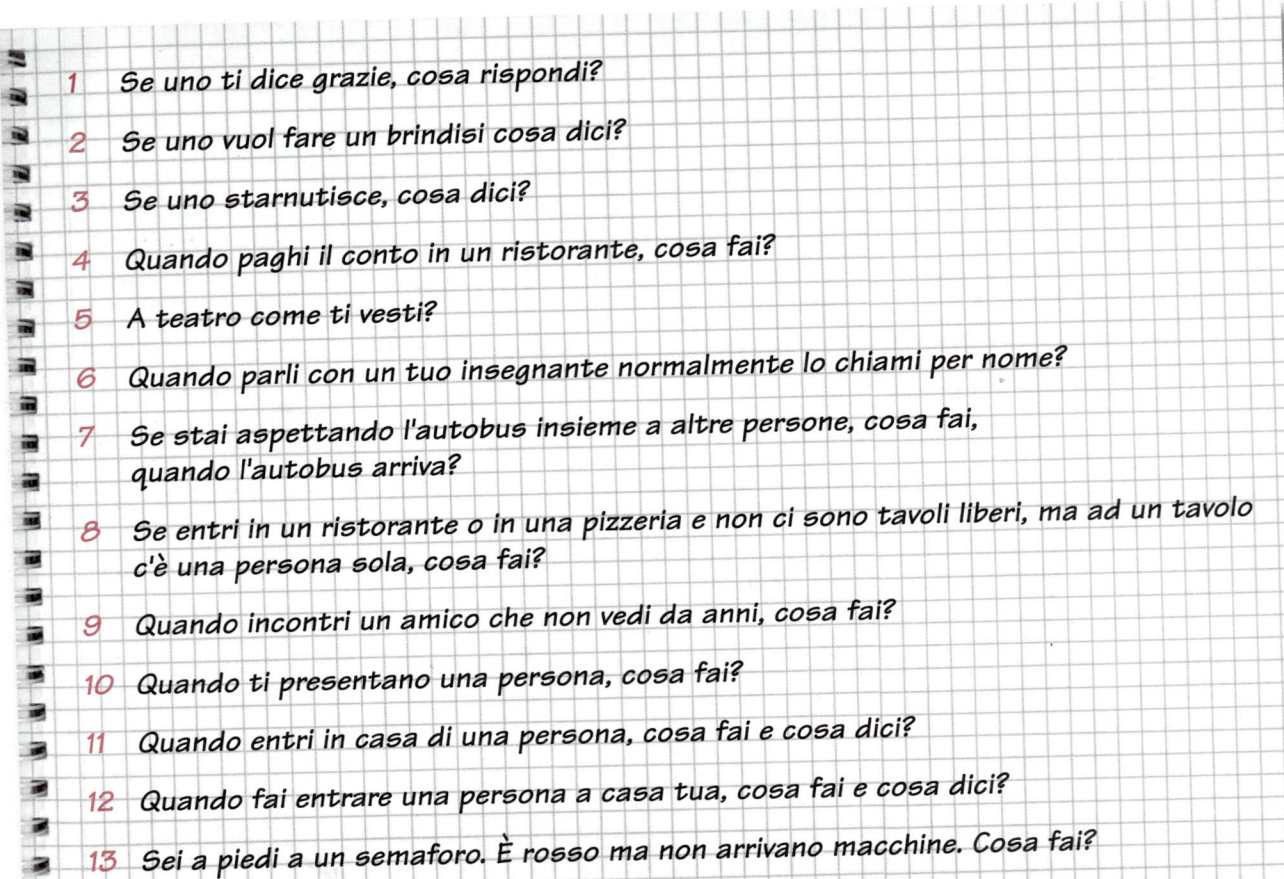

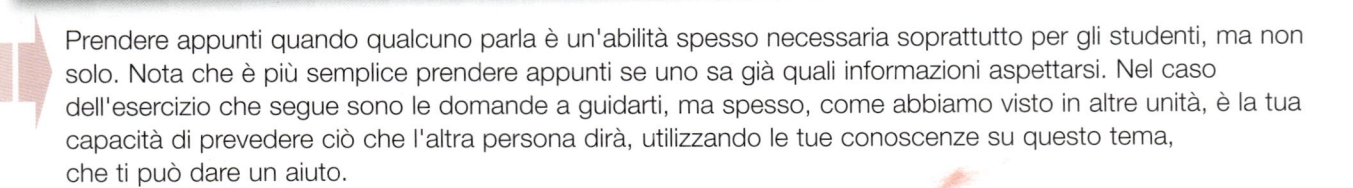

1_ Insieme a un compagno **rispondi** alle domande. Cosa si fa o cosa si dice nel tuo paese in queste situazioni?

1. Se uno ti dice grazie, cosa rispondi?
2. Se uno vuol fare un brindisi cosa dici?
3. Se uno starnutisce, cosa dici?
4. Quando paghi il conto in un ristorante, cosa fai?
5. A teatro come ti vesti?
6. Quando parli con un tuo insegnante normalmente lo chiami per nome?
7. Se stai aspettando l'autobus insieme a altre persone, cosa fai, quando l'autobus arriva?
8. Se entri in un ristorante o in una pizzeria e non ci sono tavoli liberi, ma ad un tavolo c'è una persona sola, cosa fai?
9. Quando incontri un amico che non vedi da anni, cosa fai?
10. Quando ti presentano una persona, cosa fai?
11. Quando entri in casa di una persona, cosa fai e cosa dici?
12. Quando fai entrare una persona a casa tua, cosa fai e cosa dici?
13. Sei a piedi a un semaforo. È rosso ma non arrivano macchine. Cosa fai?

Prendere appunti quando qualcuno parla è un'abilità spesso necessaria soprattutto per gli studenti, ma non solo. Nota che è più semplice prendere appunti se uno sa già quali informazioni aspettarsi. Nel caso dell'esercizio che segue sono le domande a guidarti, ma spesso, come abbiamo visto in altre unità, è la tua capacità di prevedere ciò che l'altra persona dirà, utilizzando le tue conoscenze su questo tema, che ti può dare un aiuto.

2_ **Ascolta** un italiano che risponde a queste domande e **annota** le sue risposte.

3_ Ci sono differenze con il tuo paese? Insieme a un compagno **rispondi** a questa domanda.

4_ Adesso **scrivi** alcune regole di comportamento che riguardano il tuo paese e **confrontale** con quanto sai dell'Italia. Usa: *devi/bisogna, dovresti, puoi*.

Analisi

se no, oppure e altrimenti

Se no, **oppure** e **altrimenti** sono sinonimi di **o**.
- Domani sera vado al cinema, **altrimenti** sto in casa.

anzi e invece

- **Invece** è sinonimo di **al contrario**.
  - Salvatore viene dalla Calabria, **invece** Marino è di Bari.

- **Anzi** si usa spesso quando si cambia idea o si vuole sottolineare la differenza con quanto espresso prima.
  - Vieni a cena da me stasera? **Anzi**, perché non andiamo in pizzeria?

- **Invece di** significa **al posto di** ed è seguito da un infinito.
  - **Invece di** guardare la tv, perché non mi aiuti?

1_ Completa le frasi usando *anzi*.

1. In casa abbiamo solo un paio di limoni; *anzi non ne abbiamo più*.
2. Secondo me, mi rimangono solo pochi giorni di ferie quest'anno; ....
3. Siena è una città molto bella; ....
4. La Sicilia è molto interessante; ....
5. Forse stasera resto a casa; ....
6. Cameriere, mi porta una birra piccola, per favore? ....

2_ Trasforma le frasi usando *invece di*.

1. Juan non ha passato l'esame perché non ha studiato. È andato in giro tutto il giorno.
   Juan non ha passato l'esame perché invece di studiare è andato in giro tutto il giorno.
2. Mi piacciono i paesi tropicali perché la gente non lavora tanto e si gode la vita.
   ....
3. Sono arrabbiato con mia moglie perché non mi ha aspettato ed è andata a casa da sola.
   ....
4. Questa sera esco con gli amici e non starò in casa a guardare la televisione.
   ....
5. Ho scritto una lettera a Daisy e non le ho telefonato perché costa troppo.
   ....
6. Ho deciso di non comprare una macchina nuova; farò un viaggio di tre mesi.
   ....

Unità 8: Città o campagna

Lezione 3

3_ Completa le frasi con *sembra* o *sembrano* più un pronome.

1. Questi esercizi non .... *mi sembrano* .... difficili.
2. L'imbianchino che Luciana mi ha consigliato .... bravo.
3. Carlo, come .... i miei spaghetti alle vongole?
4. Ragazzi, come .... i monumenti che abbiamo visitato oggi?
5. Lucia mi ha detto che .... che tu sia stato ingiusto con lei.
6. Daniele dice che i lavoratori statali in Italia .... tutti pigri.

Sintesi

> **È vietato** significa **non si può, non è permesso**.
> - Nei cinema in Italia è vietato fumare.

1_ I testi che seguono non sono in ordine. Da' un'occhiata veloce. Di che testi si tratta?

1. È vietato raccogliere fiori.
2. Tutti devono rispettare il presente regolamento.
3. È vietato toccare gli animali.
4. Non si possono lasciar liberi i propri cani.
5. Non si possono esporre targhe o qualsiasi altro tipo di pubblicità.
6. Si devono chiudere i cancelli e i recinti.
7. Nessuno può usare gli spazi comuni per fini personali, se non autorizzato dagli altri.
8. Si devono rispettare gli animali.
9. È vietato tenere animali quali cani, gatti, ecc.
10. Ogni condomino deve eseguire nella propria abitazione i lavori di riparazione necessari.
11. È vietato camminare sui campi coltivati.
12. Si deve fare riferimento alla legge per quanto riguarda ciò che non è previsto dal presente regolamento.
13. Nessuno può modificare la struttura esterna del condominio.
14. Non si deve disturbare la vita degli altri esseri.
15. Non ci si può arrampicare sugli alberi.
16. Si devono evitare rumori molesti dalle 13.30 alle 15.30.
17. Non si possono stendere i vestiti o esporre altri oggetti sui balconi, se sono visibili dalla strada.
18. Non si deve gettare la spazzatura in terra.

2_ Ora, riordina i due testi, dividendoli.

- Regolamento CONDOMINIO
  ☐ ☐ ☐ ☐ ☐ ☐ ☐ ☐

- Regolamento FATTORIA DI PASQUALE
  ☐ ☐ ☐ ☐ ☐ ☐ ☐ ☐

3_ Scrivi un regolamento per la tua scuola ideale.

Civiltà

VIAGGIO NELL'ITALIA VERDE: I PARCHI NAZIONALI, IL DELTA DEL PO

1_ Nel tuo paese ci sono molti parchi nazionali? Quali? Li hai visitati? **Parlane** ai tuoi compagni.

2_ Conosci alcuni parchi nazionali in Italia? Li hai mai visitati?
Discutine con i compagni e **provate** a fare una lista di quelli che conoscete.

Parco dello Stelvio

Parco del Gran Paradiso

Parco Nazionale d'Abruzzo

Parco del Circeo

Parco della Calabria

I primi cinque parchi nazionali sono stati istituiti in Italia dal 1922 al 1968.
- Gran Paradiso (1922),
- il Parco Nazionale d'Abruzzo (1923),
- il Parco del Circeo (1934),
- il Parco dello Stelvio (1935),
- il Parco della Calabria (1968).

3_ Il Delta del Po.

Il "delta" è la foce del Po, cioè il punto in cui il più lungo fiume italiano entra nel mare. Si chiama delta perché è fatto a triangolo, come la lettera D maiuscola in greco antico: più o meno a Ferrara il fiume si divide in tanti rami che lentamente vanno verso l'Adriatico.
Nel 1988 è stato istituito il Parco del Delta del Po, uno dei luoghi più belli e più interessanti d'Italia per chi ama la natura.
Puoi prendere una delle tante barche che portano i visitatori fino alle spiagge, dove ci sono ancora le dune naturali, cioè delle piccolissime colline di sabbia dove i gabbiani e altri uccelli fanno il nido – ma è meglio guardarli da una certa distanza: una mamma gabbiano può diventare cattivissima se ci si avvicina troppo alle uova o ai piccoli!
Passare una giornata tra i canali, nel silenzio assoluto dove l'unico rumore è quello degli uccelli, è un'esperienza unica, che può essere piacevole dopo aver passato giorni a visitare le città italiane – spesso abbastanza rumorose!

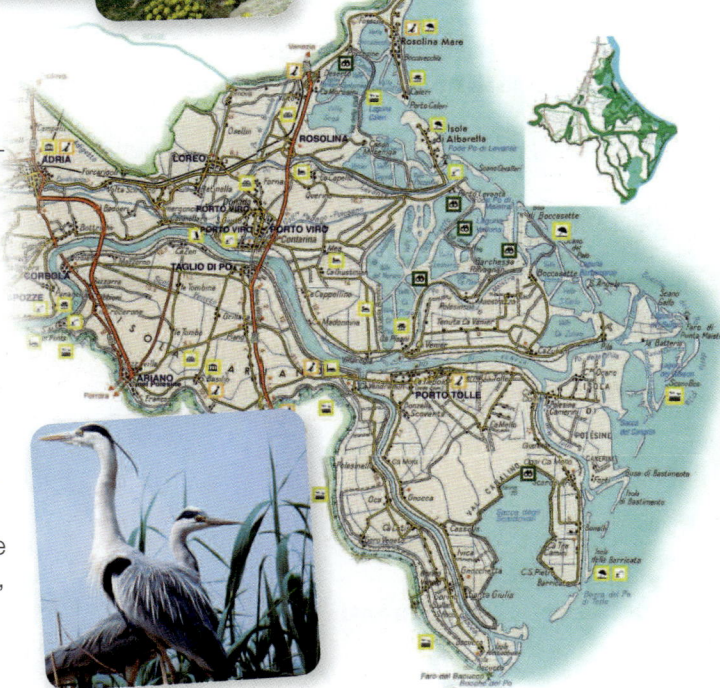

4_ Dire che questo parco è "superlativo" significa che è "bellissimo"... ma ci sono anche comparativi e superlativi. **Sottolineali**.

Unità 8: Città o campagna

Test

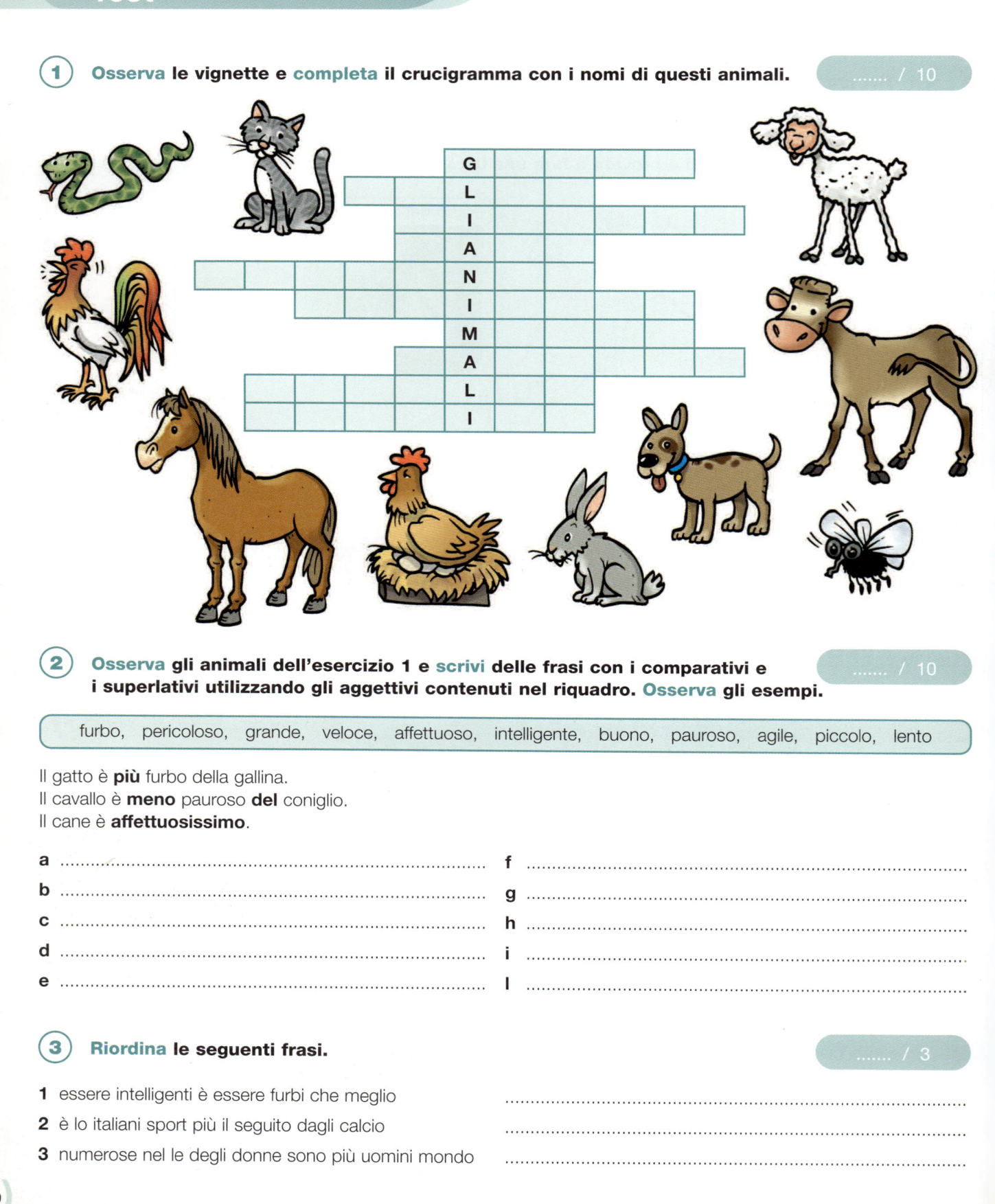

1 **Osserva** le vignette e **completa** il crucigramma con i nomi di questi animali. .... / 10

```
        G
        L
        I
        A
        N
        I
        M
        A
        L
        I
```

2 **Osserva** gli animali dell'esercizio 1 e **scrivi** delle frasi con i comparativi e i superlativi utilizzando gli aggettivi contenuti nel riquadro. **Osserva** gli esempi. .... / 10

furbo, pericoloso, grande, veloce, affettuoso, intelligente, buono, pauroso, agile, piccolo, lento

Il gatto è **più** furbo della gallina.
Il cavallo è **meno** pauroso **del** coniglio.
Il cane è **affettuosissimo**.

a .... f ....
b .... g ....
c .... h ....
d .... i ....
e .... l ....

3 **Riordina** le seguenti frasi. .... / 3

1 essere intelligenti è essere furbi che meglio ....
2 è lo italiani sport più il seguito dagli calcio ....
3 numerose nel le degli donne sono più uomini mondo ....

4) Completa i brevi dialoghi con i comparativi e i superlativi di buono, cattivo, bene, male.

...... / 6

1 - Luisa, il tuo maglione ha un colore bellissimo.
   - Grazie, anche la qualità della lana è veramente ....

2 - Ieri ero stanchissimo, mi sono addormentato davanti alla televisione.
   - Ti sei perso un .... film.

3 - Non so come scusarmi con Laura.
   - Io le manderei dei fiori. Mi sembra la cosa .... da fare.

4 - Hai notizie di Claudia?
   - No, è scomparsa. Si è comportata veramente nel modo ....

5 - Come stai, Marco?
   - Oggi un po' ...., grazie.

6 - Mauro mi è veramente antipatico, vuol sapere sempre tutto lui.
   - Anch'io non lo sopporto, si crede .... di tutti.

5) Associa le seguenti espressioni come nell'esempio.

...... / 6

1	Buon appetito.	a	Alla nostra.
2	È permesso?	b	Altrettanto.
3	Salute!	c	Ci conto, ciao.
4	Ti disturbo?	d	Alla prossima, saluta tutti.
5	A presto allora.	e	Figurati, entra pure.
6	Allora ti scrivo.	f	No, c'ero prima io.
7	Tocca a me.	g	Prego si accomodi.

1	b
2	
3	
4	
5	
6	
7	

6) Sei stato trasferito/a per lavoro in un'altra città e stai cercando una nuova casa. Hai trovato due ottime occasioni. Scrivi a tua moglie/tuo marito una e-mail in cui spieghi i vantaggi e gli svantaggi. Ricordati che hai un cane. Osserva le foto.

...... / 5

Caro/a............................,
ho trovato due occasioni molto interessanti
....
....
....
....
....
....
....

Totale: ...... / 40

Unità 8: Città o campagna

Revisione e ampliamento

Funzioni

1_ Abbina le frasi o espressioni a sinistra con la descrizione a destra.

1. Permesso?
2. Invece secondo me la vita in campagna è più stressante.
3. Meno male.
4. Cin, cin.
5. Secondo me, la vita in campagna è più rilassante.
6. Tutti devono rispettare il presente regolamento.
7. Non si possono esporre targhe o qualsiasi altro tipo di pubblicità.
8. Salute!
9. Non vedo l'ora di andarmene da qui!
10. Anche secondo me.
11. È un posto un po' lontano. Cioè, non è il più lontano e meno raggiungibile in assoluto, ma…
12. Mi sembra un'ottima soluzione!
13. Prego.

a. rispondere a un ringraziamento
b. fare un brindisi
c. ribadire a uno starnuto
d. entrare in casa di altri
e. esprimere un obbligo
f. esprimere un divieto
g. esprimere un'opinione (1)
h. condividere un'opinione
i. esprimere un'opinione contrastante
j. esprimere un'opinione (2)
k. esprimere sollievo
l. esprimere impazienza
m. rimarcare e spiegare un concetto appena espresso

Lettura e Scrittura

2_ Guarda le foto. Cosa ti suggeriscono sul rapporto tra l'uomo e gli animali? Scrivi un breve paragrafo con le tue riflessioni.

3_ Ora, leggi il testo e abbina a ogni titolo il paragrafo giusto.

paragrafo	numero del paragrafo
Perché il Bioparco?	
Che cosa è il Bioparco?	
Cosa succederà nei prossimi mesi?	
Cosa si potrà fare nel Bioparco?	
Un progetto specifico. "Romolo e Remo", gli animali non selvatici al Bioparco.	

DALLO ZOO DI ROMA AL BIOPARCO

1 […] Negli zoo d'Europa e Nord America vengono chiamati "Children Zoo" quelle aree in cui soprattutto i bambini hanno la possibilità di conoscere e toccare da vicino animali "di fattoria" o domestici. Anche se con evidenti diversità dal resto degli animali presenti in quegli zoo, tali esperienze diventano per mucche o pecore, spesso, veri e propri maltrattamenti. La nuova Istituzione non solo vorrà far capire ai visitatori che oltre ai selvatici in via d'estinzione, feriti o sequestrati, "c'è di più", ma lo farà in un'apposita area con un approccio complessivo, davvero basato sulla biodiversità. […]. Si tratta di un progetto rivolto, così come il resto del Bioparco, ad un pubblico eterogeneo ma, in particolare, ai giovani di fascia scolare e pre-scolare.
Non è un caso che l'area si chiamerà con i nomi dei bambini più famosi di Roma, quelli che si trovano nel simbolo storico della città sotto la lupa. Così come Romolo e Remo hanno trovato in questo animale il sostentamento per poter vivere, noi ci proponiamo come il punto di riferimento per il sostentamento dei giovani nella ricerca sempre più importante di contatto con gli animali, con la loro storia, la loro biologia, i loro diritti.
"Romolo e Remo" restituisce così agli altri animali l'aiuto ricevuto più di 2.700 anni fa.
Dopo secoli di vicinanza e di contatto con alcune specie, in particolare negli ultimi quarant'anni la popolazione urbana si è talmente allontanata dagli animali "della fattoria" tanto da far pensare a più di un bambino che le buste del latte crescano sugli alberi e che i polli nascano direttamente senza testa e senza zampe […]. L'obiettivo dell'area è di proporre non solo un'idea e un'occasione di confronto con l'evoluzione del rapporto uomo - altri animali, ma anche una serie di sollecitazioni visive e tattili che rendano la visita un'occasione da rinnovare nel tempo. Base del contatto con gli animali, accompagnato da personale specializzato e da un apposito servizio, sarà il rispetto degli animali stessi e la comprensione delle motivazioni per le quali sono ospitati. Tutti gli animali proverranno infatti da situazioni "a rischio", salvati da una fine certa o da situazioni di maltrattamento, destinati invece così a morire solo di morte naturale.

2 Là dove oggi ha sede lo zoo nascerà gradualmente una struttura nuova. Gli animali - saranno presenti esclusivamente quelli inseriti in progetti di conservazione, quelli feriti, maltrattati, sequestrati perché detenuti illegalmente - verranno ospitati non a fini espositivi, commerciali o di spettacolo ma come fase transitoria prima del loro auspicato ritorno in natura. La conoscenza degli animali sarà anche proposta attraverso l'utilizzo di tecnologie multimediali e virtuali. Una soluzione complessivamente innovativa, nel rispetto degli orientamenti etici, culturali e scientifici propri di quanti studiano e rispettano gli animali.

3 Gli anni '80 e '90 sono stati fortemente caratterizzati dall'emergenza ambientale e da una crisi etica dei rapporti con gli altri animali assieme alla necessità di centri di divulgazione scientifica su tematiche naturalistiche e ambientali in generale e di scienza della vita in particolare. In Italia è mancata "storicamente" una struttura di ambito nazionale in grado di produrre educazione permanente di alto livello e fornire contemporaneamente servizi naturalistici ed ambientali alla comunità. Roma ha bisogno di un centro naturalistico e didattico attivo, un luogo di aiuto per la conservazione degli animali selvatici, una struttura per una reale conoscenza degli animali che non si basi però sulla loro sofferenza.

4 Tutti potranno trovare mille occasioni di interesse e gli alunni di ogni età potranno costruire, anche con gli insegnanti, programmi di lavoro e di studio sulla vita degli animali e gli ecosistemi. Si potranno creare forme di gemellaggio tra una classe ed un animale: i ragazzi saranno co-protagonisti di tutte le fasi della cura e della preparazione al reinserimento. Vi sarà anche uno spazio per gli animali non selvatici.
Saranno inoltre previste, parallelamente a conferenze e mostre, visite guidate tenendo presenti Oasi e Parchi urbani ed extraurbani per scoprire un universo animale che vive, spesso a nostra insaputa, vicino a noi.

5 Dovremo immaginare un grande cartello "Lavori in corso" all'entrata dell'attuale zoo e che i lavori, pubblicizzati all'interno con appositi cartelloni, siano finalizzati alla nascita di un luogo davvero utile agli animali e ai cittadini. Le condizioni di vita degli animali presenti saranno radicalmente modificate.

[Da LAV info n.10 del 6 febbraio 1998]

Unità 8: Città o campagna

Revisione e ampliamento

4_ Leggi nuovamente il testo e completa gli appunti.

1 Il Bioparco è ....
....
....
....

2 È nato perché ....
....
....
....

3 Nel parco presto si potrà ....
....
....
....

4 Il progetto "Romolo e Remo" è ....
....
....
....

Grammatica

5_ Guarda le figure e **fa'** delle frasi con i comparativi.

| 4 | 5 | 6 |

1 *La Torre di Pisa è più alta del Palazzo della Signoria.*
2 ....
3 ....
4 ....
5 ....
6 ....

6_ Completa le frasi con i verbi *sembrare* o *piacere* e un pronome.

1 La birra .... *mi piace* .... più della coca cola.
2 La musica di Verdi .... più emozionante di quella di Vivaldi.
3 Gli spaghetti alle vongole .... più di quelli al pomodoro.
4 Gli italiani .... più rumorosi degli svedesi.
5 I libri gialli .... più di quelli d'avventura.
6 I ritmi di vita in Italia .... più tranquilli di quelli in Giappone.

7_ Completa queste frasi come vuoi, usando comparativi o superlativi.

1 Una torta è più ....
2 Il /la mio/a insegnante è più .... quello/a di inglese.
3 L'estate mi piace ....
4 L'inverno è ....
5 Una pizza ....
6 La Fiat 500 ....
7 Questo esercizio ....
8 La musica leggera italiana ....
9 Il mio compagno .... è più ....
10 La mia compagna .... è più ....

giochi di ruolo

Unità 2: Stili di vita, gli italiani visti da fuori

2_ Lavora con un compagno. **Guardate** la figura, poi lo studente (A) **va** a pagina 176 e **abbina** le figure alle parole del riquadro. (B) **va** a pagina 179 e **fa** la stessa cosa.
Fatevi delle domande per scoprire come si chiamano gli oggetti che vi mancano.

Esempio: Come si chiama l'oggetto che è di fianco al coltello?

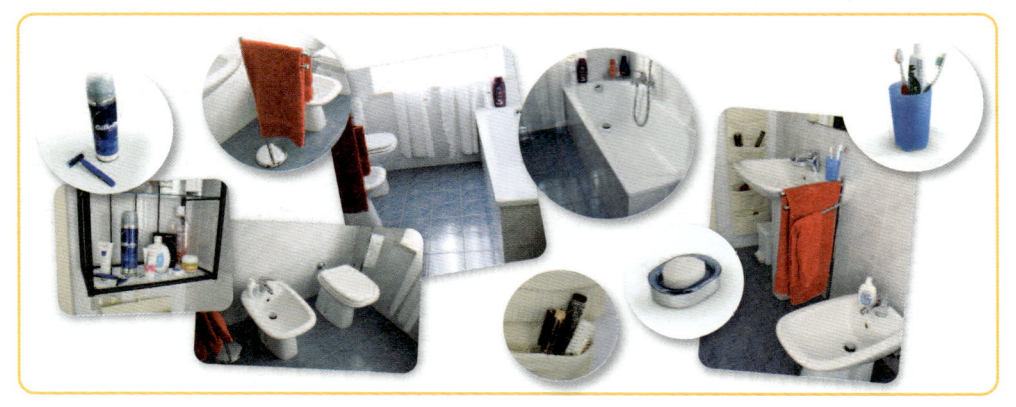

frigorifero, bidè, coperta, materasso, tavolo, sapone, spazzolini, sveglia, letto, pentola, lenzuolo, coltello, spazzole, asciugamani, tovagliolo, sedia, mestolo, forno, lavastoviglie, abatjour, armadio

Unità 4: Lavoro a colori, in ufficio, al telefono

4_ Lavora con un compagno. Uno di voi è (A) e va a pag. 177, l'altro è (B) e va a pag. 180. **Abbinate** le parole alle definizioni.

- preventivo
- richiesta
- consegna
- trasporto
- interno
- riunione
- segreteria telefonica
- garanzia

- l'azione del consegnare, ad esempio quando si portano le merci dal posto di produzione al cliente
- un numero di telefono secondario che si raggiunge passando attraverso un centralino o direttamente; molte ditte hanno più interni che corrispondono a diversi uffici
- un incontro con altre persone per questioni ad esempio di lavoro
- documento che contiene i costi e le condizioni per la vendita di un oggetto
- macchina che risponde al telefono al posto delle persone e che permette di registrare messaggi
- condizione che permette l'assistenza gratuita che riceve un prodotto in caso di problemi di funzionamento di solito per un anno dopo l'acquisto
- l'azione del trasportare, ad esempio quando si portano le merci da un posto a un altro
- domanda

Unità 6: Sì, viaggiare

3_ Adesso, a coppie fate dei dialoghi simili.

Vuoi andare in treno in una delle seguenti città:

- Roma,
- Firenze,
- Milano,

e vorresti avere alcune informazioni su

- orario di partenza e arrivo;
- costo;
- tipo di treno: diretto o necessità di cambiare treno, con o senza coincidenza;
- prenotazione;
- binario.

giochi di ruolo

Unità 7: Descizioni

1_ Lavora con un compagno. (A) va a pag. 178 e (B) a pag. 181.
Completate la lettera con la descrizione della persona della foto nella vostra pagina.

Milano, 31 gennaio 2011

Gent. Sig.ra De Luca,
con la presente desidero confermarle la data e l'ora del mio arrivo a Roma. Arrivo all'aeroporto di Fiumicino alle 10.20 dell' 8 febbraio prossimo con il volo AZ 221. Le do alcune indicazioni sul mio aspetto fisico, affinché possiamo riconoscerci.

....
....
....
....
....
....
....

Unità 2: Stili di vita, gli italiani visti da fuori

2_ Lavora con un compagno. Guardate la figura, poi lo studente (A) va a pagina 176 e abbina le figure alle parole del riquadro. (B) va a pagina 179 e fa la stessa cosa. Fatevi delle domande per scoprire come si chiamano gli oggetti che vi mancano.

Esempio: Come si chiama l'oggetto che è di fianco al coltello?

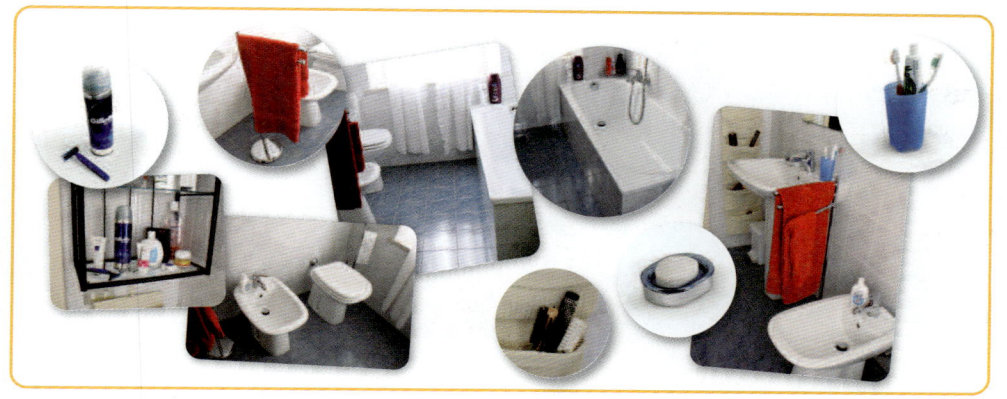

---

frigorifero, bidè, coperta, materasso, tavolo, sapone, spazzolini, sveglia, letto, pentola, lenzuolo, coltello, spazzole, asciugamani, tovagliolo, sedia, mestolo, forno, lavastoviglie, abatjour, armadio

giochi di ruolo

5_ Povera Cristina! Insieme a un compagno, prova ad aiutarla a capire chi sono le persone della foto. Lo studente (A) guarda la foto e cerca di indovinare le persone, (B) va a pagina 180.

cognata
padre
madre
cugina
suocera
moglie

zio
nonna
cugino
nipote
cognato
sorella
nipote
marito

Unità 4: Lavoro a colori, in ufficio, al telefono

4_ Lavora con un compagno. Uno di voi è (A) e va a pag. 177, l'altro è (B) e va a pag. 180. Abbinate le parole alle definizioni.

assistenza	operazione che una banca fa per dare a una persona (ditta, ecc.) una somma di denaro su richiesta di un'altra persona (ditta, ecc.)
contratto	azione del pagare
quotazione	la possibilità di riparare un oggetto che si rompe o di ricevere aiuto per il suo funzionamento da parte di chi l'ha prodotto o venduto
accordo	un accordo che permette ad esempio di stabilire le regole per la vendita di qualcosa
pagamento	determinazione del prezzo di un oggetto
gratis	quando due o più persone hanno la stessa opinione o decidono di fare qualcosa che va bene a tutti
montaggio	senza pagare
bonifico bancario	l'operazione che permette di mettere al loro posto i componenti di una macchina o altro

Unità 6: Sì, viaggiare

2_ Ora andate a pag. 181 per controllare le vostre domande e risposte.

1 - Come arrivi/vieni a scuola? Come vai al lavoro?
    Con che mezzo di trasporto arrivi/vieni a scuola?
    Con che mezzo di trasporto vai al lavoro?
  - In autobus.

> Con i mezzi di trasporto occorre la preposizione **in**:
> **in** macchina, **in** bicicletta, **in** treno, **in** aereo, ecc.
> ma ci vuole **a** nell'espressione **a** piedi.

2 - Quanto dista casa tua dalla scuola o dal lavoro? Quanto è lontana casa tua dalla scuola o dal lavoro?
  - Sono circa 10 chilometri.

3 - Quanto (tempo) ci metti per arrivare a scuola o al lavoro?
  - (Ci metto) più o meno mezz'ora.

4 - Quanto spendi per andare a scuola o al lavoro?
  - 85 centesimi.

Unità 7: Descizioni

**1_ Lavora con un compagno. (A) va a pag. 178 e (B) a pag. 181.
Completate la lettera con la descrizione della persona della foto nella vostra pagina.**

Milano, 31 gennaio 2011

Gent. Sig.ra De Luca,
con la presente desidero confermarle la data e l'ora del mio arrivo a Roma. Arrivo all'aeroporto di Fiumicino alle 10.20 dell' 8 febbraio prossimo con il volo AZ 221. Le do alcune indicazioni sul mio aspetto fisico, affinché possiamo riconoscerci.

....
....
....
....
....
....
....
....
....

appendice grammaticale

gli articoli

L'ARTICOLO DETERMINATIVO

	singolare	plurale
maschile		
prima di una consonante	**il** cane	**i** cani
prima di s + consonante, ps, x, z	**lo** studente	**gli** studenti
prima di una vocale	**l'**ufficio	**gli** uffici
femminile		
prima di una consonante	**la** casa	**le** case
prima di una vocale	**l'**auto	**le** auto

- L'articolo determinativo si mette sempre **prima** del nome.

L'ARTICOLO INDETERMINATIVO

	singolare	plurale
maschile		
prima di una consonante	**un** cane	**dei** cani
prima di s + consonante, ps, x, z	**uno** studente	**degli** studenti
prima di una vocale	**un** ufficio	**degli** uffici
femminile		
prima di una consonante	**una** casa	**delle** case
pima di una vocale	**un'**auto	**delle** auto

- L'articolo indeterminativo si mette sempre **prima** del nome.

il nome

IL GENERE

- I nomi in **-o** sono normalmente *maschili*: **il** libr**o**.

- I nomi in **-a** sono normalmente *femminili*: **la** cas**a**.

- I nomi in **-e** sono *maschili* o *femminili*:
  maschili **il** padr**e**   *femminili* **la** madr**e**
           il mar**e**   **la** chiav**e**

- Alcuni nomi in **-a** sono *maschili*: es.: **il** problem**a**, **il** farmacist**a**.

- Alcuni nomi in **-o** sono *femminili*: es.: **la** fot**o**, **la** man**o**.

IL PLURALE

	singolare		plurale	
maschile	-o	il libro	-i	i libri
	-e	il padre	-i	i padri
	-a	il problema	-i	i problemi
femminile	-a	la casa	-e	le case
	-e	la chiave	-i	le chiavi

- Non cambiano al plurale:

	singolare	plurale
i nomi stranieri	il film	i film
i nomi che sono abbreviazioni	la foto	le foto

- Alcuni plurali sono irregolari:

singolare	plurale
l'uomo	gli uomini
l'uovo	le uova

- Alcuni nomi molto comuni sono usati solo al singolare: **la gente**, **la frutta**.

- Alcune parole che indicano parti del **corpo** cambiano dal maschile al femminile quando sono al plurale:

singolare	plurale
il braccio	le braccia
il ginocchio	le ginocchia
il dito	le dita
il labbro	le labbra

gli aggettivi

	singolare		plurale	
maschile	-o	il pranzo caro	-i	i pranzi cari
	-e	il libro interessante	-i	i libri interessanti
femminile	-a	la casa alta	-e	le case alte
	-e	la madre dolce	-i	le madri dolci

gli aggettivi e i pronomi possessivi

- Gli aggettivi e i pronomi possessivi sono uguali nella forma.

	maschile		femminile	
	singolare	plurale	singolare	plurale
I sing.	mio	miei	mia	mie
II sing.	tuo	tuoi	tua	tue
III sing.	suo	suoi	sua	sue
I plur.	nostro	nostri	nostra	nostre
II plur.	vostro	vostri	vostra	vostre
III plur.	loro	loro	loro	loro

- I possessivi si accordano con il nome cui si riferiscono.
- Se il nome è maschile e singolare (gatt**o**), il possessivo è **il mio**.
- **Loro** non cambia mai, è invariabile.

appendice grammaticale

gli aggettivi dimostrativi

QUESTO

	singolare	plurale
maschile		
prima di una consonante	**questo**	**questi**
prima di una vocale	**quest'**	
femminile		
prima di una consonante	**questa**	**queste**
prima di una vocale	**quest'**	

QUELLO

	singolare	plurale
maschile		
prima di una consonante	**quel** cane	**quei** cani
prima di s + consonante, ps, x, z	**quello** studente	**quegli** studenti
prima di una vocale	**quell'**ufficio	**quegli** uffici
femminile		
prima di una consonante	**quella** casa	**quelle** case
prima di una vocale	**quell'**auto	**quelle** auto

- *Questo* si riferisce a una persona o a una cosa vicina a chi parla.

- *Quello* si riferisce a una persona o a una cosa lontana da chi parla.

i pronomi dimostrativi

QUESTO

	singolare	plurale
maschile	questo	questi
femminile	questa	queste

QUELLO

	singolare	plurale
maschile	quello	quelli
femminile	quella	quelle

gli aggettivi *bello* e *buono*

BELLO	singolare	plurale
maschile	il be**l** bambino	i be**i** bambini
	il be**llo** stadio	i be**gli** stadi
	il be**ll**'albero	i be**gli** alberi
femminile	la be**lla** ragazza	le be**lle** ragazze
	la be**ll**'idea	le be**lle** idee

BUONO	singolare
maschile	un buo**n** bambino
	un buo**no** studente
	un buo**n** artista
femminile	una buo**na** ragazza
	una buo**n**'amica

le preposizioni articolate

- Sono le preposizioni *a*, *da*, *di*, *in*, *su* + un articolo determinativo.

	il	lo	l'	la	i	gli	le
a	al	allo	all'	alla	ai	agli	alle
da	dal	dallo	dall'	dalla	dai	dagli	dalle
di	del	dello	dell'	della	dei	degli	delle
in	nel	nello	nell'	nella	nei	negli	nelle
su	sul	sullo	sull'	sulla	sui	sugli	sulle

pronomi personali soggetto

	singolare	plurale
prima persona	io	noi
seconda persona	tu	voi
terza persona maschile e femminile	lui lei	loro

appendice grammaticale

pronomi personali complemento - forme toniche e atone

PRONOMI PERSONALI COMPLEMENTO - FORME TONICHE

		singolare	plurale
prima persona		me	noi
seconda persona		te	voi
terza persona	maschile	lui, esso	essi, loro
	femminile	lei, essa	esse, loro
	riflessivo	sé	sé

FORME ATONE - COMPLEMENTO DIRETTO

		singolare	plurale
prima persona		mi	ci
seconda persona		ti	vi
terza persona	maschile	lo	li
	femminile	la	le
	riflessivo	si	si

FORME ATONE - COMPLEMENTO INDIRETTO

		singolare	plurale
prima persona		mi	ci
seconda persona		ti	vi
terza persona	maschile	lo	li
	femminile	la	le
	riflessivo	si	si

- Le forme toniche si usano, precedute da preposizione, per sottolineare, enfatizzare la persona, utilizzate come complemento oggetto.
- Le forme atone sono le più usate.
- I pronomi personali atoni si trovano prima del verbo, quando c'è un indicativo, un condizionale o un congiuntivo. Dopo il verbo quando c'è un infinito, un participio, un gerundio o un imperativo (II persona sing. e plurale).

pronomi combinati

		DIRETTI							
		mi	ti	gli/le	si	ci	vi	Gli	si
INDIRETTI	lo	me lo	te lo	glielo	se lo	ce lo	ve lo	Glielo	se lo
	la	me la	te la	gliela	se la	ce la	ve la	Gliela	se la
	li	me li	te li	glieli	se li	ce li	ve li	Glieli	se li
	le	me le	te le	gliele	se le	ce le	ve le	Gliele	se le
	ne	me ne	te ne	gliene	se ne	ce ne	ve ne	Gliene	se ne

- Nei pronomi combinati il complemento **indiretto** (di termine) precede il complemento **oggetto**.
- I pronomi combinati si scrivono staccati, in due parole. Solo la terza persona è unita: **glielo**, ecc.
- La **i** di **mi/ti/ci/vi/si** si trasforma in **e**, davanti a un altro pronome: **me lo**, ecc.
- Per la terza persona plurale ormai si usano soprattutto le forme con **gli**.

i pronomi relativi

senza preposizione	con preposizione
CHE	CUI

- **Che** e **cui** sono invariabili; **cui** è preceduto da preposizione. Con **che** non si usa la preposizione.
- **Cui** tra l'articolo determinativo e il nome esprime possesso.

- Altri pronomi relativi: **quale/i**.

	singolare	plurale
maschile	il quale	i quali
femminile	la quale	le quali

i verbi

INDICATIVO PRESENTE

avere		essere	
(io)	**ho**	(io)	**sono**
(tu)	**hai**	(tu)	**sei**
(lui, lei)	**ha**	(lui, lei)	**è**
(noi)	**abbiamo**	(noi)	**siamo**
(voi)	**avete**	(voi)	**siete**
(loro)	**hanno**	(loro)	**sono**

I - are: parlare		II - ere: vedere	
(io)	parl - **o**	(io)	ved - **o**
(tu)	parl - **i**	(tu)	ved - **i**
(lui, lei)	parl - **a**	(lui, lei)	ved - **e**
(noi)	parl - **iamo**	(noi)	ved - **iamo**
(voi)	parl - **ate**	(voi)	ved - **ete**
(loro)	parl - **ano**	(loro)	ved - **ono**

III a - ire: sentire		III b - ire: finire	
(io)	sent - **o**	(io)	fin - **isc** - **o**
(tu)	sent - **i**	(tu)	fin - **isc** - **i**
(lui, lei)	sent - **e**	(lui, lei)	fin - **isc** - **e**
(noi)	sent - **iamo**	(noi)	fin - **iamo**
(voi)	sent - **ite**	(voi)	fin - **ite**
(loro)	sent - **ono**	(loro)	fin - **isc** - **ono**

potere	volere
posso	voglio
puoi	vuoi
può	vuole
possiamo	vogliamo
potete	volete
possono	vogliono

dovere	sapere
devo	so
devi	sai
deve	sa
dobbiamo	sappiamo
dovete	sapete
devono	sanno

piacere	bere
piaccio	bevo
piaci	bevi
piace	beve
piacciamo	beviamo
piacete	bevete
piacciono	bevono

andare	stare
vado	sto
vai	stai
va	sta
andiamo	stiamo
andate	state
vanno	stanno

fare	dare
faccio	do
fai	dai
fa	dà
facciamo	diamo
fate	date
fanno	danno

dire	uscire
dico	esco
dici	esci
dice	esce
diciamo	usciamo
dite	uscite
dicono	escono

appendice grammaticale

IL PASSATO PROSSIMO

- Il passato prossimo: indicativo presente di *essere* o *avere* + il participio passato del verbo principale.

- Il participio passato di molti verbi è regolare.

-are	parl**are**	parl**ato**
-ere	cred**ere**	cred**uto**
-ire	fin**ire**	fin**ito**

I participi passati irregolari di molti verbi comuni.

accendere	acceso
aprire	aperto
bere	bevuto
chiedere	chiesto
chiudere	chiuso
correre	corso
cuocere	cotto
decidere	deciso
dire	detto
dividere	diviso
essere	stato
fare	fatto
leggere	letto
mettere	messo
morire	morto
muovere	mosso
nascere	nato
nascondere	nascosto
perdere	perso
piacere	piaciuto
piangere	pianto
prendere	preso
ridere	riso
rimanere	rimasto
rispondere	risposto
rompere	rotto
scegliere	scelto
scrivere	scritto
vedere	visto (veduto)
venire	venuto
vincere	vinto
vivere	vissuto

ACCORDO DEL PARTICIPIO PASSATO

- Quando c'è il verbo *essere*, il participio passato si accorda con il soggetto, sia nel numero (singolare o plurale) che nel genere (maschile o femminile).
  Si usa *essere* con certi verbi, in particolare con i verbi di moto, stato, cambiamento di stato; con i verbi riflessivi e alcuni altri verbi.

- Quando l'ausiliare è il verbo *avere*, solitamente non c'è accordo.
  Si usa *avere* con i verbi transitivi, cioè i verbi che dopo di sé hanno un complemento oggetto.

- Quando il participio passato è preceduto dal complemento oggetto l'accordo non è obbligatorio.

- Il passato prossimo indica azioni passate che hanno una relazione col presente. Ma in molte parti d'Italia si usa anche per descrivere azioni avvenute in un passato anche lontano.

il futuro semplice

VERBI REGOLARI

I - are: parlare		II - ere: credere		III - ire: finire	
(io)	parl - **erò**	(io)	cred - **erò**	(io)	fin - **irò**
(tu)	parl - **erai**	(tu)	cred - **erai**	(tu)	fin - **irai**
(lui, lei)	parl - **erà**	(lui, lei)	cred - **erà**	(lui, lei)	fin - **irà**
(noi)	parl - **eremo**	(noi)	cred - **eremo**	(noi)	fin - **iremo**
(voi)	parl - **erete**	(voi)	cred - **erete**	(voi)	fin - **irete**
(loro)	parl - **eranno**	(loro)	cred - **eranno**	(loro)	fin - **iranno**

VERBI *ESSERE* E *AVERE*

avere		essere	
(io)	**avrò**	(io)	**sarò**
(tu)	**avrai**	(tu)	**sarai**
(lui, lei)	**avrà**	(lui, lei)	**sarà**
(noi)	**avremo**	(noi)	**saremo**
(voi)	**avrete**	(voi)	**sarete**
(loro)	**avranno**	(loro)	**saranno**

VERBI IRREGOLARI

andare	*an**drò***
dovere	*do**vrò***
potere	*po**trò***
sapere	*sa**prò***
vedere	*ve**drò***
vivere	*vi**vrò***

rimanere	*rima**rrò***
tenere	*te**rrò***
venire	*ve**rrò***
volere	*vo**rrò***

bere	*be**rrò***

dare	*darò*
fare	*farò*
stare	*starò*

appendice grammaticale

l'imperfetto

VERBI REGOLARI

I - are: parlare	II - ere: vedere	III b - ire: dormire
(io) parl - **avo**	(io) ved - **evo**	(io) dorm - **ivo**
(tu) parl - **avi**	(tu) ved - **evi**	(tu) dorm - **ivi**
(lui, lei) parl - **ava**	(lui, lei) ved - **eva**	(lui, lei) dorm - **iva**
(noi) parl - **avamo**	(noi) ved - **evamo**	(noi) dorm - **ivamo**
(voi) parl - **avate**	(voi) ved - **evate**	(voi) dorm - **ivate**
(loro) parl - **avano**	(loro) ved - **evano**	(loro) dorm - **ivano**

dire	fare	porre	tradurre	trarre
(io) **dicevo**	(io) **facevo**	(io) **ponevo**	(io) **traducevo**	(io) **traevo**
(tu) **dicevi**	(tu) **facevi**	(tu) **ponevi**	(tu) **traducevi**	(tu) **traevi**
(lui, lei) **diceva**	(lui, lei) **faceva**	(lui, lei) **poneva**	(lui, lei) **traduceva**	(lui, lei) **traeva**
(noi) **dicevamo**	(noi) **facevamo**	(noi) **ponevamo**	(noi) **traducevamo**	(noi) **traevamo**
(voi) **dicevate**	(voi) **facevate**	(voi) **ponevate**	(voi) **traducevate**	(voi) **traevate**
(loro) **dicevano**	(loro) **facevano**	(loro) **ponevano**	(loro) **traducevano**	(loro) **traevano**

VERBI *ESSERE* E *AVERE*

avere	essere
(io) **avevo**	(io) **ero**
(tu) **avevi**	(tu) **eri**
(lui, lei) **aveva**	(lui, lei) **era**
(noi) **avevamo**	(noi) **eravamo**
(voi) **avevate**	(voi) **eravate**
(loro) **avevano**	(loro) **erano**

L'*imperfetto* si usa

- per esprimere nel passato azioni in svolgimento, interrotte da altre;

- per esprimere azioni ripetute o abituali nel passato;

- per esprimere due o più azioni contemporanee nel passato.

il condizionale semplice

VERBI REGOLARI

I - are: parlare	II - ere: vendere	III b - ire: sentire
(io) parl - **erei**	(io) vend - **erei**	(io) sent - **irei**
(tu) parl - **eresti**	(tu) vend - **eresti**	(tu) sent - **iresti**
(lui, lei) parl - **erebbe**	(lui, lei) vend - **erebbe**	(lui, lei) sent - **irebbe**
(noi) parl - **eremmo**	(noi) vend - **eremmo**	(noi) sent - **iremmo**
(voi) parl - **ereste**	(voi) vend - **ereste**	(voi) sent - **ireste**
(loro) parl - **erebbero**	(loro) vend - **erebbero**	(loro) sent - **irebbero**

VERBI *ESSERE* E *AVERE*

avere		essere	
(io)	**avrei**	(io)	**sarei**
(tu)	**avresti**	(tu)	**saresti**
(lui, lei)	**avrebbe**	(lui, lei)	**sarebbe**
(noi)	**avremmo**	(noi)	**saremmo**
(voi)	**avreste**	(voi)	**sareste**
(loro)	**avrebbero**	(loro)	**sarebbero**

VERBI IRREGOLARI

and*are*	an***drei***
dov*ere*	do***vrei***
pot*ere*	po***trei***
sap*ere*	sa***prei***
ved*ere*	ve***drei***
viv*ere*	vi***vrei***
rima*nere*	rima***rrei***
te*nere*	te***rrei***
ve*nire*	ve***rrei***
vo*lere*	vo***rrei***
bere	be***rrei***
d*are*	d***arei***
f*are*	f***arei***
st*are*	st***arei***

- Il condizionale semplice si usa per esprimere una richiesta, un desiderio, un dubbio, per riportare una notizia non confermata, un'opinione personale, ecc.

il gerundio

cant - **are**	cant - **ando**
cred - **ere**	cred - **endo**
sent - **ire**	sent - **endo**

Il **gerundio** può avere funzione

- *ipotetica*
- *causale*
- *temporale*
- *modale*
- *concessiva*, usato con pur

la forma impersonale - *si, loro, tu* e *uno*

La forma impersonale in italiano viene resa con:

- *Si* e *uno* con il verbo alla terza persona singolare.
- *Loro* con il verbo alla terza persona plurale (loro).
- *Tu* con il verbo alla seconda persona singolare.

appendice grammaticale

gli avverbi

AVVERBI DI QUANTITÀ

+++	molto, tanto
++	abbastanza, piuttosto
+	un po'
-	poco
--	quasi niente
---	niente

AVVERBI DI MODO

aggettivo	formazione dell'avverbio	avverbio
fredd**o**	*dal femminile* fredd**a** + **mente**	fredd**amente**
dolc**e**	dolc**e** + **mente**	dolc**emente**
diffici**le** regola**re**	diffici**l** + **mente** regola**r** + **mente**	diffici**lmente** regola**rmente**

AVVERBI DI FREQUENZA

sempre
quasi sempre
normalmente, solitamente
spesso
a volte, talvolta
raramente
quasi mai
mai

AVVERBI IRREGOLARI

aggettivo	avverbio
buono	**bene**
cattivo	**male**

i comparativi

- Il **comparativo di maggioranza** con gli aggettivi si forma con la parola *più* seguita dall'*aggettivo*. La seconda parte del paragone è introdotta da *di* o *che*.

- *Di* si usa quando la parola che segue è un sostantivo o un pronome personale.

- *Che* si usa quando la parola che segue è un aggettivo, verbo all'infinito, complemento con preposizione, avverbio, due sostantivi non soggetti.

- Il **comparativo di minoranza** si forma come il comparativo di maggioranza, con la parola *meno* al posto di *più*.

- Il **comparativo di uguaglianza** si forma utilizzando (*tanto*) + agg., *quanto* + agg.

i superlativi

- Il **superlativo relativo** si forma utilizzando l'*articolo determinativo* più il *comparativo* (*di maggioranza o minoranza*).

- Il **superlativo assoluto** si forma aggiungendo *-issimo* all'aggettivo.

COMPARATIVI E SUPERLATIVI IRREGOLARI

grado positivo	comparativo	superlativo relativo	superlativo assoluto
buono	migliore	il migliore	ottimo
cattivo	peggiore	il peggiore	pessimo
grande	maggiore	il maggiore	massimo
piccolo	minore	il minore	minimo

COMPARATIVI E SUPERLATIVI DEGLI AVVERBI

grado positivo	comparativo di maggioranza e minoranza	superlativo relativo	superlativo assoluto
correttamente	più/meno correttamente	nel modo più giusto nella maniera più corretta	correttissimamente molto correttamente

AVVERBI IRREGOLARI

grado positivo	comparativo di maggioranza e minoranza	superlativo relativo	superlativo assoluto
bene	meglio	nel modo migliore nella maniera migliore	benissimo
male	peggio	nel modo peggiore nella maniera peggiore	malissimo
molto	più	il più possibile	moltissimo
poco	meno	il meno possibile	pochissimo

ALTRI AVVERBI

grado positivo	comparativo di maggioranza e minoranza	superlativo relativo	superlativo assoluto
presto	più/meno presto	il più presto possibile	prestissimo
spesso	più/meno spesso	il più spesso possibile	spessissimo

l'alterazione del nome e dell'aggettivo

- I suffisso - *ino/a* serve a modificare il significato del sostantivo.
  I sostantivi così ottenuti si chiamano **diminutivi**.

- Il suffisso - *one/a* serve a modificare il significato del sostantivo.
  I sostantivi così ottenuti si chiamano **accrescitivi**.

- Il suffisso - *accio/a* serve a modificare il significato del sostantivo.
  I sostantivi così ottenuti si chiamano **peggiorativi**.

fonologia

Simboli usati per la trascrizione dei suoni

- I suoni delle vocali

/i/ v**i**no
/e/ v**e**rde
/ɛ/ f**e**sta
/a/ c**a**sa
/ɔ/ n**o**ve
/o/ s**o**le
/u/ **u**va

- I suoni delle semiconsonanti

/j/ **i**eri
/w/ ling**u**a

> Nell'alfabeto fonetico il suono /w/ in italiano è sempre e solo vocalico (u) e mai consonantico /v/.

- I suoni delle consonanti

/p/ Na**p**oli
/b/ a**b**itare
/m/ **m**edico
/n/ u**n**
/t/ **t**empo
/d/ nor**d**
/ɲ/ compa**gn**o
/k/ **c**asa, **ch**e; **q**uando
/g/ pre**g**o; un**gh**erese

/ts/ a**z**ione
/dz/ **z**anzara
/tʃ/ fran**c**ese; **c**iao
/dʒ/ **g**ente; **g**iorno
/f/ **f**iore
/v/ **v**ino
/s/ **s**ale
/z/ **s**venire
/ʃ/ pe**sc**e; **sci**arpa
/r/ **r**osso
/l/ **l**una
/ʎ/ fi**gl**io

- L'accento è indicato con il segno / ' / prima della sillaba accentata.

- Il simbolo * davanti a una parola significa che la parola non esiste.

- Il simbolo [:] indica un suono lungo.

Unità 1: Cercando lavoro

- Negazione: elementi per sottolineare il contrasto (**1**)
- Suoni brevi vs suoni intensi

CD 2 traccia 1

1_ Ascolta di nuovo queste due battute del dialogo iniziale tra Cristina e Andrea.

Cristina: Allora, come ti sembra? Ho fatto degli errori?
Andrea: Errori? [tz] Ma va'! Sei bravissima!

CD 2 traccia 2

2_ Ascolta le frasi.

1 (A) **Cristina:** Allora, come ti sembra? Ho fatto degli errori?
  (B) **Paolo:** Errori? No anzi! Sei bravissima!

2 (A) **Cristina:** Allora, come ti sembra? Ho fatto degli errori?
  (B) **Paolo:** Errori? Ma figurati! Sei bravissima!

3 (A) **Cristina:** Allora, come ti sembra? Ho fatto degli errori?
  (B) **Paolo:** Errori? Ma dai! Sei bravissima!

4 (A) **Cristina:** Allora, come ti sembra? Ho fatto degli errori?
  (B) **Paolo:** Errori? Ma che dici! Sei bravissima!

5 (A) **Cristina:** Allora, come ti sembra? Ho fatto degli errori?
  (B) **Paolo:** Errori? [tz] Sei bravissima!

3_ Leggi le frasi dell'attività precedente con un compagno.

> Ti ricordi che in *NuovoRete! A2* abbiamo distinto due tipi di suoni intensi? Quelli che si pronunciano "allungando" il corrispondente suono breve (ad esempio /nn/, /ll/) e quelli che si pronunciano "rafforzando" il suono, ad esempio /tt/ e /pp/.

4_ Ascolta le frasi e **sottolinea** la parola che viene pronunciata.

a) sono — <u>sonno</u>   b) casa — cassa   c) saremmo — saremo
d) fatto — fato   e) zio — zio /t'tsio/   f) m'ama — mamma
g) pala — palla   h) copia — coppia   i) eco — ecco

5_ Leggi le parole dell'esercizio precedente con un compagno e **scrivi** le parole che contengono un suono intenso nella colonna corrispondente.

suoni allungati	suoni rafforzati
sonno	*lo zio*

Unità 2: Stili di vita, gli italiani visti da fuori

- Un'esclamazione dai molti valori: *mamma mia!*
- /t/ vs /tt/
- /d/ vs /dd/

1_ Ascolta di nuovo questa battuta tratta dal dialogo dell'attività 2 a pag. 40.

Cristina: Mamma mia! Ma quanta gente c'è nella tua famiglia?

2_ Ascolta l'espressione "mamma mia!" ripetuta più volte ma con diverse intonazioni. **Prova** ad abbinarla ogni volta alla giusta intonazione.

a mamma mia!   1 disgusto
b mamma mia!   2 sorpresa
c mamma mia!   3 rabbia, disappunto
d mamma mia!   4 paura
e mamma mia!   5 preoccupazione

3_ Con un compagno **prova** a ripetere le espressioni dell'attività precedente. **Fa'** attenzione all'intonazione.

fonologia

4_ Giochiamo un po'. Trova le parole che sono nascoste nel riquadro. Fa' attenzione, possono essere in orizzontale o in verticale.

A	B	B	P	U	N	N	O	C
C	C	D	A	D	E	O	E	F
F	F	G	A	D	G	T	H	I
C	R	A	V	A	T	T	A	W
A	C	T	T	T	S	E	T	E
N	O	T	E	O	I	A	T	A
T	Q	E	U	A	N	R	I	T
O	S	S	E	T	T	E	M	B
S	F	A	T	A	E	Y	O	B
A	T	T	S	T	S	V	Q	Z
L	E	S	S	F	A	T	T	A

attimo · attesa · sete · note · cravatta · intesa · fatta · notte · dato · canto · sette · fata

5_ Ora, ascolta le parole dell'attività precedente, prima le orizzontali e poi le verticali. Controlla se hai fatto bene.

> Ti ricordi dei suoni intensi /tt/ e /dd/?
> Devono essere pronunciati con più forza rispetto ai corrispondenti suoni brevi /t/ e /d/.
> Inoltre, hai notato che prima di pronunciare i suoni /t/ e /d/ nella parola c'è una brevissima pausa? Quando pronunci i suoni /tt/ e /dd/ questa pausa è leggermente più lunga.

6_ Sottolinea le parole che ascolti nelle frasi.

1. <u>addosso</u> indosso
2. ridda rida
3. dormito addormentato
4. additata ditata
5. Ada Adda
6. detti addetti

Unità 3: Amore

- Intonazioni per esprimere stati d'animo
- Raddoppiamento sintattico (**1**)

1_ Ascolterai la stessa frase pronunciata con sei diverse intonazioni. Scrivi accanto ad ogni intonazione il numero corrispondente.

In realtà non me ne ricordo mai

a .... neutro
b .... felice
c .... triste
d .... sorpreso
e ......*4*...... disgusto
f .... arrabbiato

2_ Ascolta le frasi.

1. Come mai?
2. Domani vado a Roma!
3. Se non stai fermo ti farà male!
4. Può darsi che venga anch'io domani!
5. Certo che qualche volta la vita è bella!
6. Ma dove è andata?
7. Ma guarda! È qui sotto!
8. L'ha già fatto?

3_ Ascolta di nuovo le frasi dell'attività precedente e **sottolinea** i suoni iniziali che sono pronunciati intensi.

> Hai notato che molti italiani pronunciano i suoni iniziali di alcune parole con più intensità? Succede quando sono precedute da certe parole. Questo fenomeno si chiama **raddoppiamento sintattico**.

4_ Leggi le frasi dell'attività 2. **Fa'** attenzione al raddoppiamento sintattico.

Unità 4: Lavoro a colori, in ufficio, al telefono

- Come rispondere al telefono
- /r/ vs /rr/
- /l/ vs /ll/

1_ Ascolta come rispondono al telefono e **di'** se l'intonazione è interrogativa (ascendente ▲) o conclusiva (discendente ▼).

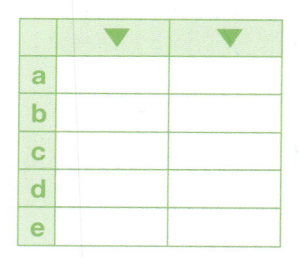

	▲	▼
a		
b		
c		
d		
e		

2_ Nella prima colonna ci sono le frasi dell'attività precedente. Abbina a ciascuna di esse la risposta corrispondente.

a Pronto?
b Sì?
c Istituto Gamma buonasera!
d Pronto? Qui casa Noto!
e Avete chiamato il numero verde delle Ferrovie dello Stato, attendere prego!

1 Vorrei parlare con il direttore!
2 Buonasera, sono Luca, volevo parlare con Marco.
3 Ciao, sono Luigi! Antonella è da voi?
4 Buonasera, mi serviva un'informazione...
5 Pronto, sono Davide!

3_ Leggi i dialoghi dell'attività precedente con un compagno.

> Ti ricordi i suoni intensi /ll/ e /rr/? Si pronunciano allungando la durata del corrispondente suono breve /l/ o /r/.

4_ Ascolta le parole e **fa'** un segno nella colonna corrispondente.

	1	2	3	4	5	6	7	8	9	10	11	12	13	14	15	16
/l/																
/ll/	X															
/r/																
/rr/																

fonologia

Unità 5: Importante è la salute

- Negazione: elementi per sottolineare il contrasto (**2**)
- Cambio della vocale tematica nel condizionale semplice dei verbi in -*are*
- /m/ vs /mm/ e /n/ vs /nn/

1_ Ascolta di nuovo queste due battute tratte dal dialogo iniziale tra il medico e il paziente.

CD 2 traccia 13

Dottore: Ha preso qualche pillola per dormire o altre medicine?

Paziente: Ma no, si figuri, con quattro figli appena arrivo a letto mi addormento subito e non mi alzerei più.

2_ Ti ricordi dei modi per esprimere un contrasto che abbiamo visto nell'unità 1? Nell'attività precedente ne abbiamo ascoltato un altro, ma con registro formale. **Confrontalo** con quello informale dell'unità 1.

(A) **Cristina:** Allora, come ti sembra? Ho fatto degli errori?
(B) **Andrea:** Errori? **Ma figurati!** Sei bravissima!

3_ Hai fatto caso che i verbi della prima coniugazione al condizionale semplice cambiano la vocale del tema -*are*- in -*e*-? **Osserva** i seguenti esempi.

mang**i**a**re**
- mang**e**rei
- mang**e**resti
- mang**e**rebbe
- mang**e**remmo
- mang**e**reste
- mang**e**rebbero

guard**a****re**
- guard**e**rei
- guard**e**resti
- guard**e**rebbe
- guard**e**remmo
- guard**e**reste
- guard**e**rebbero

parl**a****re**
- parl**e**rei
- parl**e**resti
- parl**e**rebbe
- parl**e**remmo
- parl**e**reste
- parl**e**rebbero

4_ Ascolta i gruppi di parole e **fa'** un segno nella colonna corrispondente.

CD 2 traccia 14

	1	2	3	4	5	6	7	8
uguali								
diverse	X							

5_ Ascolta i gruppi di parole e **fa'** un segno nella colonna corrispondente.

CD 2 traccia 15

	1	2	3	4	5	6	7	8
uguali	X							
diverse								

> *Ti ricordi? I suoni intensi /mm/ e /nn/ si pronunciano allungando la durata del corrispondente suono breve /m/ o /n/.*

Unità 6: Sì, viaggiare

- *Dai!* un'esclamazione per incoraggiare
- /f/ vs /ff/

1_ Ascolta questi brevi dialoghi tratti dall'attività 7, Lezione 1, Globalità.

Andrea: Dai Cristina, la corriera sta per partire! Altrimenti non ce la facciamo!
Cristina: Sono stanca io non ce la faccio più!

Andrea: Dai che ci riusciamo! Ancora un piccolo sforzo.

2_ Ascolta le frasi. Fa' attenzione alle parole che le persone usano per incoraggiare gli altri.

1 Paolo: - Mamma mia, sono stanchissimo!
  Giulia: - Forza! Siamo quasi arrivati!

2 Giulia: - Mi devo fermare un attimo!
  Paolo: - Coraggio che manca poco!

3 Paolo: - Uffa, sono stanchissimo!
  Giulia: - Andiamo che siamo quasi arrivati!

4 Paolo: - Non ce la faccio più a camminare!
  Giulia: - Su! Ancora un paio di minuti!

3_ Sottolinea le parole che nei dialoghi dell'attività precedente sono usate per incoraggiare le persone.

4_ Giochiamo un po'. **Dividiamoci** in due squadre. La prima squadra **deve** trovare le 6 parole che sono nascoste nello schema A. La seconda **deve** trovare le 6 parole contenute nello schema B. Vince chi trova più parole. **Fate** attenzione, le parole possono essere in orizzontale o in verticale.

Schema A /f/

A	A	S	S	S	E	E	G	E
B	T	U	F	O	T	T	O	A
B	R	R	R	N	S	S	N	A
F	E	R	A	N	Z	F	F	F
F	**F**	G	G	I	T	P	I	A
T	**E**	L	E	F	O	N	O	R
Z	**T**	F	N	E	Q	R	C	F
A	**T**	F	Z	R	U	U	A	A
F	**A**	A	F	O	E	F	B	L
R	A	Z	Z	S	S	I	F	B	L
A	F	O	S	A	T	T	P	A

farfalla · telefono · efficiente · fetta · gonfio · goffo · effetto · affitto · tufo · sonnifero · affare · tuffo · offrire · afosa

Schema B /ff/

A	F	F	A	R	E	U	E	E
F	F	**E**	R	R	A	S	S	F
G	O	**F**	F	O	T	T	T	F
O	S	**F**	F	C	O	S	S	I
N	S	**E**	A	A	F	A	A	C
F	T	**T**	U	F	F	O	F	I
F	D	**T**	S	R	R	I	F	E
I	D	**O**	S	K	I	I	I	N
A	A	V	P	K	R	L	T	T
T	R	O	P	D	E	T	T	E
A	A	M	G	H	S	G	O	A

5_ Ora, ascolta le parole dell'attività precedente.
Prima quelle dello schema A e poi quelle dello schema B.
Controlla con quelle che hai trovato tu.

Ti ricordi?
Il suono intenso /ff/ si pronuncia allungando la durata del corrispondente suono breve /f/.

fonologia

Unità 7: Descrizioni

- *Che* esclamativo
- /p/ vs /pp/
- /b/ vs /bb/

1_ Ascolta questo brano tratto dal dialogo iniziale.

- **Carla:** Smettila, lo sai che non me ne importa nulla dei soldi. Mi piace perché mi ascolta. È così calmo ed educato.
- **Giorgia:** Che noia!

2_ Leggi le battute dell'esercizio 1 con un compagno. Fa' attenzione all'intonazione.

3_ Con un compagno, forma delle esclamazioni con *che*, scegliendo gli aggettivi o i sostantivi dalla lista che ti diamo. Fa' attenzione all'intonazione.

Esempio: Che noia!

> Hai notato che soprattutto nell'italiano parlato molto spesso si usa *che* + *sostantivo /aggettivo* per esprimere uno stato d'animo? L'intera espressione è accompagnata da un'intonazione discendente.

spettacolo,
bello,
brutto,
noia,
stupido,
carino,
ragazzo/a,
forza,
simpatico,
bellezza,
scemo,
schifo

Che pizza!

Che noia!

4_ Ascolta i gruppi di parole e fa' un segno nella colonna corrispondente.

	1	2	3	4	5	6	7	8
uguali	X							
diverse								

5_ Giochiamo un po'. Trova le parole nascoste nel riquadro. Fa' attenzione, possono essere in orizzontale o in verticale.

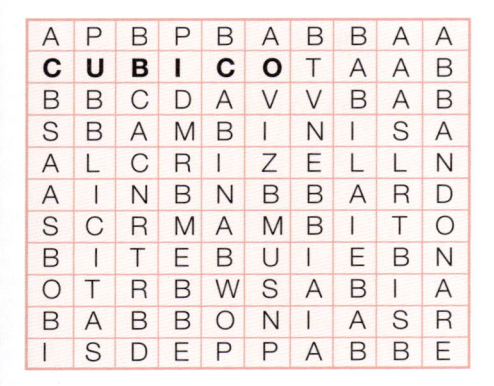

A	P	B	P	B	A	B	B	A	A
C	U	B	I	C	O	T	A	A	B
B	B	C	D	A	V	V	B	A	B
S	B	A	M	B	I	N	I	S	A
A	L	C	R	I	Z	E	L	L	N
A	I	N	B	N	B	B	A	R	D
S	C	R	M	A	M	B	I	T	O
B	I	T	E	B	U	I	E	B	N
O	T	R	B	W	S	A	B	I	A
B	A	B	B	O	N	I	A	S	R
I	S	D	E	P	P	A	B	B	E

- abbandonare
- ambito
- babbo
- bambini
- cabina
- cubico
- ebbe
- nebbia
- pubblicità

Ti ricordi dei suoni intensi /pp/ e /bb/? Devono essere pronunciati con più forza e intensità rispetto ai corrispondenti suoni brevi /p/ e /b/. Inoltre, hai notato che prima di pronunciare il suono /p/ o /b/ nella parola c'è una brevissima pausa? Quando pronunci il suono /pp/, o /bb/ questa pausa è leggermente più lunga.

6_ Ora, ascolta le parole dell'attività precedente, prima le orizzontali e poi le verticali. Controlla le parole che hai trovato tu.

Unità 8: Città o campagna

- Beh!
- dittonghi/trittonghi

1_ Ascolta questa frase.

Paolo: **Beh!** Ma con la mia nuova macchina si viaggia più comodi e freschi.

2_ Nel brano iniziale Andrea usa l'interiezione beh, molto comune nell'italiano parlato. Forma dei brevi dialoghi abbinando alla prima colonna le risposte della seconda.

a Parli altre lingue straniere?
b Sei capace di usare il computer?
c Ti dispiace se fumo?
d Posso prendere questa cassetta?
e Le dispiace se faccio una telefonata urgente?
f Ti dispiace se apro un po'?

1 Beh, però apri il finestrino!
2 Beh, sì! Però quando me la riporti?
3 Beh, qualche programma!
4 Beh, no! Fa' pure!
5 Beh, capisco un po' il francese.
6 Beh, se è breve...

3_ Ascolta le frasi e sottolinea le parole che vengono pronunciate.

1 mie	miei	2 quei	qui	3 poi	puoi	4 suoi	sui
5 voi	vuoi	6 tuoi	tuo	7 può	puoi	8 quieto	chiedo

4_ Leggi le parole dell'attività precedente con un compagno.

glossario

Elenco in ordine alfabetico delle parole contenute in questo volume.

- Il numero a fianco di ogni parola corrisponde all'unità in cui il termine viene usato per la prima volta.
- Gli aggettivi e i sostantivi sono quasi sempre indicati solo nella forma del maschile singolare. I verbi sono all'infinito.
- Non compaiono i nomi degli stati che non variano da lingua a lingua, come "Senegal", e le parole internazionali, come "sport", "privacy" che hanno lo stesso significato ovunque.

(A)

parola	unità
abbandonare	3
abile	7
abitazione	8
abituato	2
abituarsi	3
accadere	7
accanto	3
accendere	2
accogliere	4
accordare	3
accorgersi	2
accorgimento	7
acquistare	4
adagio	5
adattare	8
addetto	3
addio	5
addominale	5
addormentare	5
adeguato	1
aderente	5
adorare	1
adulto	7
affermare	3
affettuosamente	1
affettuoso	3
affidabile	3
affidabilità	3
affinché	7
aggiungere	1
agitato	3
agnello	8
agriturismo	8
ah	1
albicocca	5
alcolico	5
alcool	8
allegato	1
allevare	8
alloggiare	8
allontanare	5
alterare	7
alterazione	7
altrimenti	1
alzare	2
amante	3
amatorio	3
ambientale	3
mbito	7
amichevolmente	1
ammalato	4
amministratore	8
ammiratore	3
ammirazione	7
ampliamento	1
analizzare	3
anatra	8
andarsene	2
angolo	6
animatore	1
annoiato	3
annotare	8
annunciatore	5
annuncio	1
anticipatamente	4
anticipazione	3
anticipo	1
antico	1
anziché	6
ape	8
apparenza	3
appello	7
Appennini	1
appoggiare	3
apposta	8
approfonditamente	1
appropriato	7
approssimativamente	1
approvare	4
archivio	4
arcipelago	1
armonica	3
arrampicarsi	8
arrampicata	8
arredare	2
arrivo (nome)	6
articolo (di giornale...)	2
asciugacapelli	3
asciugamani	3
asino	8
assente	4
assenza	6
assicurare	4
assicurazione	6
assolutamente	2
assoluto	8
assumere	1
astratto	2
Atene	1
attendere	4
attimo	4
attivare	4
attraente	8
attraversare	1
attrazione	3
attrezzo	5
attribuire	7
auspicare	8
Austria	1
autoritario	7
autorizzare	8
autostrada	6
autosufficiente	3
avvocato	2
azienda	1

(B)

parola	unità
babbo	7
baby-sitter	1
baciare	8
bacino	5
bacio	5
badante	4
baffi	7
bagaglio	3
banana	5
bancone	4
battere	1
baule	2
beh	1
belga	1
Belgio	1
Belgrado	1
bellezza	3
benissimo	1
benzinaio	6
bigliettaio	6
bilingue	2
bimbo	1
binario	6
bisnonno	4
bisognare	1
bloccare	5
bocca	1
boccone	6
bomboniera	4
bosco	8
bottone	2
braccio	2
brevemente	1
brindisi	8
bruno	7
bruscamente	2
bucato	2
buffo	2
burocrazia	4
Burundi	7
buttare	2

(C)

parola	unità
cabaret	3
cabina	7
calciatore	5
caldamente	1
calmo	3
cambio	2
cameriere	1
cammino	5
campionato	5
canale (televisivo)	2
cancello	8
candela	5
candidato	1

cantina	2	complesso	7	cotone	5	divaricare	5
caos	2	completamento	2	crescita	1	diversità	8
caotico	8	comportamento	2	critica	7	divieto	8
capace	4	comunicato	4	Croazia, croato	1	divino	8
capitale (città)	1	comunità	1	cruciverba	1	divorziare	7
capitare	1	conclusione	5	cubico	7	divorziato	1
capoluogo	1	concordare	1	cuccia	8	domestico	5
capotreno	6	concorrenziale	1	cucciolo	7	dominare	7
caratterizzare	5	concretezza	3	cucire	2	dose	1
carburante	6	condividere	8	cugino	2	dotato	7
carrozza	6	condizionale	5	curiosità	2	drammatico	5
cartellone	8	condizionare	5	curioso	6	droga	5
casino	2	condizionatore	5	curriculum	1	dubbio	1
cassa	1	condizione	1				
cassetta di sicurezza	3	conducente	6	**(D)**		**(E)**	
castano	7	confederazione	1	Danimarca, danese	1	eccetera, ecc.	1
categoria	7	conferenza	8	decollare	6	eccezionale	7
cattolico	6	confessare	3	definire	1	eccitante	3
causare	5	confinare	1	delicato	1	eco	1
cavarsela	1	confine	1	deluso	3	ecologico	6
caviglia	5	confusione	2	deposito	4	educativo	8
cd	3	congiuntivo	1	depresso	3	educato	2
celebrare	6	congratularsi	7	deprimente	3	efficacia	5
celibe	1	coniglio	8	derivare	1	efficiente	6
celtico	7	coniugato	1	destinato	8	elaborare	4
centralinista	1	connazionale	6	detenuto	8	elastico	5
centralino	1	conquistare	1	determinazione	3	elefante	8
certezza	6	consegna	3	difetto	3	elencare	1
cestino	4	consegnare	1	difficilmente	1	elettricista	1
chiaramente	8	conseguire	1	difficoltà	1	elettrico	5
ciliegia	2	conservare	5	digitale	4	elicottero	6
circolazione	5	consigliare	7	dimagrire	5	emergere	6
clinica	4	consultare	3	dimensione	8	emettere	6
codice	1	consumismo	7	Dio	3	emigrare	4
cognato	2	contabilità	1	dipendente	1	emigrato	4
coincidenza	6	contante	6	direttamente	3	emigrazione	4
coinvolgente	8	contattare	4	dirigente	4	emozionare/si	3
collaborazione	1	contemporaneamente	5	disappunto	2	emozionato	1
colloquio	1	continuativo	1	disavventura	4	emozione	2
coloro	3	continuazione	5	dischetto	4	energetico	5
colpire	4	contraddizione	4	disciplina	7	enfatico	6
coltivare	1	contrastante	6	discorso	3	enfatizzato	7
coltivazione	8	contrastare	3	disordinato	3	entrambi	4
comandare	3	contro	3	disordine	5	entro	1
combattere	3	conveniente	4	disorientamento	2	entusiasmante	6
combinato	4	convento	8	disponibile	3	episodio	6
commedia	6	coperta	3	disponibilità	1	esatto	5
commentare	3	copia	4	distanza	1	esclusivamente	8
commerciante	4	corpo	5	distare	6	eseguire	8
commissario	4	corporatura	7	Distinti saluti	1	esempio	1
comparare	8	corrente	5	distruggere	4	esigente	3
comparativo	8	corriera	6	disturbare	5	esistenza	7
comparazione	8	cortese	4	dito	5	esplicitamente	6
complessivo	8	costanza	5				

glossario

esporre	4	fondazione	1	guastare	1	insufficiente	4
esportazione	1	forbici	2	guerra	3	insuperabile	3
espressivo	7	fornaio	1			intellettuale	4
essenziale	1	fortemente	8	**(I)**		intelligenza	3
esterno	3	fossile	8	ideale	2	interessato	1
estinzione	8	fotocopiatrice	4	idromassaggio	3	interlocutore	1
estremamente	8	freddamente	1	igiene	3	internet	
estremità	5	frigobar	3	imbianchino	8	interpretare	3
estremo	5	frutta	4	imbottigliare	2	interruttore	2
estroverso	6	fucile	2	immaginazione	4	intervistare	6
eterno	3	fumatori	6	immediatamente	5	intorno	6
etico	8	funzionamento	4	immediato	1	intrattenimento	1
etnico	2	funzionare	2	immensità	3	introverso	7
evidenziare	1	fuoco	1 - 5	immigrare	4	invariabile	2
evitare	1	furbo	7	immigrato	4	invertire	2
evoluzione	8	furgone	6	immigrazione	4	invidiare	7
				impazienza	8	Irlanda	1
(F)		**(G)**		impiegare	1	irregolarità	5
facchino	3	gabbia	6	impiegato	1	iscritto	1
faccia	4	gabbiano	8	importare	1	Islanda	1
facilità	7	gallo	8	importazione	1	isolato	8
fama	3	garage	2	impossibile	7	istituzione	8
farmaco	5	garanzia	4	impressione	4		
fascia	5	gazza	7	improvvisamente	2	**(L)**	
fascicolo	4	generale	1	improvvisazione	7	labbro	5
fatica	4	generalizzazione	2	improvviso	2	lamentare/si	7
fattoria	8	genero	2	impugnare	5	lampadario	2
fattura	1	generosità	3	impulsivo	7	lana	8
febbre	4	geniale	6	inarcare	5	largo	2
fedele	1	gestione	1	inaugurare	6	lassù	8
fedeltà	3	gesto	5	incapacità	6	lato	7
felicemente	1	gettare	8	incidente	2	lattina	1
felicità	6	ginocchio	5	incredulità	7	lattuga	5
fenomeno	2	giornalista	2	incuriosire	2	lavanderia	3
fermare/si	6	giornalistico	4	indagine	6	lavastoviglie	2
ferrovia	4	gioventù	2	indefinito		lavatrice	2
fidarsi	7	giudicare	5	indeterminativo	2	lavoratore	1
fiducia	7	giudizio	5	indifferente	3	legge	4
figlio	2	gluteo	5	indipendente	7	leggero	1
filiale	6	godere	6	indifferenza	5	lenzuolo	2
Filippine	1	gomito	5	indirizzo	1	lettore	1
film	1	governare	7	individuo	2	liberamente	5
finché	2	governo	4	Indonesia	7	liberare	3
finestrino	5	gradino	4	infelice	3	licenziare	1
fingere	5	gradualmente	8	ingannare/si	3	limite	5
Finlandia	1	grammaticale	2	ingenuo	3	linfatico	5
fiore	2	grattacielo	8	ingiusto	8	liquore	8
fischiare	6	gratuitamente	3	ingorgo	6	liscio (agg.)	7
fisicamente	7	grazioso	7	ingrassare	5	liscio (nome di ballo)	1
fisico	2	Grecia, greco	1	inoltrare	4	listino	
fissare	3	guadagnare	1	inquinamento	3	lucidare	2
flettere	5	guaio	3	inserimento	1	luna	8
folla	6	guardia medica	5	insolito	8	lupo	1

Lussemburgo	1	montaggio	4	**(O)**		pattumiera	3
		monte	7	oasi	8	paura	2
(M)		morale	3	obbligo	8	paziente	5
macchinista	6	moro	7	occhiata	1	pazienza	5
Macedonia	1	morto	1	offendere	6	pazzo	7
macellaio	5	mosca	8	ondata	5	pecora	8
madre	2	motivare	1	ondulato	7	pedalata	5
maestoso	8	motivazione	1	opera	6	pedonale	6
maggiormente	5	motivo	2	operaio	1	pedone	6
magnifico	3	motore	6	operare	1	peggio	6
maiuscolo	8	motoscafo	6	operazione	6	peggiore	8
malattia	3	movimento	5	opportuno	7	pelle	1
maleducato	5	mucca	8	opuscolo	3	penultima	2
mammone	2	multimediale	8	orchestra	5	per carità!	5
maniera	1	mura	6	orecchino	7	perfetto	1
manifestare	2	muscolo	5	organizzazione	1	pericolo	4
manifesto	6	musicista	2	organizzato	6	permanente	8
manopola	2	muto	7	organo	3	peruviano	2
manoscritto	1			orgoglioso	7	pesante	1
mansarda	2	**(N)**		originale	4	peso	5
marciapiede	6	Namibia	7	orizzontale	2	pessimista	7
marito	2	nascondere	3	orribile	3	pessimo	8
maschilista	3	naso	4	orto	8	petroliere	7
massaggio	3	nato	1	ortolano	7	petto	5
massimo	3	naturalistico	8	osservazione	8	piacevole	3
masticare	1	navigare	6	ossessione	6	pianeta	7
materasso	2	nazione	1	ostacolare	5	piegare/si	5
matrimoniale	3	né	1	ottimista	7	pietra	8
mattonelle	2	negare	6	ovvero	5	pilota	2
mazzo	3	negazione	4	ovviamente	1	pittore	5
mediamente	3	nemmeno	3	ozono	5	pitturare	3
mente	5	neppure	6			pizzaiolo	1
mercante	6	nipote	2	**(P)**		poesia	3
merce	1	noia	7	pace	1	poiché	4
meridione	7	nordico	2	padrone	4	poliziesco	2
messicano	3	Norvegia	1	pagare	3	pollaio	8
Messico	1	nota (nome)	4	palla	6	Polonia, polacco	1
meta		notare	2	pancetta	5	portacenere	1
meteorologico	5	notevolmente	5	pancia	5	portafoglio	4
metropolitana	6	notizia	4	paragonare	4	portiere (hotel)	3
ministero	5	noto	1	paragone	8	possedere	7
minoranza	8	notte	3	parcheggiare	6	postino	1
minore	3	notturna	5	parentela	2	potassio	5
mirtillo	5	novità	7	parere (nome)	1	povertà	7
mistico	8	nubile	1	parere (verbo)	3	pratico	3
modellare	5	nuca	5	parete	3	prato	6
modificare	1	nulla	1	particolarmente	1	precisione	3
molesto	8	nuora	2	partitivo	3	preciso	4
monarchia	1	nuotatore	5	parziale	1	precostituito	2
monastero	8			pasquale	2	premere	2
mondiale	7			passato	2	prenotazione	3
monolingue	3			passionale	3	presto	1
monosillabo	2			patria	6	pretendere	3
						prevalentemente	4

glossario

preventivo	4	reale	3	rude	3	sistemare	1
prevenzione	5	reazione	2	rumoroso	6	sito (web)	4
prigione	4	recarsi	6	ruolo	1	situare	1
principalmente	1	recente	2	ruotare	5	Slovenia, sloveno	1
principe	3	recinto	8	Russia	1	sociologo	2
privato	4	reclamizzare	1			sodo (al sodo)	1
probabile	1	registrare	2	**(S)**		soffitto	3
procurare	7	regolamento	8	sacchetto	3	sognare	3
prof. (professore)	7	reinserimento	8	sale		solidarietà	7
professionale	1	relativamente	6	saltare	6	sollecitare	5
professione	1	requisito	1	salvare	8	sollevare	5
profilo	1	resistere	6	sano	8	sollievo	8
profondamente	6	respirare	2	sapone	2	solo (avv.)	1
profumo	3	responsabilità	4	sauna	3	solo (agg.)	2
proibire	6	restituire	8	scala	2	soltanto	6
proprietario	3	resto	7	schermo	4	somma	7
protagonista	3	ribadire	8	scherzare	2	sorella	2
protezione	3	ricchezza	7	schiena	5	sostanza	5
prova	1	riccio (agg.)	7	scomodo	6	sostenere	1
provenire	4	ricordare	3	scomparire	4	sostituire	2
psicologico	5	ridurre	5	scompartimento	6	sostituzione	4
pubblicare	1	rientrare	4	scopa	2	sottile	7
pubblicità	1	riferimento	4	scopo	7	sovraffollato	6
pulcino	8	rifiuto	2	scoppiare	3	spalla	5
pulizia	3	riflessione	8	scorgere	8	spaventato	3
punteggio	7	riguardare	2	scortesia	6	spazzatura	8
puntuale	4	rilassare/si	6	secco	5	specialità	2
puntualità	6	rileggere	2	sedimentare	8	specializzarsi	4
		rimarcare	8	segnale	5	specializzato	4
(Q)		rinfrescare	5	segnare	1	specie	8
quadrato	1	ringraziamento	8	segreto	3	specificare	1
qualificare	4	ringraziare	3	separare	6	spedire	1
qualificato	4	rinnovabile	1	sequestrare	8	spegnere	1
qualità	5	rinnovare	8	Serbia	1	spiacevole	6
qualunque	5	riparazione	8	serenità	8	spinaci	5
quantità	1	ripassare	2	serie	2	spingere	8
quotazione	4	rischio	4	serietà	1	splendido	3
		riscoprire	6	serio	7	spontaneo	2
(R)		risorsa	7	sesso	2	sporcizia	6
raccogliere	5	risparmio	3	seta	2	sposare/si	1
raccolto	6	rispettare	5	sezione	3	spostare/si	1
raccomandare	1	rispettivamente	2	sforzare/si	7	stabilire	7
raccomandazione	1	risposare/si	4	sforzo	6	staccare	4
raddoppiamento	3	risultare	3	siccità	5	stagionale	1
rafforzare	5	ritenere	7	siccome	4	stalla	8
raffreddore	4	ritornare	4	sicurezza	3	stampante	4
raggiungibile	8	rivolgere	3	Sig. Signore	1	stampare	4
ragioniere	1	robusto	7	simbolo	3	stanchezza	6
rapina	6	Romania	1	simpatia	3	stanotte	1
rapinare	6	romantico	3	simulare	5	starnutire	8
rassegnazione	3	rompere	2	sindacato	1	statale	8
re	2	rosa (fiore)	3	sindaco	6	stato	1
		rubare	2	single	1	statura	7
		rubinetto	4			stendere	5

stereotipo	2	tivù	5	violento	1		
stimolante	4	topo	8	violenza	4		
stimolare	6	tovagliolo	2	virile	3		
stomaco	5	tradire	3	visibile	8		
storto	4	tragedia	3	visivo	8		
straordinario	8	tragico	3	viso	5		
strapiombo	8	tranquillamente	1	vitello	8		
straricco	8	trarre	6	vivace	7		
strepitoso	6	trascorrere	3	volare	1		
stress	6	trasferire/si	5	volgare	2		
stressante	4	trasformazione	2	vongola	8		
stretta (di mano)	5	traslocare	2	vuoto	3		
stretto	6	trasloco	3				
strisce (pedonali)	6	trasportare	3				
stupidata	1	trattare	1				
Sudafrica	1	trattore	8				
suddividere	7	triangolo	8				
suddivisione	8	trucco	1				
suffisso	1	tutela	1				
suggerimento	1						
suggestione	8						
suocero	2	**(U)**					
super	8	ufficiale (agg.)	4				
superlativo	8	ultra	8				
supplemento	6	umanità	5				
suscitare	6	umanitario	5				
svantaggio	6	umano	5				
Svezia svedese	1	umidità	5				
Svizzera	1	umido	2				
		Ungheria	1				
		uno	1				
(T)		urgente	4				
tale	7	utile	3				
targa	2	utilizzo					
tariffa	3						
tasca	6						
tastiera	4	**(V)**					
telefonicamente	4	vagamente	2				
telefonino	4	vagone	6				
telegramma	1	valido	6				
telematica	1	vantaggio	6				
televisione	2	vasca	3				
televisore	3	vela	1				
temere	7	vendetta	7				
tendenza	7	vendita	4				
tendere	6	verificare	4				
terribile	3	verticale	2				
terzultimo	2	viaggiatore	6				
tesoro	2	vibrare	3				
testimonianza	3	vicedirettore	4				
testo	1	videocamera	2				
timido	7	videoscrittura	1				
tipico	2	vigorosamente	6				
titolo	2	violentemente	1				

Finito di stampare nel mese di marzo 2012
da Grafiche CMF - Foligno (PG)
per conto di Guerra Edizioni - Guru s.r.l.